JN261722

民事手続の実践と理論

井上 治典 著

信 山 社

はしがき

本書は、この八年ほどの間に、執筆の機会を得た論文を一冊の書にまとめたものである。

民事裁判にかかわる論稿を第一部に、倒産、民事保全等にかかわる論稿を第二部に掲げた。これらの中、第一部第三章「宗教団体の懲戒処分の効力をめぐる司法審査のあり方――寺院明渡訴訟の現状と展開」、第四章「名誉毀損における個人と法人との関係――控訴審の審理のあり方」、第五章「原告の事案解明義務違反と本案の帰すう――二つの名誉毀損訴訟を手がかりとして」、第八章の「控訴審における補助参加申立て却下の記録」は、わたくしが実際に代理人として直接、間接に事件にかかわった体験を契機とし、それによって得た資料に基づいて書いたものである。また、第一部第一章「ある権利能力なき社団の当事者資格」、第七章「ある相続事件における補助参加の許否をめぐる攻防」、第二部第二章「特定の金融機関への優越的地位の付与と否認」は、当事者の一方から意見書の作成を求められたことを契機として書いたものである。したがって、本書に収めた論稿の大半は、現実の事件に実際に関与したことに基づいて、考えたところを綴ったものといってよい。当事者照会についての論稿（第一部第二章）の中の「照会の段階の諸問題」、「回答とその効果」などの論述も、実際の体験が基礎になっている。

わたくしは、約七年前、九州大学から立教大学に移るとき、弁護士活動を行うことを認めていただいた。立教大学法学部では、かつて例のないことであった。以後、六年余、大学での教育・研究と弁護士の仕事との両立に自分なりに努力してきたつもりであるが、大学の教育の面では、実践体験がプラスにはたらくことは疑義の余地がないと実感しているが、研究面では、時間という絶対的条件の制約もあって、実践と研究との相互作用的融合は難しいというのが偽らざる実感である。それに、実務的にすぐれていることが必ずしも理論にとって価値があるわけではなく、すぐれた理論・研究の叡智を展開することが、実務を動かすことには繋がらず、かえって実務家の抵抗をかうという、当たり前といえば当たり前のことを身にしみて味わってきている。本書に収めた論稿は、実践に足をおろしながら、実践と理論とのはざまで揺れつつその架橋を試みたささやかな思考の所産である。「民事手続の実践と理論」と題した所以である。

本書の刊行にあたっては、志賀展子さんの卓抜したワープロ打ちと和田直人君（東京都立大学大学院）の同学としてのアドヴァイスと原稿整理に大変お世話になった。記して、お礼を申し上げる。

最後になったが、このような論文集の刊行をこころよくお引き受けいただいた信山社渡辺左近さんに心から感謝する次第である。

二〇〇三年三月

井上治典

目　次

〔論文初出一覧〕

ある権利能力なき社団の当事者資格
（『新堂幸司先生古稀祝賀・民事訴訟法理論の新たな構築』（有斐閣、二〇〇一年））

当事者照会制度の本質とその活用
（竹下守夫・今井功編『講座新民事訴訟法Ⅰ』（弘文堂、一九九八年））

宗教団体の懲戒処分の効力をめぐる司法審査のあり方――寺院明渡訴訟の現状と展望――
（判例時報一七四九号（二〇〇一年））

原告の事案解明義務違反と本案の帰趨――二つの名誉毀損訴訟を手がかりとして――
（吉村徳重先生古稀記念論文集『弁論と証拠調べの理論と実践』（二〇〇二年））

控訴審の審理のあり方――ある名誉毀損事件における法人・個人論の取扱い――
（『鈴木正裕先生古稀祝賀・民事訴訟法の史的展開』（有斐閣、二〇〇二年））

補助参加の利益・半世紀の軌跡
（判例タイムズ一〇四七号（二〇〇一年））

ある相続事件における補助参加の許否をめぐる攻防――意見書と決定――
（石川明先生古稀祝賀『現代社会における民事手続法の展開』下巻（商事法研究会、二〇〇二年））

控訴審における補助参加申立却下の記録
（書き下ろし）

両立しうる請求についての独立当事者参加の適否
（判例時報一五三一号（一九九五年））

裁判と裁判外制度との関係――峻別論を超えて――

（小島武司＝伊藤眞編『裁判外紛争処理法』（有斐閣、一九九八年））

債権者平等について
（法政研究五九巻三・四合併号（一九九三年））

特定の金融機関への優越的地位の付与と否認――ある破産事件の分析――
（立教法学五四号（二〇〇〇年））

リース契約と会社更生法――未履行リース債権の処遇――最高裁平成七年四月一四日判決――
（銀行法務21・五一〇号（一九九五年））

民事保全への視座――被保全権利と具体的措置――
（『民事保全講座1　基本理論と法比較』（法律文化社、一九九六年））

本旨弁済と故意否認
（別冊ジュリスト一〇六号『新倒産判例百選』（一九九〇年））

第三者からの借入金による弁済と否認
（金融・商事判例一〇六〇号（一九九八年））

第一部　民事訴訟の実践論

第一章　ある権利能力なき社団の当事者資格

第一節　はじめに

近時、法人格のない社団が、訴訟当事者（とくに原告）として登場する場面が増えている。団体が当事者となることができる資格が認められるかどうかをはかる当事者能力の問題は、訴えを適法として取り上げるかどうかの第一関門の要件として重要であり、判例も後掲のように相当数を数え、学説上もかなりの議論の積み重ねがなされてきている。

本章は、あるゴルフクラブについて当事者能力の有無が問題になった最近の裁判例をとりあげて分析・検討を行い、これを通じて、法人格のない社団の訴訟上の当事者資格を考える一助とするものである。なお、当事者資格という概念は、既往の当事者能力と当事者適格とを包摂したものとして、便宜、使用する。

ここで、検討の対象とする裁判例の事案は、千葉県にあるゴルフ場（株式会社船橋カントリー倶楽部）の会員から成る「船橋カントリークラブ」という団体が原告となって、ゴルフ場会社に対して同会社の会計書類の閲覧を求めたものである。千葉地裁平成一三年二月二一日判決は、原告団体の財産面を重視して、原告団体は対外的に独立した団体とは認められないとして当事者能力を否定した。そこで、まず、本件ゴルフクラブの実体がどういうものかを見たうえで（第二節）、判旨を紹介し（第三節）、わたくしなりの検討をくわえることとする。第五節ないし第九節が本章の右事件についての本論である。

第二節　本件原告団体の実体

一　原告（控訴人）「船橋カントリークラブ」（以下、原告団体または原告クラブという）は、被告（被控訴人）「株式会社船橋カントリー倶楽部」（以下、被告法人という）の経営するゴルフ場その他の設備を利用して会員相互の親睦と、クラブライフの向上を期することを目的とする団体であり、特別会員、正会員、平日会員の会員によって構成されている。会員の総意によって自主運営され、互助の精神をもって被告会社との調和を図ることがうたわれている（船橋カントリークラブ規則（二条、三条））。事務所は、「千葉県印旛郡白井町」に置くと定められている。

二　原告の会員代表と被告の代表者は、被告の代表者が会員権を不正に売却して刑事有罪判決を受けたことを契機として、その直後の昭和四七年一〇月ころ、本件ゴルフ場の健全な経営と原告のクラブの明朗な運営を図り、両者の発展を期することを目的として、協約書（以下、本件協約書）を調印した。

本件協約書三条には、原告は同一条及び二条の目的達成に必要な範囲内において、原告クラブの理事会の指示により財務委員会またはその補助者に限り被告の経営内容を調査することができると定められている。

三　原告団体は、内部的な規約として、規則および細則を有する。

1　原告規則においては、原告の構成員（特別会員、正会員及び平日会員）の資格として、正会員及び平日会員は、所定の手続に従い入会保証金を納入し、理事会の承認を経て加入した者で、預託金証書を所持するものであることを要する、とされている（原告規則八条）。

2　原告の総会の運営方法に関しては、総会は会員のうち特別会員及び正会員をもって組織され、毎年一一月に定時総会が開催されること、その決議事項は、①前年度の重要事項の報告、②新年度の運営方針、③理事・監事の選任、④予算及び決算の四種であり、出席会員の過半数をもって議決されることとされている（同二一条、二二条および二九条）。また、原告の団体運営に関する諸事項、すなわち、①本件協約書の履行に関する事項、②会員に関する事項、③会員総会に関する事項、④ゴルフ場の施設運営に関する事項、⑤プレーに関する事項、⑥その他原告の運営に関する事項については総会で選任された理事会が決定するとされ、その議事は出席理事の過半数により決定されること、理事会はさらに分科委員会を設け、関係事項を処理させること、理事会で互選された理事長が団体を代表し、会務を統括統理することなどが定められている（同二八条、三〇条ないし三二条）。

3　原告の定時総会における議事の内容は、重要事項の報告（その内容は、おおむね、競技会の開催、諸料金の改定等に関するもの）、当該年度のクラブ運営収支決算書及び翌年度のクラブ運営収支予算書の承認、役員の選任などである。なお、被告は原告の活動内容などを記載した事業報告と題する文書を作成しているところ、そこには、右重要事項の報告、収支決算書及び収支予算書のほか、会員数、理事会・委員会の開催回数、競技会の開催回数・参加会員数、本件ゴルフ場への来場者数、従業員数などが記載されている。

四　**1**　原告細則には、会員の負担すべき年会費、使用科その他の負担金に関する規定が存在し、会員の負担すべき負担金は理事会においてこれを決定告知するものとされ（原告細則七条）、会員は年会費を前納するものとされている（同八条）。

本件ゴルフ場が開場した昭和三七年ころから本件協約書が作成された昭和四七年一〇月ころまでは、原告の会員は、被告に納める年会費とは別に、年間三、〇〇〇円くらいをクラブ活動費として直接原告に支払っていたことがあるが、会員の間から、これらを別々に払うのは煩雑であるという意見が出たこともあり、本件協約書四条の規定が設けられ、以後は、原告の会員が被告に納めた年会費総額の三割程度をクラブ活動費として披告が原告に支払うようになって今日に至っている。現在では、原告の会計業務はすべて被告が行い、原告のクラブの監事の監査の承認を受けることとされている（原告規則四〇条）。そこで、原告の会員の支払う年会費は、グリーンフィーその他の収入とともに、すべて被告の収入とされている。そして、被告は上記収入をもってゴルフ場施設の整備運営に当てるほか、原告の運営に要する通常経費を負担するものとされており（本件協約書四条）、被告の経理上も、そのように処理されている。

2　原告の予算は、原告の運営に当てるためのクラブ活動費と競技会の収入から成り立っているところ、クラブ活動費は、原告が年間の活動計画に基づき、毎年、予算として一定額を計上するものの、その予算として決議された金額が年度（毎年九月一日から翌年八月三一日）始めに一括して支払われるといった性質のものではなく、実際の原告の活動状況に対応し、その要請に応じる形で逐次支払われていたものであり、年度内の総支給額も最終的な決算金額（実績）と一致しないのが通常であった。もっとも、本訴提起後の平成一一年九月には、原告からの要望に基づき、被告は平成一一年度の原告のクラブ活動費の予算額一、一五〇万円を原告の口座に一括して振り込み、以後は、原告がこれを管理するようになっている。

3　原告のクラブは、長年、関東ゴルフ連盟主催のクラブ対抗競技に参加を続けているところ、その費用の一部は、前記クラブ活動費とは別に、原告の会員有志（平成九年ないし平成一一年当時で一〇数名）や理事会構成員からの寄付によってまかなわれていた。これらの寄付収入（以下「クラブ対抗競技費用」という）は、被告から交付されるクラブ活動費とは別個に毎年その収支が明らかにされ、その残高（平成九年から平成一一年当時は約一〇〇万円前後）が翌年に繰り越されていた。

4　原告は、本件訴訟の提起・追行の費用に当てるため、平成一一年ころと平成一二年にかけての二度にわたり会員から協賛金の拠出を募り、一回目は約三九二万円（口数は約七八五口）、二回目は約五五四万円（同五五四口）の合計約九四六万円が、会員から集められた。

原告には固有の事務所や固定資産はなく、原告規則等においても、原告が具体的に資産を管理する方法等について定めた規則・細則はないものの、財産の管理・運営は、理事会の下にある財務委員会によってなされることとされており（原告細則一条七項）、現実にもそのように運用されてきている。なお、原告の定時総会や理事会は、その都度、適宜の場所を借り受けるなどしてなされている。

五　原告団体の活動実績は、以下のとおりである。

1　原告クラブは、預託金会員制ゴルフクラブではあるが、細則七条のとおり、原告クラブの理事会は、被告会社の収入の主要部分にわたる諸料金の決定権を有し、被告会社の経理についても、前述の協約書の締結により、関係書類の閲覧権を有している。

2　原告クラブは、原告規則二二条のとおり、毎年会員総会を開催し、役員の選任、毎年度の決算、予算の承認（決定）、前年度の重要事項の報告を行い、新年度の運営方針を討議して決議を採択している。

原告クラブは各分科委員会によって運営されているが、細則第一章は各分科委員会の職務の大枠のみ規定しているため、分科委員会運営要項を別途定め、これによって職務を分担して運営されている。

3　原告クラブは、地区連盟である「関東ゴルフ連盟」に加盟しその総元締めである「財団法人日本ゴルフクラブ協会」にも加盟している。「関東ゴルフ連盟」には、原告クラブからも委員が派遣されている。

原告クラブは、理事会の決定に基づき、昭和五〇年以降毎年、身体障害者援護基金の名称で献金し、その累計は七、八〇〇万円に達している。

原告クラブは、昭和四七年に国際交流基金を、昭和五五年には、財団法人日本ゴルフ協会ゴルフミュージアム設立資金を徴収・拠出した。

4　被告会社側も、歴史的経緯として、原告クラブの独立性・自主性を認めてきたと受け止められる。

第三節　千葉地裁平成一三年二月二一日判決

訴え却下。

「以上の事実によれば、原告は、原告規則等の会則を有し、その規定において理事長、理事等の役員が置かれるとともに会員総会が設けられ、理事長は原告を代表し、理事をもって構成される理事会は原告の運営に関する基本的事項を協議決定すること等が定められ、団体意思の決定方法について多数決の原則が定められ、会員の入退会などにかかわらず原告の同一性は失われることがないなど、一応団体としての形式・外観を備えており、代表の方法、総会の運営などについてみる限り権利能力のない社団といいうるための要件を一応充たしているようにもみえる。

しかしながら、他面、原告には固有の事務所や固定資産はなく、原告規則等においても、財産の管理等について定めた規定はない。また、その点はさておいても、前記二**4**認定のように、原告規則及び本件協約書において、原告の会計業務はすべて被告が行うものとされ、原告の会員による会費収入もすべて被告に一旦帰属し、その中から被告が原告の運営に要する通常経費を負担するものとされていたこと、そして、現実にも、右通常経費たるクラブ活動費は、右のような形で被告から原告に交付され、しかも被告は予算に定められたクラブ活動費の全額を年度当初に一括して支払うのではなく、原告から被告に対しクラブ活動費の支出を要請し、被告においてその要否や金額等を検討したうえで必要額を拠出するという運用であったことなどからすれば、結局のところ、原告の運営は被告の計算に基づき、その財政的基盤の上に成り立っているというべきであり、これをもって被告の財産から独立した原告の固有の資産が存在するともいい難い。なお、本件ゴルフ場が開場してから一〇年間くらいは、原告の会員が直接会費を原告に支払っていた時期があるものの、その後、原告は、自らそのような会費の徴収方法を放棄して、前記のような被告による原告の会計業務の肩代わりに応じ、以後、そのような運営が三〇年近く続いて定着しているのであるから、右のような会費の直接徴収の事実が過去に存在したからといって、被告による会費の徴収と会計業務の肩代わりが単に形式的、手続的なものであるとはいえないから、この点も右判断に影響を及ぼすものではない。

また、原告の収入には、前記二6のクラブ対抗競技費用もあったものの、その原資は原告の会員有志による寄付であって、必ずしも安定した収入とはいえないうえ、これは、クラブ対抗競技会への参加費用という特定の目的のために管理・使用される金銭であり、当該年度において余剰があったとしても、原告の運営のために一般的に使用することはおよそ予定されていないものであるから、たとえ、それが毎年のように残高が生じ、繰り越されていたとしても、これが原告の財産的基盤となりうる性格のものでないことは明らかである。

なお、原告が現在有する資産としては、前記二7の協賛金もあることが認められるけれども、右金員は、本件訴訟の提起・追行という特定の目的のために、一部の会員からの任意の拠出により集金され、右特定の目的のために支出されることが予定されているものであり、しかも右金員は本件訴訟に対応するための一時的なものにすぎず、原告の運営の財政的基盤となりうる性格のものでないことは明らかである。

その他、原告においてその存立の基盤となりうるような固有の財産の存在を認めるに足りる的確な証拠はない。

そうすると、原告は、被告の管理・運営の下、いわゆる預託金会員制ゴルフクラブの会員として本件ゴルフ場において快適なゴルフプレーをなすことを目的として作られた任意団体であって、それ自体独立して権利義務の主体たるべき社団としての財政的基盤を欠くというべきであり、たとえ、前記のように会則等において代表者を定めその他社団としての要件を一部充足する面があるとしても、そのことをもって原告を権利能力なき社団ということはできない。

以上に対し、原告は、前記のような本件協約書が締結された経緯、その内容、他のゴルフクラブとの異質性・特殊性等からして、原告は他の一般のゴルフクラブとは明らかに性質を異にするクラブであり、被告から独立した法的主体としての地位を有すると主張するのであるが、たとえ本件協約書の締結の経緯に原告主張のような事実が認められ、その限りで原告が一般の預託金会員制ゴルフクラブとは異なる特殊性を有するとしても、前記**3**に述べたとおり、原告は社会的に独立の法主体となるべき財政的基盤を有しないのである以上、右のような特殊性をもって原告が権利能力なき社団に当たるということはできない。なお、本件条項は、原告に一定の範囲で被告の経理内容の調査権を認めるものであり、その限度において、被告が原告の団体としての独立性を承認していたことは明らかであるが、権利能力なき社団に当たるか否かは、当該団体が対外関係一般において、法主体としての独立性を認めるにふさわしい実質を備えているか否かによって決せられるべき事柄なのであるから、右のような事情があるからといって、それが直ちに前記の判断に影響を及ぼすものではない。

以上のとおり、原告は、単なる親睦団体という性格を超えて、それ自体独立して権利義務の帰属主体たるべき社団の実態を有するということはできないのであるから、原告を民訴法二九条にいう法人でない社団ということはできず、原告には当事者能力がないというべきである。

したがって、本件訴えは不適法であるから、その余の点について検討するまでもなく却下を免れない。

千葉地方裁判所民事第一部

（裁判長裁判官　及川憲夫、裁判官　瀬木比呂志、澁谷勝海）」

なお、右判決に対しては、原告側から控訴が提起された。

第四節　権利能力なき社団に能力を認める趣旨とその基準

一　当事者能力は、およそ一般的に原告または被告になることができる資格要件であり、個別事件との関係で具体的に判定される当事者適格とは異なるとされている。そうして、民法上権利または義務の主体になりえない権利能力なき社団に一定の場合に当事者能力が認められるのは、そのような団体も現実には社会において活動しているので紛争の当事者となる以上、紛争を解決する訴訟の場でも、訴訟当事者として訴訟を担う地位を認めることが必要であり、また自然であるからである、と説明される。団体を相手方とする側も、いちいち構成員を特定してそれらを相手方とする必要がないので便宜であるばかりでなく、団体が原告となる場合も、多数で多様な構成員の意見や利害調整を結合体自身の自律的な調整能力にゆだねることにより、相手方も裁判所も団体の代表者を窓口として対応することで足り、個々の構成員の多様でバラバラな行為に対応する必要がなくなる、という利点がある。

二　紛争当事者をそのまま訴訟当事者に移行させることに権利能力なき社団に当事者能力を認める趣意があるとすれば、個別事件において当事者能力が認められるかどうかも、一般的、普遍的な要件であるといっても、当該具体的な紛争との関連で、その団体が訴訟を担うにふさわしいかどうかの観点を考慮に入れざるをえない。

新堂幸司教授が、いち早くつぎのように説いていたことが参考になる。

「当事者能力の観念も、その間で本案判決をしても有効適切な紛争の解決をもたらさないような当事者を選別する観念であり……その点では、当事者適格と同じ目的をもつ観念と言える。……パラドックスな言い方をすれば、当事者能力は、すべての訴訟物に共通する当事者適格の問題といえよう」（同『民事訴訟法（旧版）』（筑摩書房、一九七四年）九二頁）。

その後、伊藤眞教授（『民事訴訟の当事者』（弘文堂、一九七八年））、福永有利教授（「当事者能力と当事者適格の交錯」『民事訴訟法判例百選Ⅰ』（一九九二年）八八頁以下）も、基本的に同方向の見解を示している。

三　権利能力なき社団に当事者能力が認められるには、訴訟手続を担うにふさわしいだけの団体としての実体が備わっていなければならない。

先例によれば、この意味での団体の実体としては、「「団体」としての組織をそなえ、そこには多数決の原則が行われ、構成員の変更にもかかわらず団体そのものが存続し、しかしてその組織によって代表の方法、総会の運営、財産の管理その他団体としての主要な点が確定しているのでなければならない」とされている。

すなわち、最判昭和三九年一〇月一五日民集一八巻八号一六七一頁は、引揚者更生生活協同連盟杉並支部（一種の消費者団体）が土地の賃借権を取得できるか否かという点が賃借権の譲受人と土地の占有者の間で争われた事案（支部は当事者でない）において、この基準を設定して、原告団体の当事者能力を肯定し、賃借権の取得が認められたものである。そうしてこのケースが設定した上記判定基準は、その後家屋明渡等請求訴訟における住民団体の当事者能力（原告）の判断基準としても、最判昭和四二年一〇月一九日民集二一巻八号二〇七八頁（〔55〕）によっても受け入れられている。すなわち、この事件の当事者である「区は、古くより三田市三田（市制施行前は三田町）一一番区通称新地と称する地域に居住する住民により、その福祉のため各般の事業を営むこと目的として結成された任意団体であって、同市三田に属する最下部の行政区画でも、また財産区でもなく、区長、区長代理者（副区長）、評議員、組長等の役員の選出、役員会および区民総会の運営（その議決は多数決による）、財産の管理、事業の内容等につき規約を有し、これに基づいて存続・活動しているということから」、権利能力なき社団としての実態を有するものとして当事者能力が肯定されている。

四 以後の裁判例においても、上記の基準に照らして社団としての当事者能力を認めるか否かが判断されている。すなわち、①団体としての組織を備え、②多数決の原理が妥当し、③構成員の変更にもかかわらず団体が存続し、④組織における代表の方法、総会の運営、財産管理など団体としての主要な点が確定していることと、いう基準が確立されている。

しかし、具体的な事案における解釈・適用においては、判例にはかなりバラつきがあるのも事実である。例えば、東京地判昭和四四年一二月二四日判タ二四六号三〇一頁（[59]）は、会社従業員の親睦団体について、会員総会に関する定めもその開催の事実もなく、また、役員選出手続にも不備な点があり、管理・運営において多数決の原則が十分に行われていないとしながらも当事者能力を認めている。

また、最判昭和五五年二月八日民集三四巻二号一三八頁（[82]）（岨野悌介『最判解説昭和五五年度』九六頁、福地俊雄『昭和五五年度重判解』六五頁）は、沖縄の血縁団体である門中について当事者能力を肯定しているが、門中については、多数決原則が行われているわけではなく、構成員の範囲も周辺部分では不明確なものがあった（福地・前掲「批判」重判解六七頁は、門中を、権利能力なき財団と把握するのが適切であるとする）。

さらに、最上級審の判例は、構成員から独立した主体かどうかは議論の余地のある民法上の組合にも当事者能力を認めている（日英合板従業員組合につき、大判昭和一〇年一二月二八日民集一四－一一九一頁（[1]）、銀行の債権管理委員会につき、最判昭和三七年一二月一八日民集一六巻一二号二四二二頁（[47]））。

比較的最近では、住民団体が福岡市による博多湾の人工島埋立事業の公金支出の差止め等を求めたいわゆる住民訴訟につき、もっぱら埋立事業への対応のためにつくられ、財政的基盤も乏しく、構成員も流動的な「博多湾人工島を考える会」という団体の当事者能力につき、これが肯定されたものがある（福岡地判平成一〇年三月三一日「判時一六六九号四〇頁、判タ九九八号一四九頁（［117］）、ただし、当事者適格は否定）。

また、「中町環境を守る会」という住民団体が、被告学校法人との間で締結した校舎使用についての協定に基づいて、校舎屋上の使用差止めを求めた訴訟で、東京地判昭和五六年五月二九日判時一〇〇七号二三頁（［85］）は、原告団体の当事者能力を肯定した。判旨は、次のように言う。

「原告は民事訴訟法第四六条にいう社団として当事者能力を有するものと認めて差支えない。右認定の事実によれば、原告は被告が本件建物を建築することになって周辺住民が被告と交渉する必要がきっかけとなって設立されたもので、当面その構成員となった周辺住民の生活利益を代弁することを中心の目的とした団体として発足したことは確かである。しかし、現に成立した原告の目的ないし事業活動はこれに限定されるわけではないと認められるし、また人の結合としての社団がもともと構成員の共通の利益のために設立されること自体は別に異とするに足らず、右のような動機で設立されたものであるからといって社団性を否定し、民事訴訟法上の当事者能力を否定するのは相当でない。また、本案に関し当事者間に争いがないように、現に被告としては原告と種々交渉をし、協定まで結んでいることは、被告自身原告に対して、その個々の構成員とは別の社団性を是認し、一面では効果的に対処しているともいえる（交渉の窓口を一本化できるという点を含めて）のであって、このことも考慮されてしかるべきである。」

ここでは、原告団体の経済的基盤や財政内容などは、まったく問題にされていない。そうして、原告住民団体と被告との間で締結された協定の効果をめぐる訴訟においては、協定の当事者となっている団体に当事者性を認めなければ、その協定をめぐる紛争については、誰も当事者となりうる者がいないという、不合理な結果となってしまうことが留意されなければならない（福永有利「当事者能力と当事者適格の交錯」『民事訴訟法判例百選Ｉ』（一九九二年）八九頁。同「住民団体・消費者団体の当事者能力」民商法九三巻臨時増刊号（一）（一九八六年）二一七頁）。

第五節　財産的基盤は、本件原告の当事者能力の判定にどのような意味を持っているか

一　人の結合体としての団体に、法主体性としての法人格を認めるかどうかは、権利を取得し義務を負う主体としての地位を認めるかどうかの技術的問題である。そうして、法人格のある団体であれば、財産がどのくらいあるとか、その管理・運営方法はどうかなどの実質面は問われることなく、訴訟上は当事者能力が認められるのに、法人格のない社団については、人の結合体であるという実体は法人と同じであるのに、その財産の有無や管理運営のあり方が問題にされるのは、なぜなのか。

それは、法人格が与えられていれば、それだけで財政的基盤を問うことなく独立の社会的存在として通用するとみなされるに対し、法人格のない社団は、独立の社会的存在としての一つのまとまり（組織）と取り扱うかどうかにつき、その財政的基盤と運用が、構成員とは独立の存在としての活動の基盤を持つかどうか、紛争調整に責任をもって対処していくだけの存続性をもつかどうか、対外的にも独立の存在としての地位を担うことができるかどうかをはかるための、一つのメルクマールとなるからである。

しかし、それは、あくまでも「訴訟を担うに値いするだけのそれなりにしっかりした独立の団体かどうか」をはかるための諸種の要因の中の一つの考慮要因にとどまると見るべきである。団体の存続性についても、未来永劫に、団体が存続するという概念は、法人にあってもあり得ない。判例にあっても、団体が被告として金銭などの財産の給付が求められているときは、財産的基礎と構成員からの独立性が慎重に問題にされている（判例［14］（京都市政記者クラブ）、その他［8］ないし［13］）（ただし、長谷部由紀子「法人でない団体の当事者能力」成蹊法学二五号（一九八七年）九五頁以下は、団体が被告として金銭給付を求められる訴訟についても、財産的独立性を不要とする）。財産の問題は、その程度の意味であり、とくに、本件のような閲覧開示請求については、それを完全にクリアー

しなければ、当事者能力は認められないというほどの絶対的要件ではない。人の集まりにも、さまざまな目的と態様があり、活動形態も多様であるだけに、資金面が持つ意味も多様でありうる。現に裁判例でも、財産的側面を問題にせずに、当事者能力を肯定したものが少なからず存在する（[18]、[20]、[22]、[23]、[24]、[25]、[28]、[33]、[34]、[36]、[37]、[38]、[40]、[42]、[43]、[46]、[47]、[50]、[51]、[53]、[57]、[58]、[60]、[62]、[63]、[64]、[65]、[66]、[67]、[70]、[71]、[75]、[76]、[77]、[86]、[90]、[91]、[92]、[95]、[107]、[111]、[114]、[115]）。そうして、ここでは、紛争の性質・類型も考慮されるべきである。

二　本件原告につき財産基盤を問う意味は、原告団体が被告法人から独立した社会的存在であると認められるかどうかにあると考えられる。

ただし、この観点からは、つぎの点が看過されてはならない。

第一に、原告団体が被告法人から独立した存在かどうかにとっては、原告団体が被告法人とは別個の組織としてしっかりと運営されるような体制（意思決定や代表者の選任・相続の運営）を有するかどうかが、より重要であって、財産的独立性はそれをはかる一つの要素にとどまる、と見られることである。

第二に、本件は、類型的には原告団体と被告法人とのいわば被告法人内部の経理の運用のあり方をめぐる紛争であって、純然たる対外的紛争ではない、対外的な第三者との紛争であれば、「船橋カントリークラブ」よりも「株式会社船橋カントリー倶楽部」が当事者になるほうが紛争解決の実効性や判決効の面で適切であるという場合もあり得ようが、本件はそのような紛争ではない。政治団体や労働組合の下部組織が自ら対外的に訴訟をするという事案とは、異なるのである（[78]、[84]、[98]、や［90］などは、下部組織ではなく、上部組織が当事者となるべきだとして、原告の当事者能力が否定されたとみられる）。

そうして、本件は、原告団体と被告法人との間で、被告法人の財務運用につき現に紛争が存するのである。

第六節　原告団体の財産的基盤

原告団体にその財産的基盤を問うことは、右のような意味をもつことを確認したうえで、原告団体の財産的基盤を点検しておきたい。

一　原告団体の財産面と管理運営を整理すれば、つぎのとおりである。

1　原告の経常的な財政基盤は、原告会員が被告に収める年会費総額の三割程度のクラブ活動費と寄付収入としての競技会費用とによって成り立っている。

2　原告の会計業務は、すべて被告が行い、原告クラブの監事の監査承認を得ることとなっている（原告規則四〇条）。

3　原告の支払う年会費は、すべて被告の収入として計上され、原告の活動費は、実際の活動状況に対応し、被告から原告に逐次支払われていたが、本訴提起後の平成一一年度以降は、クラブ活動費の予算額一、一五〇万円が原告の口座に一括して振り込まれ、原告が管理することで現在に至っている。

4　寄付収入としてのクラブ対抗競技会費用は、原告の会員有志や理事会構成員からの寄付によるものであるが、被告から交付されるクラブ活動費とは別個に毎年その収支が明らかにされ、その残高（一〇〇万円前後）が翌年に繰り越されてきた。

5　原告は、本件訴訟の提起・追行の費用に当てるため、平成一一年および平成一二年の二度にわたり会員から協賛金の拠出を募り、合計九四六万円が集められた。

6　原告団体には、理事会の下に八つの分化委員会が置かれ、クラブの財務に関する事項は「財務委員会」が分担している（原告細則一条七）。

二　右の財産面の事実および要因を、団体の当事者能力の有無をはかるファクターとしてどのように見るべきか。

原告会員が被告に収める年会費の一定割合が、原告クラブの主要な財政的基盤になっている事実には争いはない。その際、年会費がひとまずはすべて被告収入として計上され、その中からクラブ活動費として原告に支払われることをどうみるか、原告の会計業務をすべて被告が行うということを原告の対外的独立性との関係でどうみるか。

これは、基本的に評価の領域に帰するが、まず、本件の場合、原告団体にはその活動の基盤になる財産がないとは、とうていいい難いように思われる。とくに、平成一一年以降は、毎年一、一五〇万円の定額の活動費収入が厳然として存在し、原告団体によって運用されてきているのである。そうして、その活動費は、上記の経緯から、実質的には会員の会費の一部によってまかなわれているとみることができる。その額が財政的に多いか少ないかは見方が分かれるかもしれないが、それは原告団体（実質的には会員）と被告法人とが自主的に決める問題であり、少なくとも財政基盤（予算）がないとは言えないし、原告の活動目的との関係で乏しいとも言い難い。

問題は、被告の収入から原告に支払われ、会計業務も被告にゆだねられていることをどうみるかであるが、原告団体の財政面を問題にする場合、どのような経路で金銭の支払いを受け自己の管理下に置くか、会計業務の一部が誰に委託されているかは、それほどの問題ではなく、要は、原告に活動にふさわしいだけの財産（予算としての金員）があり、それが実質的に原告が自己のために管理運営しているとみられるかどうかである。

会計業務を原告以外の第三者が行うからといって、その第三者が財産を管理運営していることには必ずしもならない。とくに平成一一年以降は、毎年、一、一五〇万円の活動費を「財務委員会」により原告自身が管理支出してきているのである。団体としての管理・運営を行う体制はそれなりに備わっており、現実に管理・執行されてきていると見られる。たしかに、財産の管理方法についての規則・細則はないが、現実の運用・管理がどのように行われており、また、行われてきたのかのほうが重要である。うまく行っているときは、細かな規則は必要でなく、うまく行かなくなったときに規則を定めるのが人の集まりの常である。

当事者能力の判定基準時は、通常の訴訟要件と同じく、事実審の口頭弁論終結時点であり、控訴審の弁論終結時にどうなっているかが改めて確かめられる必要がある。

第七節　本件原告の独立団体性——協約書の締結と当事者資格——

一　原告クラブが、被告法人とは別個独立の社会的存在であるかどうかの判断要素の一つとして財政面が問題とされるとしても、より重要なのは、他の諸ファクターの総合的考慮の中で、原告を対外的に独立の団体であるとして、当事者能力を肯定することができるかどうかである。

この観点からは、原告団体の代表と被告法人との間で結ばれた被告法人と原告団体間の関係のあり方を定めた協約書の存在がどのような意味を有するか、どのような経緯からこれが締結され、締結されるにつき原告団体がどのような役割を果したのかが、やはり重要であり、不可欠である。

二　この協約書によれば、被告法人と原告団体とは「甲（被告法人）がその所有するゴルフ場の健全なる経営に、乙（原告団体）はクラブの明朗なる経営に、互譲の精神をもって双方の調和を計り、より一層の発展を期するため、次の条項を協約する」との前文を受けて、第一条では、「乙は会社定款第二条一項及び第二項による甲の健全なる経営に協力する義務を負う」とされ、第三条では、「乙は前第一条及び第二条の目的達成に必要な範囲内において、理事会の指示により財務活動委員会またはその補助者に限り甲の経理内容を調査することができる」と合意されている。

これによれば、原告団体は理事会の指示があれば財務委員会又はその補助者が被告法人の経理内容を調査することができる反面として、原告団体の個々の会員にはそのような権限がないことが導き出される。

この協約書が効力を保持しているとすれば、いかなる場合に調査権があるか、調査の範囲や方法については議論の余地があり得るとしても、原告団体に一定の要件の下で被告法人の経理調査を行う権限があることは否定し難い。そのことは本件協約が、当事者間の権利義務関係を定めたものとして法的な効力を有し、単なる事実上の効果をもつにとどまらないことを意味する。

三　千葉地裁判決は、この協約書が存在するからといって、原告団体の社会的存在としての対外的独立性が肯定されるものではないとして、財政面からの検討を行い、原告団体が被告法人から独立した独自の社会的存在とまでは認められないとして当事者能力を否定している。

しかしながら、本判決の手法には、理論面、実質面の両面から問題がある。

第一に、原判決の手法は、原告団体が対外的に独立した社会的存在かどうかを判断するに際し、その財政面をのみ肥大化して単独の絶対的要件としてとらえすぎており、他の諸要素との総合的考慮をなすにあたってのファクターの一つとして財産の存在およびその管理・運営の問題があるという観点がいささか希薄なように見受けられる。

また、本件原告が、はたして真に財産面からも当事者能力を否定されるべきかどうかも、すでに述べたように多分に疑問であり、先例にもここまで厳格に財産面を当事者能力の判定要件としたものは見当らない。

第二に、本判決は、もっぱら被告法人との関係で財産的独立を問題にしつつ、対外的独立性については、今度は個別被告法人との関係ではなく、一般的な社会的な独立性であるという。ここには論理の矛盾があり、次の問題に連なる。

第三に、より根本的な問題は、対外的独立性といっても、なんのためにそれが吟味されるべきかといえば、原告団体が被告法人との間で本件訴訟の原告になりうるかどうかを判定するためにほかならない。原告団体と被告法人との間で協約書が交わされ、その履行ないし効果をめぐる争いを裁判所に持ち込むに当たり、原告団体が財産的独立性が乏しいからという理由だけで門前払いされ、出訴の途が閉ざされるということでは、どう考えても不自然であり奇異である。本判決が原告と被告法人との紛争の実質を度外視して、いきなり対外的独立性を見極めるために財産面を持ち出すことには、論理の飛躍ないしすり替えがあるといわざるをえない。法の基本は常識である。

第四に、当事者能力は訴訟要件であるといっても、相手方が本案前の抗弁としてその欠缺を持ち出さないかぎり、裁判所としても本格的に取り上げない。被告法人が原告団体を窓口として会員との権利義務を設定する協約を結んでおきながら、それをめぐる紛争になったときに、一転して原告団体には当事者能力はないと主張することが、先行行為に矛盾する挙動として、むしろ信義則に反する争点形成であり、民事訴訟法二条の誠実訴訟追行義務に反するとはいえないか。このことのほうが問題である。

第五に、実質的にみても、協約書の合意内容に関わる請求については、三条の趣意から原告団体以外の者（会員）は、経理内容の調査を行うことができないにもかかわらず、原告団体に当事者資格（能力および適格）を認めなければ、誰も協約書に基づく請求・訴訟はできないことになってしまう。経理調査について団体を窓口とすることに協約書三条の意味があるのに、その団体に当事者能力を認めないのではその協約の趣旨を生かせず、当事者間でも不公平である。協約の効力に争いがある場合も、同様である。

もし、原告団体に当事者資格がないとすれば、原告代表者ら会員が自らまたは選定当事者として新訴を提起することも考えられないではないが、協約書三条との関係では、会員にそのような権限があるかどうか疑問であり、そもそもそのようなことを避けるために三条を含む協約が結ばれたのである。

判例［85］が、原告団体（中町環境を守る会）に当事者能力を認めた実質的な理由もここにあるとみられる。また、判例において、原告団体の当事者能力が否定された事例では、原告団体以外の者がすでに当事者（原告）になっていたり（［101］、［117］）、当事者になっていなくても訴える可能性が残されている場合が多く（［62］、［67］、［78］、［84］、［90］、［98］、［106］）、団体の当事者資格が否定されれば、審理の対象に親しむ請求でありながら誰も提訴できないという事案は見い出すことができない。

四　なお、経理内容の調査を許容するのが妥当かどうかの実質的な考慮が本判決にはあったのかもしれないが、原告団体にそのような権限を認めるかどうかは本案の問題であり、訴訟要件としての当事者資格の判定とは明確に区別すべきである。

第八節　ゴルフクラブに関する先例との関係

一　東京地裁平成三年一一月二七日判決（［106］）は、ゴルフ場の利用権をもつ会員によって構成され、相互の親睦を図ることを目的とした「函南ゴルフ場倶楽部」が、ゴルフ場の経営、管理を行う函南ゴルフ倶楽部株式会社およびその役員、倶楽部の理事とともに原告になって、同倶楽部の会員三名を相手どって、同倶楽部を非難する立看板の撤去、損害賠償の支払い等を求めた事案において、原告団体「函南ゴルフ倶楽部」の当事者能力を肯定し、本案についても、差止め、損害賠償の支払いを命じた（金銭の支払いについては、函南ゴルフ倶楽部への支払いも認容されている）。

「先ず、原告倶楽部が当事者能力を有するかどうかについてみるに、《証拠略》によれば、原告倶楽部は、原告会社が保有し経営管理する本件ゴルフ場を使用し、会員がこれを所定の条件をもって利用することによって、健全なゴルフ普及および発展を期するとともに、会員相互の親睦を図ることを目的とした団体であって、いわゆる預託金会員制のゴルフクラブとは異なり、前記のとおり拠出金の募集に応じ原告会社の株式の譲与を受けた賛助会員約二、七〇〇名、その他の会員約一五、三〇〇名をもって構成され、そこでの決議機関として会員総会と理事会を持ち、そこでの決議はいずれも多数決によって決せられ（もっとも、賛助正会員以外の会員は、前記のとおり、会員総会の決議に加わることはできないが、そのことが直ちに原告倶楽部の社団性の有無に影響を及ぼすものではない。）、代表機関には理事会において互選される理事長がこれに当り、原告倶楽部を代表するほか、その業務を総轄するものとされており、また、原告会社から本件ゴルフ場及びその付属施設の賃貸を受けて、これを会員に使用させるとともに、原告会社に対して賃料等の使用料を支払う義務を負うなど原告会社とは別個、独立の権利義務の帰属主体となることが予定されているものであることを認めることができる。

したがって、原告倶楽部は、いわゆる権利能力のなき社団としての社団性を有し、民事訴訟法四六条の規定によって当事者能力を有するものと解するのが相当である。」

ここでは、団体の決議機関の対比、決議の方法、代表の選出方法などの、団体としての組織がいかにはっきりと定められているか、団体が原告会社からいかに独立しているかが考慮の中心とされている。この事案は、会社が出資金を募ってその資金でゴルフ場を造る株主会員制ゴルフクラブの事案であり、判旨でも、会社がゴルフ場建設資金を預託金として集める、いわゆる預託金会員制のゴルフクラブとは異なることが言及されているが、この差異が当事者能力の有無にどの程度結びつくかは問題であり、後に取り上げる。

二　上記東京地裁平成三年判決の事案は、本件に引き直せば、原告団体と被告法人が共同原告として足並みを揃えて特定のクラブ役員に損害賠償および差止めを求めたものであり、法人が原告になっている以上これに加えて原告団体にまで当事者資格を認める必要はそれほど切実ではないとも言える事案である。また、差止めは、その性質上、法人との間で認められれば、その効果は原告団体にも及ぶ。

これに反し、本件は、原告団体に当事者能力が認められなければ、被告法人に対する請求（紛争）はおよそ裁判の俎上に乗り得ない事案である。

したがって、原告クラブの当事者能力を肯定した東京地裁平成三年判決は、本件事案ではより一層当事者能力を認める方向に働くともいえる。

三　問題は、株主会員制ゴルフクラブと預託金会員制クラブとの間に、当事者能力の肯否につき、差異がどの程度あるのかである。

１　本件原告団体は、預託金会員制のゴルフクラブといっても、代表の選任方法、財産の管理等、全面的にゴルフ場の支配下にある単なる親睦団体（東京地判昭和五四年七月一〇日判時九四四号六五頁のクラブは、そのような団体であった）ではなく、被告会社の収入のほどんど全てにわたる、ゴルフ場の年会費、グリーンフィー、ビジターフィー、キャディーフィー、名義書換料などの諸料金を決定する権利までが認められており、被告会社経営の重要事項の決定権が与えられている（原告規則および細則）。

そのうえ、協約書では、被告会社の経理内容の調査をはじめ、ゴルフ場の会員数の増減、移転・売却・閉鎖等の会員の基本的な権利に関わる事項については、原告クラブ会員総会の決定を要することが、被告法人との間で合意されており、原告団体には被告法人に対するかなり強大な権限が与えられている。

被告法人からの独立性は相当に強く、財務についての規則・細則が乏しいからといって、それだけで当事者能力を否定できるかは、疑問であると言わざるをえない。

2　東京地裁平成三年判決のゴルフクラブは、一部株主制のゴルフクラブといっても、元々は預託金会員制のゴルフクラブであったものが、経営会社の経営危機に際して、再建のために会員が拠出金を支出して会社から一部株式を譲り受けたものである。

本件原告クラブでも、会社の経営難に際し、被告会社の募集に応じて会員が一口三〇万円、合計六〇〇〇口（合計約一億八、〇〇〇万円）の改善事業協力基金を拠出しており、株式を取得したか、預託金かの違いこそあれ、実質的な、会員とゴルフ場会社との関係は、それほど変りはないとも見られる。

また、平成三年事案で、当事者能力が認められたゴルフクラブの構成員の比率は、株主会員二、七〇〇名、預託金制会員一万五、三〇〇名であり、圧倒的に預託金制会員で占められていることにも留意されなければならない。

これらの点を考慮すれば、本件原告クラブを預託金制会員ゴルフクラブであるという類型論で株主会員制クラブと区別し、当事者能力を否定するのは妥当ではない。

第九節　原告適格および訴えの利益

一　当事者適格（原告適格）は、認められるか。

1　本件原告団体が総会において本件訴訟提起を決めたのは、会員数一、二五〇名の中の出席者八一名、委任状五〇六名の合計五八七名の決議による。原判決が、当事者能力なしとして訴えを却下したのは、あるいは本件訴訟が必ずしも会員の総意を反映しているものではないのではないか、という考慮も働いているのかもしれない。

2　この点につき、団体の財産を処分するとか、代表者に所有権移転登記をするなどの訴訟であれば、より多数の会員による意思形成や会員の特別授権が必要であろうが（最判平成六年五月三一日民集八巻四号一〇六五頁

〔111〕）、本件は会計書類の閲覧請求であるので、団体内の規約に基づく意思形成であれば、それで必要にして十分であるといえる。

3　控訴人（被告）側の原審における主張には、本件訴訟を提起するには、本件クラブ会員の総意に基づくことが求められ、本件はこれを充たしていないとの主張が見られる。もし、ここでいう「総意」なるものが、会員の全員一致の意思形成を意味するとすれば、それはこのような団体にあっては非現実的であるばかりか、提訴要件としても不必要に厳格な要件を課すものとして、とうてい採用のかぎりではない。

近時、最高裁は、類似必要的共同訴訟の場合につき、一人のする上訴によって他の共同訴訟人が上訴人の地位まで取得するものではないとする考え方に踏み切ったことに鑑みても（最大判平成九年四月二日民集五一巻四号一六七三頁）、本件のような訴訟について全員一致による決議を要するとするのは、明らかに行き過ぎである。もし、全員による統一意思が必要とされれば、一部の者の反対によって他の大多数の者の提訴が不可能になり、これらの者の訴権行使の機会が奪われるという不合理な結果になる。

4　団体を構成する者は、無関心層を含めて多様な意見、行動様式をとる個人であり、決して一枚岩ではないのがむしろ普通である（たとえば、法専門家の結合体である弁護士会も然り）。要は、出席の機会を含めて、多様な意見をもつ構成員がそれを調整する手続きが団体内の規則に則ってきちんと踏まれたかどうかである。結果としての数の問題ではなく、プロセスとしての手続きの問題である。

5　「天下一家の会」の当事者能力が否定されたのは（〔101〕）、そのような手続が踏まれることなく特定の個人が団体に名を借りて訴えたためであり、本件はそのような事案とは異なる。

二　訴えの利益

1　経営委員会の設置と訴えの利益

被告（被控訴人）は、「原告と被告は、本件協約書の趣旨に基づき、双方五名づつを選任して経営委員会を設置し、そこで本件ゴルフ場についての種々の問題を円満に話し合うこととしていたところ、本件で原告は上記経営委員会で話し合えば解決する問題を、同委員会の設置を拒絶し、あえて訴訟を提起したものであるから、原告には訴えの利益はない」と主張している。これに対し原告（控訴人）は、「経営委員会の検討事項は、毎年四半期ごとのコースの改善維持、ハウスその他の設備に関する計画と予算の策定、実施経過の検討に限定されており、本件の端緒となった年会費の値上げ問題はこれに該らず、本訴の提起は、長期間に及ぶ原告の理事会と被告との話し合い、討議をくり返したにもかかわらず解決の目途が立たなかったことによるので、経営委員会の設置の拒絶をもって訴えの利益がないとするのは失当である」と主張する。

原告側が経営委員会の設置およびそこでの討議を拒絶した経緯が、原告主張のとおりであるとすれば、これをもって、訴えの利益がないとするのは妥当性を欠く。とくに、平成一三年四月二八日付で、原告側の代表者若尾に対し、同人とのゴルフ場施設優先的利用を目的とする契約を一方的に解除し、以後同人を会員とは認めないとの対応をなすに至った被告側においては、現時点で若尾を含めた原告代表者らと誠実に話し合う意向を有しているとは認めがたい。訴えの利益は、事実審の口頭弁論終結時を標準とする。

2　被告既提出の書類と訴えの利益

被告は、平成一一年六月三日、原告の代理人弁護士らに対し、被告の三五期から三九期（平成五年九月一日から平成一〇年八月三一日まで）の貸借対照表、損益計算書、利益処分案をすべて開示しており、三七期以降は営業報告書も交付しているので、原告が本訴請求をなす訴えの利益はないと主張している。

これに対し原告は、被告の提出した計算書類だけでは被告の不明朗な経理状態を調査し、これをただすことはできない、また年会費の値上げの根拠も、本件ゴルフ場の借地契約の更新料支払いを理由とするものであるが、同更新料支払いを目的とするものであれば年会費の値上げは大幅に過ぎ、値上げの根拠に乏しいばかりか、むしろ被告の不健全な経営状況と不明朗な経理状態に帰因するものである、と主張している。

思うに、右のやりとりから、原告の書類閲覧請求につき訴えの利益がないという帰結をただちに導き出すことはできないとしても、原告が開示を求める会計書類がやや広範に及びすぎるという印象も拭えない。

そこで、本件訴訟の進め方としては、これまでの原告・被告間の交渉経過の中で埒が明かなかった点を訴訟手続を通じて再度埒が明くようにすることに当事者双方および裁判所が努める、ということが考えられる。つまり、原告が疑問とするところについて被告側に具体的に説明を求め、それに必要な範囲の書類の閲覧に絞り込む、という方法である。

この種の書類閲覧請求訴訟が、当事者間の閉塞状態を裁判手続を通じて一歩打開することにあるとすれば、被告の原告に対する説明義務を基軸にして、その説明義務を具体化し補完するために書類開示があるという考え方に立つべきである。

そうすれば、いきなり全書類について開示か不開示かというオール・オア・ナッシングの選択ではなく、具体的説明義務を織り込んでの段階的な開示を訴訟手続に取り込むという審理の工夫が可能になる。

弁論準備手続は、このような審理を実現するにふさわしいはずである。

なお、以上は、事柄の性質としては、訴訟要件の問題というよりは、本案の問題である。

3　値上げ提案の撤回と訴えの利益

被告は、その後会費値上げ提案を撤回しているが、このことは訴えの利益に消長をきたすか。

本件訴訟が値上げそのものの当否を訴訟物とするものではなく、値上げは書類閲覧のきっかけにすぎない。そうだとすれば、値上げ撤回によって書類閲覧請求の利益ないし必要性がなくなったとはいえない。

4　柳川俊一報告書と訴えの利益

株式会社エルジーブイの申立てにより、被告の業務及び財産の状況を調査するため柳川検査役が裁判所によって選任され、このたび報告書が提出されている。

被告は、裁判所が公正無私の検査役を選任し、その検査手続を進めている以上、原告にはこれとは別途に会計書類の閲覧を求めて、公正をただす必要はなく、訴えの利益はないと主張していた。

柳川検査役の報告書は、被告（被控訴人）がこれをもって訴えの利益がないとする主張を維持するのであれば、当然被告側において証拠として提出されるのが望ましい。逆に、被告（被控訴人）側が同報告書を原告・控訴人側に開示することなくその内容について検討の機会も与えないまま、訴えの利益がないとして本件訴訟による開示の途をみずから閉ざしてしまうのは、公平を失する、といわざるをえない。

三　小　括

以上により、個々の事情を総合してもなお、本件クラブにつき、原告適格ないし訴えの利益を否定するだけの決め手にはなり得ないと判断する。

本件における難問は、いかなる範囲の書類につき、いかなる態様での閲覧・開示が可能であるかであり、本件協約書によってもなおこの点までは不明であるが、これはやはり本案の問題に属するというべきであろう。

この難問を回避するために、訴えの利益がないとしてしまうのは、いささか乱暴に過ぎる。

第一〇節　近時の潮流からみた本件団体の当事者資格

一　都市化した現代社会では、堅い絆で結ばれたかっての共同体（コミュニティ）的なつながりは、地域におい

ても、職場においても、家族においても、つぎつぎに崩壊してきている。しかし、個人は孤立的な存在ではあり得ず、他者との関係の中で生きる社会的存在である。決してそれほど強くもない。そこで、個人は自己の目的を追求するために志を同じくする人々との間で結合体をつくり、そこに関与して活動を営む場面が増えてくる。その結合体は、一般に、構成員相互の絆はそれほど濃密ではなく、構成員も流動的である。コミュニティの崩壊にともない現代社会では、このような緩やかなつながりを持った多様な小目的集団があちこちにつくられ、そのような団体が他者との間で問題解決の前面に立つ場面も増えてくる。当事者能力が問題になった裁判例でも、たとえば、「動くゲイとレズビアンの会」（〔110〕）、「中町環境を守る会」（〔85〕）、「博多湾人工島を考える会」（〔117〕）、「税金を監視する会」（〔109〕、〔116〕）、「動物実験の廃止を求める会」（〔112〕）、など、その傾向が司法の場でも現れていることがはっきりと読み取れる。

二　このような人の結合体（団体）への配慮は、団体に名誉などの人格権が認められるか（たとえば、鐘紡対新潮社事件・東京高判平成六年九月七日判時一五一七号四〇頁（〔112〕）など）、所有権移転登記請求等における権利能力なき社団をめぐる法理論の細密化（前掲平成六年五月三一日最判および福永有利「権利能力なき社団の当事者能力」『木川古稀上巻』三〇五頁など）を促し、訴訟制度としても、集団的訴訟における選定当事者制度の拡充（民訴三〇条三項）、大規模訴訟に関する特則（民訴二六八条）などに反映している。

学説においても、集団訴訟への関心の深まりはこの二〇年余り、めざましいものがある（谷口安平「集団訴訟の諸問題」『新・民事訴訟講座三』（日本評論社、一九八一年）一七二頁、小島武司「住民団体・消費者団体の当事者能力」『実務民事訴訟講座1』（日本評論社、一九八一年）二七九頁以下、伊藤眞「紛争管理権再論」竜嵜還暦『紛争処理と正義』（有斐閣出版サービス、一九八五年）二〇三頁以下、福永有利「新訴訟類型としての『集団利益訴訟』の法理」民事訴訟雑誌四〇号（一九九四年）六一頁以下、同・前掲「住民団体・消費者団体の当事者能力」、高橋宏志「紛争解決過程における団体」『岩波・基本法学2〔団体〕』(岩波書店、一九八八年)七頁以下、堀野出「団体の任意的訴訟担当について」同志社法学四七巻二号(一九九五年)一六五頁以下など)。

三　このような動向の中で、権利能力なき社団の当事者能力についても、学説・判例は、団体の多様性に着目しつつ、総体としては現にその団体との間で紛争が生じている以上、弾力的にこれを認める方向を示してきているといってよい。権利能力なき社団に当事者能力を認めることは、個々の構成員レベルにまで降り立つことなく団体(代表者)を窓口として訴えまたは訴えられる途を用意することにほかならず、集団訴訟に対する方法の一つであるからである。団体に任意的訴訟担当が認められるか、という議論とも軌を一にする。

別掲の裁判例において、当事者能力を肯定したものが圧倒的な比率を占めているのも、その証左である。事の性質上、当事者能力が肯定されたものは、裁判例として公にされず、否定された判例が公にされる傾向にあることも加味されるべきである。そうして、裁判例において、当事者能力が否定されたのは、他に適切な当事者がいたり、請求との関係で訴訟を追行することが構成員の総意に反するなど、それなりに理由がある場合が多くを数える。

本件原告団体は、上記のような近時の団体の傾向からすれば、むしろ古典的な部類に属する。本件団体につき、財産的独立性を理由に当事者能力を否定した千葉地裁判決は、現代社会における団体の役割の増大にともなうこのような潮流の中にあって、いささか異質であり、逆行しているように思われる。

しかも、財産の管理・運営の規則が備わっているかどうかを細密に審査する手法は、多様な団体の実情を一定の細密基準で計ろうとするもので、現代における団体の多様な活動の実体を考慮に入れないものであり、ここでは、むしろ法律学の手法の狭隘性と後進性を露呈している。細則が備わっていればそれで能力が充足されるというものではないはずである。

控訴審、上告審で本件がどのような展開を見せ、どのような判断が示されるか、見守りたい。

(後注)本件について、控訴審である東京高等裁判所平成一三年八月二二日判決は、原判決どおり、原告団体に当事者能力はないとして訴えを却下するとの立場を維持したが、上告審である平成一四年六月七日最高裁第二小法廷判決(民集五六巻五号八九九頁)は、原判決を破棄し、事件を第一審に差し戻した。上告審判決の理由は次のとおりである。

「しかしながら、原審の上記判断は是認することができない。その理由は次のとおりである。

民訴法二九条にいう「法人でない社団」に当たるというためには、団体としての組織を備え、多数決の原則が行われ、構成員の変更にかかわらず団体そのものが存続し、その組織において代表の方法、総会の運営、財産の管理その他団体としての主要な点が確定していなければならない(最高裁昭和三五年(オ)第一〇二九号同三九年一〇月一五日第一小法廷判決・民集一八巻八号一六七一頁参照)。これらのうち、財産的側面についていえば、必ずしも固定資産ないし基本的財産を有することは不可欠の要件ではなく、そのような資産を有していなくても、団体として、内部的に運営され、対外的に活動するのに必要な収入を得る仕組みが確保され、かつ、その収支を管理する体制が備わっているなど、他の諸条件と併せ、総合的に観察して、同条にいう「法人でない社団」として当事者能力が認められる場合があるというべきである。

これを本件について見ると、前記一の事実関係によれば、上告人は、預託金会員制の本件ゴルフ場の会員によって組織された団体であり、多数決の原則が行われ、構成員の変更にかかわらず団体そのものが存続し、規約により代表の方法、総会の運営等が定められているものと認められる。財産的側面についても、本件協約書の前記(ウ)の定め等によって、団体として内部的に運営され対外的にも活動するのに必要な収入の仕組みが確保され、かつ、規約に基づいて収支を管理する体制も備わっているということができる。さらに、上告人と被上告人との間で本件協約書が調印され、それに伴って規則も改正されているところ、その内容にも照らせば、上告人は、被上告人や会員個人とは別個の独立した存在としての社会的実体を有しているというべきである。以上を総合すれば、上告人は、民訴法二九条にいう「法人でない社団」に当たると認めるべきものであり、論旨には理由がある。

以上と異なる見解に立って上告人の当事者能力を否定した原審及び第一審の判断には、いずれも判決に影響を及ぼすことが明らかな法令の違反がある。したがって、原判決を破棄し、第一審判決を取り消し、本件を第一審裁判所に差し戻すこととする。

よって、裁判官全員一致の意見で、主文のとおり判決する。」

裁判例一覧表

＊昭和六〇年までは長谷部由紀子論文［法人でない団体の当事者能力］の引用判例を借用し、若干の追加（一二件）等を行った。昭和六〇年以降平成一一年度まで二五件を追加した。

＊（有）は簡単に財産問題に言及したもの

【1】団体が金銭支払請求訴訟の被告である場合

通し番号	事件名	当事者能力の判断	団体の名称・種類	財産的独立性への言及の有無	備考
〔1〕	大判昭和一〇年五月二八日民集一四巻一一九一頁	肯定	日英合板従業員組合	無	
〔2〕	東京地判昭和二六年二月七日下民集二巻二号一五六頁	否定	教育委員会	無	
〔3〕	東京地判昭和二七年一〇月一日下民集三巻一〇号一三五五頁	肯定	成規の設立手続を経ない株式会社	無	
〔4〕	東京高判昭和三四年一〇月三一日下民集一〇巻一〇号二三二四頁	肯定	沖縄人連盟	有（事務所の存在）	
〔5〕	千葉地判昭和三五年一月三〇日判タ一〇一号七五頁	肯定	たばこ耕作組合連合会（既に解散）	有	
〔6〕	神戸地裁洲本渋判昭和三六年一二月二〇日下民集一二巻一二号三〇七五頁	肯定	設立登記未了の法人	有	

〔7〕	津地判昭和三九年二月一日下民集一五巻に号一九七頁	否定	設立中の財団	有	
〔8〕	長崎地判昭和四一年七月二九日判タ二〇五号一七一頁	否定	自動車整備修繕業者の団体	有	
〔9〕	大阪地判昭和四三年四月一五日判タ二二四号二三一頁	肯定	芸能人後援会	有	
〔10〕	札幌地判昭和四三年四月一六日判時五三三号八二頁	肯定	労働組合地方本部	有	
〔11〕	東京地判昭和五二年七月二六日判時八六八号九六頁	否定	敷島建設住宅組合	有	
〔12〕	大阪高判昭和五三年二月二四日判時九一一号一二三頁	否定	ボクシング協会	有	
〔13〕	横浜地判昭和五三年九月二七日判タ三七二号一〇一頁	否定	ゴルフクラブ	有	
〔14〕	京都地判平成六年一二月一九日判例地方自治一三八号二六頁	否定	京都市政記者クラブ	有	構成員から独立した別個の団体とは認められない（判決理由）

【2】【1】以外の場合（団体が金銭支払請求訴訟の被告になっていない場合）

通し番号	事件名	原告・被告の別と当事者能力の判断	団体の名称・種類	財産的独立性への言及の有無	請求の内容	備考
〔15〕	大判昭和六年九月二日最判例五巻民事二〇九頁	原告肯定	青年団支部	有	損害賠償請求	
〔16〕	東京区判昭和七年六月二七日新聞三四三八号一二頁	原告否定	中央乳友会（民法上の組合）	有	立替金請求	

(17)	広島控判昭和七年七月二五日評論二一巻民訴三七〇頁	原告被告否定	耕地整理組合（民法上の組合）	有	物品引渡請求	
(18)	大判昭和八年二月九日法学二巻一一三二号	原告肯定	頼母子講	無	給付金請求	
(19)	札幌地判昭和八年五月一五日新聞三六〇九号七頁	原告肯定	用水組合（民法上の組合）	有	出資金請求	上告審：大判昭和八年九月二二日新聞三四五号一一頁
(20)	宮城控判昭和八年六月二二日新聞三六六二号五頁	原告否定	西谷貯蓄会（民法上の組合）	無	貸金請求	
(21)	東京控判昭和七年一一月二二日新聞三六六二号七頁	原告肯定	帝都製氷組合（民法上の組合）	有	組合員脱退無効確認・損害金請求	
(22)	大判昭和一〇年一二月二四日裁判例九巻民事三五〇頁	原告肯定	頼母子講	無	無尽払込金請求	
(23)	奈良地判昭和一五年三月一五日新聞四五六一号九頁	原告肯定	部落	無	協議費請求	
(24)	大判昭和一五年七月二〇日民集一九巻一二一〇頁	原告肯定	頼母子講	無	掛戻金請求	
(25)	大判昭和一五年一〇月一一日新聞四六三五号七頁	原告肯定	組合協和商会（民法上の組合）	無	清算金請求	
(26)	大判昭和一六年八月一四日新聞四七二四号一六頁	原告肯定	仏教婦人会	有	建物所有権確認・登記抹消請求	
(27)	広島地裁尾道支部判昭和二五年一月一三日下民集一巻一号一五頁	原告被告肯定	習慣上の水利組合	有	水利権確認・妨害排除請求	
(28)	仙台地判昭和二五年九月一八日下民集一巻九号一四九四頁	原告否定	学校設立委員会	無	損害賠償請求	

〔29〕	岐阜地判昭和二五年一二月二八日労民集一巻六号一〇五頁	申請人被申請人肯定	労働組合地方支部	有	決議の効力停止	
〔30〕	仙台地判昭和二六年六月一一日下民集二巻六号七五五頁	原告肯定	労働組合地方支部	有	所有権移転登記抹消請求	
〔31〕	甲府地判昭和二七年一二月一七日下民集三巻一二号一七九〇頁	原告否定	小学校敷地拡張委員会（住民団体）	有	土地引渡・所有権移転登記請求	
〔32〕	神戸地判昭和三〇年一月二九日下民集六巻一号一三二頁	原告肯定	在日外国人の団体の地方支部	有	家屋明渡請求	
〔33〕	神戸地判昭和三〇年一月二九日下民集六巻三号六一六頁	申請人肯定	英国法上のパートナーシップ	無	占有移転禁止	
〔34〕	東京地判昭和三〇年四月二五日訟務月報一巻三号八五頁	原告肯定	簡易旅館組合連合会	無	所有権確認・登記抹消請求	
〔35〕	大阪高判昭和三〇年一〇月三一日高民集八巻九号六三四頁	原告肯定	部落	有	所有権移転登記抹消請求	
〔36〕	大阪地判昭和三一年一月三一日下民集七巻一号一五七頁	原告肯定	頼母子講	無	掛金請求	
〔37〕	東京高判昭和三二年一二月二五日東高民時報八巻一二号三一八頁	原告肯定	九十九里地曳網漁業共同組合（民法上の組合）	無	金銭支払請求	
〔38〕	広島高判昭和三四年二月四日下民集一〇巻二号二四九頁	申請人肯定	森林組合（元法人だが法改正にともない当然解散）	無	仮処分（内容不明）	
〔39〕	大津地判昭和三四年一一月一〇日下民集一〇巻一一号二三九三頁	原告肯定	在日外国人の団体の地方支部	有	所有権確認・所有権移転登記手続請求	

〔40〕	東京地判昭和三五年八月九日下民集一一巻八号一六四七頁	原告肯定		無	損害賠償請求	
〔41〕	大阪高判昭和三五年九月三〇日高民集一三巻七号六五七頁	被告否定	地蔵講	有	建物収去土地明渡請求	
〔42〕	東京高判昭和三六年三月二八日東高民時報一二巻三号四八頁	被告否定	農業委員会	無	賃貸借契約無効確認請求	
〔43〕	千葉地判昭和三六年一二月二二日訟務月報八巻二号二八〇頁	被告肯定	在日外国人の団体の地方支部	無	建物収去土地明渡・建物明渡請求	
〔44〕	浦和地裁昭和三七年三月一四日労民集一三巻二号二二三頁	原告肯定	労働組合支部	（有）	協約義務履行請求	
〔45〕	東京地判昭和三七年四月二日下民集一三巻四号六三三頁	原告肯定	土地区画整理組合（設立無効確認判決により清算過程に入った法人）	有	建物所有権確認・明渡請求	
〔46〕	大阪高判昭和三七年四月二八日判タ一三五号九五頁	被告否定	債権者団	無	所有権移転登記抹消請求	
〔47〕	最判昭和三七年一二月一八日民集一六巻一二号二四二二頁	原告肯定	三銀行団債権管理委員会（民法上の組合）	無	売掛代金請求	
〔48〕	津地判昭和三八年一月二四日民集二三巻七号一二二一頁（下民集一四巻一号六〇頁）	被告肯定	設立中の育英財団	有	株券引渡請求	設立許可の申請手続中の財団法人であっても、寄付行為者の個人的財産から明確に分別され、独立の存在として管理運用されている
〔49〕	津地判昭和三九年二月一日下民集一五巻二号一九七頁	被告否定	設立中の財団	有	損害賠償請求	

〔50〕	高松地判昭和四〇年三月二七日行裁例集一六巻三号五八四頁	原告肯定	設立中の有限会社	無	行政処理無効確認請求	
〔51〕	仙台地判昭和四〇年一二月二二日労民集一六巻六号一一七〇頁	申請人肯定	労働組合の下部組織	無	標札取付妨害禁止	
〔52〕	東京地判昭和四一年三月三〇日判時四五九号五六頁	原告肯定	在日外国人の団体	有	所有権移転登記手続請求	
〔53〕	大阪地判昭和四一年五月三〇日ジュリ三六九号六頁	原告否定	政党の地方委員会	無	委託状不発送謝罪等の請求	
〔54〕	東京地判昭和四二年五月二〇日判タ二〇九号二一〇頁	原告肯定	町会	有	建物登記分割・登記抹消請求	
〔55〕	最判昭和四二年一〇月一九日民集二一巻八号二〇七八頁	原告肯定	三田市一一番区	有	家屋明渡・延滞賃料支払請求	
〔56〕	東京高判昭和四三年六月二八日高民集二一巻四号三五三頁	肯定	ケニヤ法上のパートナーシップ	有	損害賠償請求	
〔57〕	最判昭和四四年六月二六日民集二三巻七号一一七五頁	原告肯定	設立中の育英財団	無	株券引渡請求	
〔58〕	東京地判昭和四四年一〇月六日判時五九三号五五頁	原告肯定	小笠原島硫黄島帰郷促進連盟	無	貸金等返還請求	
〔59〕	東京地判昭和四四年一二月二二日判タ二四六号三〇一頁	原告肯定	会社従業員の親睦団体	有	貸金請求	
〔60〕	福岡地判昭和四四年一二月二四日判時五九三号八三頁	被告否定	福岡愛馬会	無	建物明渡請求	
〔61〕	大阪地堺支決昭和四五年一月一二日労民集二一巻一号一頁	申請人肯定	政党の地方委員会	有	業務明渡請求	

〔62〕	大阪高判昭和四五年二月一六日判時六〇二号六二頁	申請人否定	明石野球連盟	無	不動算仮処分（内容不明）	
〔63〕	東京地判昭和四五年一二月二二日判時六二八号六一頁	原告肯定	部落（入会団体）	無	損害賠償請求	
〔64〕	大分地判昭和四六年二月三日判時六三八号九九頁	原告肯定	町内会	無	所有権確認等請求	
〔65〕	名古屋地判昭和四六年四月六日判タ二四六号二二二頁	原告肯定	町内会	無	所有権確認等請求	
〔66〕	千葉地決昭和四六年五月一七日判タ二六四号三八三頁	申請人肯定	労働組合地方本部	無	占有妨害禁止	
〔67〕	前橋地沼田支判昭和四七年三月三一日判時六六六号八一頁	原告否定	債権社会	無	差押債権支払請求	
〔68〕	東京地判昭和四七年五月一六日判タ二七九号二三二頁	原告肯定	ニューヨーク州法上のパートナーシップ	有	損害賠償請求	
〔69〕	東京地判昭和四七年一〇月一一日判タ二八九号三七七頁、無体集四巻二号五三八頁	原告肯定	青年同盟	有	損害賠償請求謝罪広告掲載	
〔70〕	名古屋地決昭和四八年八月一九日判時七一四号二一八頁	被申請人肯定	政治家の支援団体	無	新聞配布等禁止	
〔71〕	東京地判昭和四八年一一月六日行裁例集二四巻一一＝一二号一一九一頁	原告肯定	ボウリング場建設阻止を目的とする住民団体	無	建築主事の確認処分取消請求	
〔72〕	大阪高判昭和四八年一一月一六日高民集二六巻五号四七五頁	原告肯定	部落（入会団体）	有	所有権確認移転登記手続請求	
〔73〕	名古屋高判昭和四九年四月一六日判時七五二号四二頁	肯定	清水育英会	有	損害賠償請求	

〔74〕	横浜地決昭和四九年六月一五日判時七六〇号七九頁	被申請人肯定	政治家の後援団体で地域住民運動団体	有	印刷物頒布等禁止	
〔75〕	千葉地判昭和四九年七月一五日判タ三三四号三四二頁	原告肯定	労働組合地方本部	無	損害賠償請求	
〔76〕	仙台地判昭和四九年七月二〇日判時七六八号八〇頁	申請人肯定	選挙活動を目的とする政治団体	無	雑誌配布禁止	
〔77〕	東京地判昭和四九年九月九日判時七七六号七二頁	原告肯定	日本大学文理学部後援会	無	損害賠償請求	
〔78〕	那覇地判昭和五〇年一〇月二一日判時八〇七号八三頁	原告否定	政党の地方委員会	有	損害賠償請求	
〔79〕	広島高松江支判昭和五二年一月二六日下民集二八巻一＝四号一五頁	原告肯定	部落（入会団体）	有	入会権確認請求	
〔80〕	横浜地決昭和五三年八月四日行裁例集二九巻八号一四〇九頁	申立人否定	国鉄の路線予定地の土地所有者らが組織した団体	有	土地収用明渡等裁決の執行停止	
〔81〕	大阪地判昭和五三年九月二五日判タ三七三号八九頁	原告肯定	周辺住民にも開放された私企業の体育センター	有	損害賠償請求	
〔82〕	最判昭和五五年二月八日民集三四巻二号一三八頁	原告肯定	沖縄の地縁団体「門中」	有	所有権移転登録手続請求	
〔83〕	仙台地判昭和五五年三月二四日労民集三一巻二号三〇八頁	申請人肯定	労働組合地方支部	有	組合事務所試用占有の妨害禁止	
〔84〕	東京地判昭和五五年八月八日労民集三一巻四号八七〇頁	原告（相原告有）否定	社会福祉法人済生会支部東京済生会中央病院	無	不当労働行為再審査申立棄却命令取消し	
〔85〕	東京地判昭和五六年五月二九日判時一〇〇七号二三頁	原告肯定	中町環境を守る会	有	校舎屋上の使用禁止	

〔86〕	東京地判昭和五六年六月一八日判タ四六五号一四六頁	申請人肯定	保育園父母会	無	金員仮払い	
〔87〕	宇都宮地裁足利支判昭和五六年九月八日判時一〇四四号四二七頁	原告否定	倒産会社の債権者委員会	有	約束手形金請求	
〔88〕	大阪地判昭和五六年九月二八日判時一〇二二号一二三頁	被告肯定	労働組合地方支部	有	謝罪文交付・掲載	
〔89〕	東京高判昭和五六年九月二八日民集三九巻五号一三二一頁	原告（相原告有）否定	社会福祉法人済生支部東京済生会中央病院	無	不当労働行為再審査申立棄却命令取消し	〔84〕事件の控訴審
〔90〕	京都地判昭和五七年五月三一日判タ四七三号一九四頁	原告否定	町内会の一部門	無	非常口設置請求	
〔91〕	大阪地判昭和五七年一〇月二二日判時一〇六八号八五頁	原告肯定	マンションの管理組合	無	管理費・積立金請求	
〔92〕	東京高判昭和五七年一二月二三日判時一〇六七号一三一頁	被告肯定	精算結了後の株式会社	無	株主総会決議不存在確認請求	
〔93〕	東京高判昭和五九年七月一九日訟月三〇巻一二号二七四四頁	原告肯定	債権者委員会（民法上の組合）	有	行政処分無効確認	
〔94〕	東京地判昭和六〇年四月一六日判時一一七一号九四頁	原告肯定	雑民党（政党）	有	損害賠償請求	
〔95〕	最判昭和六〇年七月一九日民集三九巻五号一二六六頁	原告（相原告有）肯定	社会福祉法人済生支部東京済生会中央病院	無	不当労働行為再審査申立棄却命令取消し	〔84〕・〔89〕事件の控訴審
〔96〕	鹿児島地判昭和六〇年一〇月三一日判タ五七八号七一頁	原告肯定	五井野部落	有	土地所有権確認	
〔97〕	金沢地七尾支判昭和六二年九月三〇日判時一二七二号一二三頁	原告肯定	長崎区（字）	有	土地所有権移転登記請求	

〔98〕	東京地判昭和六三年二月二二日判タ六七五号二〇八頁	被告肯定	政治団体の下部組織	有	損害賠償請求	
〔99〕	横浜地判平成元年二月八日判時一三二一号一四四頁	原告否定	寺院本堂再建を目的とした団体	有	建物明渡請求	
〔100〕	東京地判平成元年六月二八日判タ七二三号二二〇頁	原告肯定	アパートの居住者から成る町会	有	土地所有権移転登記請求	原告団体代表者名義での移転登記を認めた
〔101〕	福岡地判平成成二年七月一八日判タ七五〇号一六五頁	原告（相原告有）否定	天下一家の会（熊本鼠講）	有	課税処分取消し	
〔102〕	浦和地決平成二年七月二六日判タ七六六号一八八頁	申請人肯定	労働組合地方支部	有	執行権停止処分等の効力停止仮処分申請	
〔103〕	東京高判平成二年一一月二〇日判タ七六三号二七三頁	原告肯定	政党の下部組織	有	損害賠償請求	
〔104〕	横浜地判平成三年一月二九日判タ七六八号二三一頁	原告肯定	在日大韓民国居留民団	（有）	土地占有回収	被告は原告団体の元議長
〔105〕	名古屋地判平成三年三月二九日判時一三九七号九〇頁	原告肯定	宮出東町内会こと宮出町東京町内会	有	町内会長地位不存在確認請求	
〔106〕	東京地判平成三年一一月二七日判時一四三五号八四頁	原告（相原告有）肯定	ゴルフクラブ	有	工作物収去等請求事件	
〔107〕	仙台地判平成四年四月二二日判タ七九六号一七四頁	原告肯定	佐沼共有山組合（入会団体）	無	所有権（総有）確認請求	
〔108〕	東京地裁平成四年一〇月一五日判タ七九八号二七七頁	原告肯定	税金を監視する会（市民オンブズマン）	（有）	公文書非開示決定取消請求	

〔109〕	東京地判平成五年一一月九日判タ八七一号一九一頁	原告否定（相原告有）	救急連絡センター	有	損害賠償請求	
〔110〕	東京地判平成六年三月三〇日判時一五〇九号八〇頁	原告肯定	動くゲイとレズビアンの会（旧名称アカー）	有	損害賠償請求	
〔111〕	最判平成六年五月三一日民集四八巻四号一〇六五頁	原告肯定	大畑町部落有財産管理組合（入会団体）	無	所有権確認等請求	
〔112〕	東京地判平成七年一二月二七日判タ九二三号二六頁	原告肯定	動物実験の廃止を求める会	（有）	地位不存在確認・会の名称使用禁止	被告の代表者は自称
〔113〕	東京地判平成八年四月一〇日判タ九三八号二五五頁	原告肯定（相原告有）	自由民主党同志会	（有）	預金返還請求	代表者の異にする相原告の訴えは代表権なしとして却下
〔114〕	東京地判平成八年七月五日判時一五八五号四三頁	原告肯定	マンション管理組合	無	犬の飼育禁止等請求事件	〔108〕事件の控訴審条例で公文書開示請求権が認められていることと原告の活動実績
〔115〕	神戸地判平成八年九月四日判タ九三九号一五五頁	原告肯定	神戸・春日野墓地協会	無	妨害排除請求（本訴・反訴請求）	本訴認容反訴棄却
〔116〕	東京高判平成九年五月一三日判時一六〇四号三九頁	原告肯定	税金を監視する会（市民オンブズマン）	（有）	公文書非開示決定取消請求	
〔117〕	福岡地判平成一〇年三月三一日判タ九九八号一四九頁	原告肯定（相原告有）	博多湾人工島を考える会	有	損害賠償請求公金支出差止	会の当事者適格は否定

〔118〕	東京地判平成一〇年一〇月二一日金判一〇六六号四三頁	原告肯定	武蔵野たばこ自動販売機共済会	有	預金通帳・印鑑引渡請求	請求認容
〔119〕	東京地判平成一一年七月二三日（未登載）	原告否定	日本ビジュアル著作権協会	有	書籍出版差	構成員なし

第二章　当事者照会制度の本質とその活用

第一節　はじめに

当事者照会は、一方当事者が相手方に対し、主張または立証を準備するために必要な事項について、相当の期間を定めて、書面で回答するよう照会する制度である（一六三条）。アメリカ合衆国のインターロガトリー（in-terrogatories〔質問書〕）を参考にして、新法によって導入され、制度化された。裁判所を介さずに、直接当事者間で質問・回答のやりとりを行う点に特徴があり、証拠そのものを収集するという目的にとどまらず、広く相手方からインフォメーションを得て、適切かつ実効的な主張や立証、場合によっては申立ての趣旨、原因の構成、展開に備えることができるという機能をもつ。文書提出命令等の証拠収集手続（第二編第三章）の中にではなく、第二章（口頭弁論及びその準備）の第二節（準備書面等）の中に位置づけられたのも、当事者照会が単なる証拠収集方法にとどまらないこのような広範な機能領域にまたがるからである(1)。

当事者照会制度の概要および運用のガイドラインについては、すでにかなりの著作が公にされている。そこで、本章では、一般的な制度の解説や技術的な問題についての叙述はそちらに委ねることとして、まず、①この制度の本質にかかわる問題をとりあげて考察を加え（第二節）、つづいて、②質問（照会）段階をめぐる問題（第三節）、③回答段階をめぐる問題のうち、とくにこの訴訟手続の外で行われる質問・回答（無回答などの不適切な対応）のやりとりが、その後の訴訟手続における当事者間の関係にどのような意味、効果をもつのか（第四節）、についての筆者なりの考えを提示して批判を乞うことにしたい。

第二節　当事者照会の趣旨と本質

一　なぜ照会（質問）することができるのか

当事者の一方は、裁判所内における訴訟手続を離れて、なぜ直接的に相手方（または相手方に相当する訴訟関与者）に一定の事項について質問を発して回答を求めることができるのか。その根拠は何かがまずもって問題である。新法で当事者照会が導入され制度化されたから、というのは問いに対して問いをもって答えただけであり、答えにならない。一定の場合に質問を発する地位が認められるからこそ立法化されたはずであり、そうだとすればその根拠は何かが明らかにされる必要がある。なお、ここでの根拠は、照会を求める根拠であり、質問された側が回答をする根拠ではない。

一般に、適正迅速な争点整理など手続の促進・審理の充実の目的達成のために、情報を有しない側が情報を有する側にその情報の開示を求めて、それを獲得することを通じて手続進行についての予測と対策をたて、早期の態度決定を可能にし、相手方との間でかみ合った弁論、やりとりを実現することに当事者照会制度の趣旨と根拠が求められている。たしかに、当事者照会制度が有効に活用されれば、手続の促進・審理の充実に資することになろう。しかし、訴訟外で「なぜ照会できるのか」の問いに対しては、このような制度一般の趣旨・目的の説明だけでは足りない。個別当事者間でなぜ一方の当事者が相手方に回答を促す質問ができるのかという、具体的な顔をもった当事者間の関係のなかでその根拠が示されなければならない。

証拠（情報）が偏在している場合、実質的な武器対等を確保する必要があるので、情報を有しない側は、有する側にその開示を求めることができる、という説明は、十分な根拠となりうるか。文書提出義務の根拠とともに、この説明は、当事者照会についてもその十分な根拠とはなりえないであろう。証拠(情報)が偏在しているからといって、それだけで、もっていない側がもっている側に開示を求めることを正当化することはできない。(2)

また、訴訟過程は紛争解決に向けての共同作業であり、当事者は互いに協働関係のなかでこの目標達成に努力しなければならないという「訴訟協働主義」の思想は、当事者照会の根拠たりうるか。これも否であろう。訴訟協働主義の思想は、敵に塩を送ってもらう地位・関係がある、という考え方を基礎としているが、訴訟過程はそれぞれの当事者がその時々の状況関係における自己の役割のなかでクールに相互作用を展開していくところであって、相手方に塩を送ることを強制されるようなホットな協働関係にはない。協働(同)主義を強調することは、当事者が本来自己が行う必要のないことまでもやらされることになりかねず、それぞれの役割をあいまいにしてひたすら裁判官の判断のための資料を提供する存在に導かれやすい。また、それぞれの当事者が自己の目標を最大限達成しようとして、さまざまな戦略をもまじえてきびしい緊張関係のなかで葛藤をくりひろげる訴訟過程を、「協働関係」というきれいごとで表現するのは、いささか楽観的にすぎ、実際からも遊離している。

訴訟法上の信義則の発現の一つとして、当事者照会を根拠づける立場も、これまでに批判的にとりあげた二説と同根の疑問がある。信義則というマジックワード自体によってではなく、なぜ一方当事者が相手方に説明、回答を求めるはたらきかけを行うことができるのかの具体的な根拠づけが示されなければ、空虚である。

実体的真実発見の目的のために、当事者、代理人は互いに誠実を尽くし、協力すべきであるから、当事者の一方は相手方に情報の開示を求め、求められた側はこれに協力する義務があるという考え方はどうか。(3)これも、根拠としては薄弱であるばかりか、正しくない。裁判という限られた条件下で、遠い過去に生じた事象の真実性を解明することは、仮に当事者はこだわりをもっていても、不可能というのは言い過ぎだとしても、きわめて困難であるばかりか、過去についての認識の違いは向後への当事者間の紛争の調整のためにあるのであって、決してそれ自体について白黒をつけることが裁判の目的でも至上命題でもない。過去の認識をぶつけ合うことは、将来に向けた調整への一作業過程にとどまり、これから先に向けて当事者間の破られた関係をどう修復していくかこそが課題であり、実は当事者自身の利害関心のウエイトもそこにあるのである。したがって、実体的真実発見の目的を強調することは、一見したところ一般受けはしやすく、また、裁判官のパッションにも訴えかけるものがあるが、裁判にいささか筋の違う過大な機能を取り込むことになり、裁判の過程を必要以上に重苦しくしてしまうことになりかねない。もちろん、このように言ったからといって、当事者は虚偽の主張をしてもかまわないとか、裁判官の事実認定はいい加減でいいなどと言うつもりはないし、法廷をコトバや論理による演出的議論の場であると割り切って、ゲーム感覚的な訴訟観を推奨するものでもない。

筆者は、なぜ照会によって相手方からの回答を求めることができるかの根拠は、当事者照会制度のないところで、当事者の一方が相手方に内容証明郵便等の手紙で一定の事項について質問を発し、その回答を期待することができる根拠と基本的に同じであると考える。紛争行動の展開にあたっては、当事者は自己の主張や証拠を相手方にぶつけて相手方の対応を促す（あるいは引き出す）だけでなく、相手方の認識や具体的材料の開示・説明を求めて、それについての相手方の対応を手がかりとして、次なる自己の行動（訴訟上の対応としては、主張および立証、場合によっては申立て）の方向性と内容を具体的に定める場合があり、それもまた当事者間の相互作用的な紛争行動の一環である。ただ、当事者間にはすでに裁判所を介した裁判手続を通じての相互作用の場が予定されているのであるから、当事者間の直接的な照会の手段は、主たる相互作用の場である裁判手続を有効適切に展開するための補助的なものにとどまり、照会できる事項の範囲も、主張または立証を準備するために必要な具体的な事項に限られるのである。

かくして、この当事者照会の制度は、紛争の具体的局面で一方が相手方に質してその対応を求めるという、それ自体平凡で当り前の紛争当事者間のコミュニケーションの発現の一態様であり、照会を発する根拠もそこに求めるほかない、と考える。したがって、照会をして回答を求める側には、相手方の対応を引き出すために必要なコミュニケーションの「作法」を尽くすことが求められる。相手方を侮辱したり困惑させる照会、具体的あるいは個別的でないような事項にわたる照会はさし控えるべきであることは当然として、照会する側は回答書をあわせて送り、なぜ照会をするかの必要性を掲げ、相手方がコミュニケーションをとりやすいように、照会者側の住所はもちろん、電話番号、ファクシミリの番号までも記載しておかなければならない（規八四条）。民訴法および民訴規則は、誠実な回答を引き出すための、照会をする側の作法の大枠を規定したのである。

二　回答「義務」はあるか

照会によって回答を求められた側は、相互作用的なコミュニケーションの作法として、誠実に対応することが期待されている。しかし、法的な義務として照会事項に誠実に回答する義務があるか。照会をする権利に対応して回答義務を構想するのが法律学の一般的手法ではあるが、照会をすることの根拠が前述一でみられたような内容のものであるとすれば、相手方には回答「義務」はない。どのように対応するかは、相手方の自由な判断と選択のなかにある。それは、民訴法が照会に対して回答すべきことを義務として定めず、無回答、不誠実回答に対して何の制裁も設けなかったから、ではない。もともと、コミュニケーションとしての相互作用的な働きかけについては、ある働きかけを行った側（A）はその相手方（B）に対して自己の求める対応をとることを強制するという権利義務の関係にはないのであって、相手方（B）は、Aの先行的な働きかけを受けて、自己のAに対する次なる働きかけの必要性、その内容、方法、時期を判断して自ら選択する、という関係づけがあるにすぎない。[4]相手方に自己の求める対応を強制してそのとおりに行動させる、という法律学に一般的な「権利義務」の通念は、紛争行動ではあってもコミュニケーションの場面にはなじまない。もし権利義務で律すれば、相手方の行動選択の余地を狭め、当事者間の関係を重く息苦しくするばかりである。

それでは、相手方に「回答義務」はないとすれば、相手方が無回答、不誠実回答をしてきた場合でも、その後の照会者と相手方との訴訟手続上の関係に何の影響も効果も及ぼさないか。これはそうではない。質問事項と回答との関係によって、また、具体的な状況によって一律にはいえないが、一定の場合に回答のあり方いかんが、その後の訴訟上の当事者間の主張・立証の関係のあり方に反映していくことを認めざるをえない。この点は、後にあらためて取り上げる（後述第四節二以下）。

三　なぜ訴訟法に取り込まれるのか

裁判所を介さない当事者間の訴訟外のやりとりが、なぜ民訴法規に取り込まれ、それが民事訴訟の理論と運用の一部になりうるのか。裁判過程を裁判所と当事者とのタテの関係としてとらえ、裁判をもっぱら裁判官が判断を形成する権力作用の発現過程とみる立場では、この当事者間照会はおそらく異質で例外的な制度としか位置づけられないであろう。

しかしながら、訴訟手続の場における主張や立証のやりとりも、裁判所を介してはいても、実は当事者相互間の水平の関係を軸としている。裁判所を介した求釈明、釈明処分、証拠保全、文書提出命令などと、直接的には裁判所を介在させない当事者間の照会との間には、本質的な差異はなく、両者の間にはそれほどの距離はないのである（後述第四節二2）。また、紛争の調整に向けた当事者の行動・はたらきかけは、裁判にもち込まれた場合でも、裁判所内の手続のみで展開されるとは限らない。裁判所内手続との連動をにらみながら、裁判所外でもさまざまな行動・はたらきかけが行われるのが常である。そうして、民事訴訟の目的と機能が訴訟前に行きづまった当事者自治を回復し、将来に向けた対等な自律的な関係をつくり出す手続を保障することにあるとすれば(5)、訴訟法が必要な範囲でそのための手あてを講じるのは、むしろ当り前のことである。

もっとも、裁判手続と連動しない裁判外の当事者間の行動や関係にまで踏み込むのは、訴訟法の守備範囲を超えている。しかし、裁判手続内の当事者間の関係を対等にしてかみ合った対論を実現するために、裁判所外での自律的なかかわりの制度手段を用意することは、裁判内手続と連動する裁判外手続を設けるものであって、当然に許されるばかりでなく、むしろ望ましいことといえる。

そうしてさらにいえば、当事者照会における質問と回答という相互作用的なやりとりの構造は、裁判所を介しての当事者一方の主張とそれへの相手方の反対主張、立証と反証、証拠提出の求めとそれへの対応の構造と本質において変わりはないのである。

第三節　照会（質問書）段階の諸問題

一　訴訟の係属

当事者照会は、「訴訟の係属中」にのみ行うことができるとされている。これは、当事者照会が訴訟提起ぬきに濫用的に使われることを防止するとともに、回答をする相手方としても、訴えの内容を知らされなければ照会事項と訴訟との関連性も判断できず、回答を促されるのは酷である、という考慮に基づく。したがって、原告が訴え提起行為をとった後であっても、相手方に訴状が送達される以前は、いまだ訴訟係属は生じていないので、当事者照会は認められないと解するのが一般的である。(6)

しかしながら、この「訴訟係属」の要件は、弾力的に解するのが妥当である。理由は、次の三点に要約される。

1　都市化した現代社会では、人間関係がますます希薄化してきており、当事者間の話し合いのチャネルが途絶しているがゆえにいきなり訴訟にもち込まれる紛争も最近では増えてきている。また、苦情や不備を抱える側が構造的に重要な情報をもつ相手方にアクセスできないという状況も、いまだ克服されていない。技術などの高度の専門分化が、このような事態に拍車をかけている。

このような状況のもとでは、当事者照会を契機として当事者間の話し合い、交渉のチャネルが回復したり、提訴に踏み切るかどうか、また、提訴するとして訴状の構成や請求原因を基礎づける主張や立証方法を見極めるために照会を使うことも、あながち不当であるともいえない。提訴前の活用も十分に考慮に値する。とくに、アメリカ合衆国のように当事者間のディスカヴァリが発達していないわが国では、濫用に対する配慮をしながら、この当事者照会がその機能の一部を担うように解釈、運用されることが考えられてよい。

2　濫用にわたる照会の行使や相手方への配慮は、一六三条一号~六号の除外事由でもある程度カヴァーされているし、照会の必要性（規八四条二項五号）を照会書に具体的かつ詳細に記載することによっても達成できる。

3　既述のように、相手方には法的な厳密な意味での「回答義務」はない。照会者のはたらきかけ（質問）に対して、相手方は回答の有無を含めて回答内容を自ら判断して決めればよい。そうだとすれば、照会できる要件には、あまり制約をかける必要もない。

以上により、まず、訴状提出後送達前の当事者照会は、訴状の写しを同封し照会の必要性を具体的に明らかにするという照会者側の相手方への配慮のもとに、認められてしかるべきである。(7)

次に、補助参加の要件と同じく、訴訟係属は「潜在的」で足りると解するべきである。新法は、補助参加の要件について、旧法の「訴訟の係属」という規制をはずした（四二条）。現に訴訟が係属していなくても、利害関係を有する第三者は、再審の訴えや督促異議の申立てとともに補助参加を申し立てる途が正式に開かれた。当事者照会についても、形式的に「訴訟の係属中」という建前としての要件規制を貫くのではなく、それは潜在的または蓋然性があれば足りるとの弾力的な解釈、運用がなされるべきである。また、民事保全手続（とくに仮処分）との関係で、この当事者照会が使われることも、認められてよい（後に本案訴訟が控えているから）。

なお、上告審における当事者照会も、主張・立証を準備する必要性が具体的に示されれば、可能である。

二　照会の当事者

1　照会の当事者は、照会をする側も相手方も、形式的な意味での原告・被告の当事者概念よりも広い。訴訟において攻撃防御がなされる関係のある主体が、照会の当事者たりうる。

2　原告または被告側に共同訴訟参加（五二条）した者、独立当事者参加（四七条）をした者も、照会をすることができるし、その相手方にもなりうる。補助参加人の地位において補助参加の相手方当事者に対して照会ができるかについては、補助参加人は被参加人ができる一切の訴訟行為ができるので（四五条一項）、肯定される。仮に照会について被参加人が消極的で異議があったとしても、それを考慮して相手方が回答するかどうか、回答するとしてもどのように回答するかを決めればよいので、照会そのものが認められないとか効力がないという問題ではない。

また、補助参加人を相手方として照会をすることもできる。

3　共同訴訟において、共同被告の一人から相被告に対して照会ができるか。両者間には請求関係はなく訴訟係属はないので、消極的に解するのが一般的のようであるが、両者間に利害が相反するような場合には、一方が申請した証人や本人の尋問に際しては、他方にも尋問の機会が与えられて、実質的に攻撃防御がなされる関係にあるから、肯定的に解すべきである。両者間に訴訟が発生する可能性があれば、訴訟係属は潜在的可能性で足りるとする本章の立場からは、この観点からも肯定的に解することができる。

以上は、共同原告相互間においても同様の帰結になる。

4　訴訟中に係争物の譲渡などがなされて参加承継（四九条、五一条）、引受承継（五〇条、五一条）がなされた場合に、承継関係外の相手方当事者、承継人、被承継人いずれもそれぞれ照会の当事者になりうる。承継人から被承継人に対しても、仮にこの当事者間に請求が定立されていなくても、照会をなしうる。被承継人が訴訟から脱退した後も（四八条）、脱退者に対して照会をなしうると解してよい。脱退者といえども、それまでは訴訟当事者として訴訟を追行してきた存在であるし、残存者間の訴訟の判決の効力が及び、執行の主体にもなりうるので、当事者に準じる地位にあるからである。ただし、脱退者が照会をするという事態は、その実益が乏しく、原則として考慮の外に置いてよい。

5　訴訟告知がなされた場合に（五三条）、被告知者を相手方として、または被告知者の側から当事者照会ができるか。訴訟告知を受けたからといって当然に補助参加人となるものではないので、理論的には肯定するのは困難な面があるが、訴訟係属の潜在的可能性で足りるとする本章の立場からは、これも肯定してよい。

6　照会の主体を攻撃防御を行う者（その潜在的可能性を含めて）ととらえるとしても、訴訟代理人自身は当事者照会の当事者にはなりえない。本人の名においてその代理人として照会を行い、その相手方となるにすぎない（なお、相手方に訴訟代理人がいる場合には、照会書はその代理人に宛てて送付しなければならない。規八四条一項）。

三　準備書面での照会

準備書面（訴状を含む）のなかで、独立の項を設けて当事者間照会を行うことができるか。準備書面に求釈明事項を記載して相手方の対応を求めるという実務慣行の延長として、実務になじみやすいとしてこれを肯定する見解もある。(8) たしかに許されないとまでは言いがたいかもしれないが、当事者照会は裁判所を介さないで当事者間で直接照会、回答することが制度の趣旨であり、照会事項は弁論としての陳述そのものではないのであるから、やはり本来的には準備書面による記載にはなじまないといわざるをえない。求釈明も準備書面ではなく独立の求釈明書の提出を求める実務慣行も有力に行われている現在、当事者照会書の相手方への送付が困難であるなどの格別の事情がないかぎり、準備書面への当事者照会の記載は認めないという運用が望ましい。(9)

四　照会除外事由

一六三条一号～六号に該当する照会は、なすことができない。これは照会をする側とその相手方との関係づけのあり方を、例示的な大枠でもって示したにとどまる。その具体的な解釈運用は、個別事案に委ねられるところが大きい。

1　「意見を求める照会」（四号）

事実認識も評価的判断の集約であるとすれば、事実と意見の区別はしばしばあいまいで微妙である。照会の必要性との関係で相対的に決めるほかないが、一般的にいえば、事実の認識の有無はもちろん、行為（または不行為）の動機、目的をたずねることは許されるし、場合によっては、法的評価や今後の行動見通しなど、「意見」「評価」にわたる質問も織り込んでよい。

2　「相手方が回答するために不相当な費用又は時間を要する照会」（五号）

相手方の特殊事情（季節的な繁忙や担当者の転勤など）によって費用や時間を要する場合は、本号の除外事由にはあたらない。また、多大な費用を要する場合でも、照会者の側がこれを負担する用意があることを示せば、照会できる。

3　証書拒絶事由（六号）

企業秘密に該当する理由などがその典型であろう。これは、照会者の側には事前にわからないのがふつうであるので、照会できない理由というよりも、被照会者の側が回答を拒絶できる理由という性質のものである。

五　円滑に回答を得るための心配りと工夫

1　照会事項の絞り込み

照会をする側の当事者としては、可能なかぎり早期に事実調査や証拠収集に努めたうえで、なお自分の側でどうしても入手できない事実や資料で相手方の手元にあるものに限って、照会を行うべきである。しかも、これまでの訴訟経過から今後、主張・立証の準備に必要なものに絞り込み、その必要性を紋切り型ではなく平易かつ説得的に理由づけることによって、相手方（代理人のみでなく本人も）が回答しやすい動機づけを試みることが望ましい。

2　威圧的な照会の回避

事案の特性や相手方の出方にもよるが、できるだけ威圧的な照会文は避けるべきである。照会をする側の代理人が自分のことを「小職」とか「当職」「私職」などと表現するのは好ましくなく、「わたくしは」で足りる。民訴法による当事者照会であることを明示し、とくに相手方が本人である場合、その趣旨をわかりやすく説明するのが望ましいが、訴訟法による権威をちらつかせたり、回答すべき義務があるなどと断定的に通告することは、かえって相手方の心理的反撥を招くことになる。内容証明郵便も、敵対イメージを与えるので、一般的には避けた方がよい。これらはいずれも、相手方から目的に沿った回答を得るにはどうすればよいかを考えれば、容易に導かれるところであり、コミュニケーションの作法にほかならない。

3　相手方からの照会事項や必要性についての意見、質問の機会を織り込むこと

一片の照会書だけで、相手方がその趣旨を理解し、目的に沿った回答をなすことを期待するのは、無理な場合も少なくない。相手方には、質問の趣旨が不明な場合もあるし、回答したことがどのように使われるかが不安なこともある。また、相手方には相手方なりの事情があるかもしれないし、紛争イメージも照会者と異なるかもしれない。

そこで、照会者は、質問即回答という対応を相手方に求めるのではなく、照会事項の内容や必要性についての質問、意見、相手方の事情や立場による考え方を照会者に返し、照会者はそれを受けてさらに説明したり照会事項の部分的な手直しを行うという、コミュニケーションの積み重ねを念頭に置いて照会を行うことが望まれる。

具体的には、照会書に質問、意見があれば何時でも申し出ていただきたいという趣旨の文言を付加し、その旨の用紙も同封して返信用封筒を二通あらかじめ送っておく、という心配りである。

4　裁判所への了知

当事者照会を行っていることを裁判所に了知させることは、当事者間の直接的な当事者照会の趣旨に別段背馳しない。裁判所としても、手続進行のために、当事者間でどのような当事者照会がなされているのかを知っておいた方が望ましい場合もあろう。

裁判所に了知させる方法としては、準備書面のなかで、「右の点については、現在相手方に当事者照会を行っている」ことを簡単に付記記載する場合から、その内答の概要を記載する場合、さらには照会書を別紙として添付して、「その回答をまって適宜主張（あるいは立証方法および立証事項）を補充する」と記載する場合など、事案および手続進行との関連で、さまざまな方法がありうる。(10)

第四節　回答とその効果

一　回答への裁判所の関与の当否

当事者照会は、裁判所を介在させない当事者間の直接的かつ自律的なやりとりを本旨としている。したがって、裁判所が回答すべきかどうかを判定したり、照会事項やその必要性に回答の段階で介入することは予定されていない。これが、立法当局の考え方であり、通説でもある。

もっとも、考え方としては、実務は当事者照会を実効性あるものとして育てていくべきであるとの立場から、次のように説くものもある。

「弁護士が進行に協力できるための前提条件整備のためにも、裁判所は、一定の重要な関与をすべきと考える。

たとえば、先の場合なら、事実上相手方に仮す方法から、相手方が照会に応じ易いように、照会事項の調整を図り、事項によっては、裁判所からの釈明に切り替え、文書提出命令に誘導するなど、新法が認める他の制度への橋渡し役をすることが考えられる」と[11]。

たしかに、これも一つの考え方であるかもしれない。しかし、世話のやきすぎにならない裁判所の関与の仕方にはむずかしいものがあることは否めず、当面は当事者間の自主性にゆだねる通説的立場に立って運用がなされる方が、かえってこの制度を育てていくうえで望ましいかと考えられる。

二　照会・回答の向後の訴訟手続への効果

すでに述べたように、照会を求められても被照会者には回答の義務はない。しかし、回答義務はなくても、回答の有無やその内容が以後の訴訟手続における主張・立証をめぐる当事者間の関係に一定の効果を及ぼすことは当然考えられるし、当事者照会が制度化された以上、民訴法もそのことを予定していると受け止めてよい。問題は、いかなる根拠からどのような効果が生じるかであり、具体的な紛争の展開と訴訟手続の経過のなかで、いかなる必要性から何についての照会が求められ、それに被照会者がどのように対応したかによって効果のあり方も多様であり幅もある。一筋縄ではいかない難問であるが、考え方の道筋としてまず次の諸点を指摘しておこう。

第一に、一六三条一号～六号の除外事由を理由に回答を拒絶した場合、それだけで回答拒否が正当化されるものではなく、照会者の側で除外事由にあたらないとの認識がある場合には、それについての理由づけを試みたうえで、照会者は以後の主張・立証にのぞむことができる。また、被照会者が回答を拒否しても相手方との関係で不利益を受けない場合は、必ずしもこの各号法定の除外事由には限られない。この各号の除外事由は、基本的に一般的、類型的に照会を求める側が照会できない場合を定めただけであって、仮にこれをクリアーしていても、回答を求められた側に相当と認められる拒絶理由があれば、それはそれで考慮されなければならない[12]。

第二に、理由のない無回答、不誠実回答から、ただちに裁判官の不利益心証に結びつけるのは疑問である。心証の問題以前に、当事者間の主張・立証をめぐる役割分担の関係のあり方――手続追行についての次なる手続段階における当事者間の水平の関係における負担分配のあり方――を考えるのがまずもって必要であろう。

1　求釈明への移行

まったく反応なしの無回答、回答を拒絶する旨の回答、照会者の照会趣旨に沿わない不十分な回答がなされた場合、訴訟手続における主張レベルでの照会者側の行動パターンとしては、それを受けて裁判所を介して相手方に釈明を求めるという行動選択が一般的に考えられる。

それでは、当事者照会の照会・(無)回答の訴訟手続外の応答の経過は、求釈明にどのような影響効果をもたらすか。また、そもそも、当事者照会と訴訟手続内の求釈明とは、いかなる関係にあるのか。

後者からはじめよう。求釈明は、一定の事項について釈明を求める一方の当事者が相手方に説明、具体的な主張を行うように裁判所からはたらきかけてもらうよう求めるものである。それは、求釈明の直接的な相手方は裁判所であっても、相手方当事者に説明・主張を促す手段として裁判所を介在させているだけであって、説明要求(質問)・回答の当事者関係は、あくまでも原告・被告間あるいは被告・原告間という水平の主体間である。したがって、求釈明に応じて裁判所が相手方に釈明をしたとしても、それは求釈明当事者の意向を受けて裁判所(官)が仲介者として相手方に説明または主張をするようはたらきかけているにすぎない。そうだとすれば、当事者照会も求釈明も、当事者の一方が他方に具体的な説明を求めるという構造は基本的に同じであって、ただ、裁判所内手続で裁判官を介しているかどうかの違いがあるだけである。

それでは、求釈明に応じて裁判所から相手方に釈明事項に答えるよう釈明がなされた場合、相手方には訴訟上回答義務が生じ、答えなければそれ自体に制裁が課されるか。仮に裁判所の釈明であっても、相手方には回答義務は生じないし、答えないことに証言拒絶などにみられる過料などの制裁もない。釈明にどのように対応するかも、釈明を受けた当事者は自由に判断し選択できるのであって、裁判所からのはたらきかけであるから答える義務が発生するというのは、理論的に正しくない。そうして、裁判手続上はいかなる場合でも当事者には主張の「義務」はない。いかなる主張を行うかは、すべてのそれぞれの当事者の自由と選択のなかにある。

それでは、主張、説明の義務はないとしても、具体的な訴訟手続の局面において相手方との関係で一定の対応をとることが期待される状況にあるにもかかわらず、何ら対応をしない、あるいはきわめて不十分な対応しかとらない場合、まったく無答責のままで済まされるか。これは、そうではない。その後の訴訟手続のなかで、応答することが期待されているのに応答しなかったことの責任は、自らの行動選択の結果として引き受けなければならない。その責任の発現は、具体的には主張・立証をめぐる相手方当事者との間での負担の分配となってあらわれる。すなわち、無応答、不十分な応答の場合、照会した側の当事者はそれをふまえてそれに応じた主張・立証を行えば足りる反面（つまり、負担が軽くなる）、被照会者である相手方側の当事者はその分だけ負担が重くなる。つまり、主張責任を尽くさない場合、以後の手続でその当事者の相手方の負担を軽くするという形で、当事者間の関係の衡平を図る（負（マイナス）のサンクションではなく、正（プラス）のサンクションを指向する）のが、互酬的（reciprocal）な相互作用としての手続における関係の作り方であり、これが「主張責任」といわれるものの本質であると考えられる（ただし、これまで主張責任は、主張しなければ有利な判決結果を得られない法理として、訴訟過程ではなくもっぱら判決結果を念頭に置いて説明されてきた）。

以上により、当事者照会から求釈明に移行したとしても、事態の質的な転換がもたらされるものではないことを指摘した。実際上も、求釈明がなされても、裁判所としては多くの場合積極的に釈明権を発動することはせず、相手方当事者の自由な行動選択に委ねている。それは、もともと釈明をしても応答義務はないにもかかわらず、釈明をすれば裁判官の権威が背景になって事実上主張の義務を課すことになりかねないことを考慮しての実務で培われた知恵であるといってよい。

それでは、当事者照会における回答拒絶、不誠実回答がただちに求釈明での釈明発動に結びつくものではないとしても、以後の主張・立証の役割（負担）分配に一定の影響、効果をもたらすことはないか。この問題こそが当事者照会の訴訟法上の効果の核心であり、難問ではあるが本筋である。これについては、後述**3**で考察を加える。

2　文書提出命令の申立て

照会事項が、相手方手持ちの文書の存在や内容にかかわる場合には、照会者が相手方に当該文書の提出を求める申立て（二二一条）をなすことが考えられる。当事者照会に対する理由のない回答拒絶や不誠実回答は、文書提出命令の発動に影響・効果を及ぼすか。

1の求釈明が、裁判の場であらためて照会事項について照会をする——当事者照会を裁判所を介して再実施する——という機能をもつのに対し、当事者照会を受けての文書提出命令の申立ては、文書の内容や存否にかかわる事項についての相手方の説明回避を受けて、「説明しないのなら、現物を出して見せろ」という趣旨の照会者側の対応を意味する。したがって、文書提出命令（検証目の提示も同じ）の申立ては、当事者照会の段階の趣旨からみれば、一歩進んだ要求を意味している。

問題は、相手方手持ちの文書を、なぜに、またいかなる根拠から、その提出を求めることができるのかとの関連で、当事者照会での相手方の対応が、提出を求めるかどうかの判断にとってどのような意味をもつかである。単なる裁判官の心証の問題に解消すべきではないことは、すでに述べた。裁判所は、二二〇条一号～四号の各号に掲げる要件を指針としながら、申立てに理由があるかどうかを判断していくことになるが、その際、当該要証事実をめぐって訴訟前訴訟外で文書を所持する相手方が申立人に説明すべき立場にあり、その説明義務不履行が訴訟手続内の主張・立証についての当事者間の関係を不平等、不公正にしているかどうかが、申立てを認めるかどうかの一要素になりうると考える。その意味では、訴訟前および訴訟外の当事者間のかかわりのあり様が、訴訟内の当事者間の関係づけのあり方に反映されていく。訴訟内と訴訟外は連動している。それは、医療過誤紛争で、医師側が治療過程や訴訟前の交渉過程で十分な説明を行わなかったことが、証拠保全や文書提出の裁判手続でカルテの提出を求められることに連なることによっても論証されよう。

そこで、このような局面では、照会者がいかなる状況のなかでどのような照会を行い、相手方がどのような回答（対応）をとったか、回答を拒絶したとすればそのことに相当の理由があるかどうかが、当事者の主張、疎明活動を通して吟味されることになる。

なお、付言すれば、文書の提出についても、すでに述べてきた「主張」と同じく、本来的には提出「義務」は認めがたい。しかし、法は裁判所の提出命令に対応させて、また証人の役割とのバランスからも、「義務」を観念している。そこで、実際上は、文書提出命令は現実にはあまり発動されず、事実上の提出の促しや提出にかわる立証の一部負担の確認などの対応がなされることが多い。義務を観念することが、かえってこの制度の活用の余地を狭めているのである。したがって、文書提出命令の申立ては、よほどのハードケースは別として、申立てが認められるかどうかの裁定を求めるというよりも、申立てを契機としてこのような事実上の手続内対応をつくり出すことにあると考えた方が実践感覚に近く、それはまた、理論上も是認されるのである。

3　主張・立証の負担分配への影響・効果

照会者が、相手方の回答が不適切であると判断する場合、訴訟手続のなかであらためて求釈明を行うのも照会側の対応の一つであるが、当事者照会が求釈明と同性質の機能をもつ以上、当事者照会のやりとりをふまえて、それを訴訟手続内の主張・立証に反映させて手続を進めていくのがむしろ正道である。その際、回答が不適切であることを前提とすれば、照会者側には照会事項についての模索的な主張や証明が許されるのに対して、回答者側の具体的な主張責任、立証（反証）の負担が強化されるという構図になる。[13] たとえば、回答者側が照会者側の主張事実を争う場合は、単純否認をなすことは許されないことはもちろん（規七九条三項）、照会事項に対応してより具体的な理由や事実を主張して争わなければならなくなったり、照会者側の本証が十分でなくても回答者側に反証のための立証活動を促す、というような負担分配がそれである。もちろん、これは典型的なモデルを言っているだけであって、不適切回答を受けての次なる訴訟手続の作り方は、事案の特質やそれまでの訴訟経過に応じ、また照会の必要性の程度や回答の内容、事情に応じ、さまざまでありうる。不適切回答がなされても、何の不利益効果も生じない場合ももちろんありうる。

第六節　おわりに——まとめ——

本章で試みた考察と提言を要約すれば、以下のとおりである。

1　当事者照会は、背後に訴訟をひかえ、そこでの主張・立証の準備のためという特殊状況はあるにせよ、基本的には、照会者が自己の関心事項について相手方に質問し、相手方からの回答（対応）を引き出すという、ごくありふれた紛争当事者間のコミュニケーションの発現であり、それはまた、裁判手続内の裁判所を介した当事者間の相互作用的なやりとりと本質において変わりはない。当事者照会のやりとりを訴訟法規で律しているのも、そのやりとりの過程が訴訟手続き過程のひとこまであり、訴訟法の理論と実践の一環をなすからである。

2　照会・回答の性質と構造は、照会者が相手方から照会事項についての回答を引き出すようにはたらきかけるだけであり、相手方に回答をすることを紹介者の権利として強制できる関係にはない。したがって、相手方には、法的な義務としての「回答義務」はない。どう対応するかは、相手方の自由な判断と選択に委ねられる。

3　しかし、回答を求める権利・回答する義務はなくても、そこでのやりとりの経過は、その後の当事者間の裁判手続内コミュニケーションにおける関係づけ（主張・立証をめぐる）に一定の効果を有する。もちろん、ケースによるし、その効果のあらわれ方も多様である。

4　立法者の意図は、この制度の健全な活用とゆるやかな定着化のために、さしあたりは利用範囲を限定したいということのようであるが、将来の定着化を見通して解釈運用を試みるにあたっては、より広範にかつ弾力的に活用するのが望ましい。そのためには、回答の自由を保障するのと引き換えに、「訴訟の係属中」という要件は弾力的に考えるのが望ましい、照会の「相手方」も、主張・立証の準備に必要であるという条件が付されるのであるから、攻撃防御を行う（可能性も含めて）当事者（主体）にまで広げてさしつかえない。

5　相手方の不適切な回答が、前後の訴訟手続にいかなる効果をもつかの具体的な検討が理論的にも実践的にも課題となる。難題であり、本章では、不適切な回答をした当事者が次なる手続段階でその分だけ重い主張の負担（場合によっては立証負担）を被るという当事者間の関係づけの方向性を示したにとどまる。その具体的な詰めは、なお、将来の課題として残されている。いずれかの機会に、現実の事件を素材にして、動態的でありリアリティある議論を展開してみたい。

（1）　立法の経緯については、河野正憲「当事者照会①――その目的」『新民訴大系2』一四六頁―一四八頁。
（2）　佐藤彰一「文書提出命令」『講座民訴⑤』二八二頁以下。
（3）　真実発見の理念を強調する学説として、伊藤眞『民事訴訟法I』（一九九五年）。伊藤教授（同書二三一頁）と同じく、当事者照会の制度の基礎を信義則に求めつつ、実体的真実発見を目的として掲げるものとして、竹田真一郎「当事者照会③――照会を受けた側の代理人として」『新民訴大系2』一九七頁、一九九頁。
（4）　この点については、水谷暢「紛争当事者の役割」『講座民訴③』三一頁以下。
（5）　井上治典『民事手続論』（有斐閣、一九九三年）五頁、四〇頁。
（6）　清水正憲「当事者照会」ジュリ一〇九八号（一九九七年）五二頁、森脇純夫「当事者照会②――照会する側の代理人として」『新民訴大系2』一七四頁。

(7)　結論同旨、前田陽司「当事者照会」第二東京弁護士会民事訴訟改善研究委員会編『新民事訴訟法実務マニュアル』（判例タイムズ社、一九九七年）一〇八頁。

(8)　清水正憲「当事者照会」ジュリ一〇九八号（一九九七年）五二頁。なお、森脇夫「当事者照会②——照会する側の代理人として」『新民訴大系2』四三五頁、西村建「当事者照会」滝井ほか編『論点』一四一頁は、準備書面で照会を行うことが許されないとまではいえない、とする。

(9)　『条解民訴規則』一九一頁、秋山幹男ほか「(座談会) 新民事訴訟法及び新民事訴訟規則の運用について㈠」曹時四九巻八号（一九九七年）八五頁、八六頁［樋口博一・柳田幸三・北澤晶の各発言］、「研究会⑽」ジュリ一一一六号（一九九七年）一一一頁の福田剛久、竹下守夫発言、前田陽司「当事者照会」第二東京弁護士会民事訴訟改善研究委員会編『新民事訴訟法実務マニュアル』（判例タイムズ社、一九九七年）一〇九頁、中野『解説』三五頁、いずれも消極説である。

(10)　森脇夫「当事者照会②——照会する側の代理人として」『新民訴大系2』一七八頁の叙述が参考になる。

(11)　稲葉一人「訴訟実務からみた新民事訴訟法の下での理念と実践」判タ九七四号（一九九八年）三六頁。

(12)　園尾隆司「当事者照会④——当事者照会に不適切に対応した場合」『新民訴大系2』二〇六頁以下。

(13)　佐藤彰一「文書提出命令」『講座民訴⑤』二九四頁の文書不提出の効果についての同教授の視角が、ここでも参考になる。なお、井上治典＝高橋宏志編『エキサイティング民事訴訟法』（有斐閣、一九九三年）八九頁以下［ゲスト・康尾勝彰］の議論も、同様の視角を示す。

畑瑞穂「民事訴訟における主張過程の規律——主張・否認の具体化・理由づけについて㈠㈡」法協一一二号（一九九五年）四八九頁以下、一一四号（一九九五年）一頁以下は、訴訟における主張負担のかけ方についての問題の本格的論文である。

〔参考文献〕

東京弁護士会民事訴訟問題等特別委員会編著『当事者照会の理論と実務』（青林書院、二〇〇〇年）
小山稔「当事者照会」吉村古稀『弁論と証拠調べの理論と実践』（法律文化社、二〇〇二年）

第三章　宗教団体の懲戒処分の効力をめぐる司法審査のあり方

――寺院明渡訴訟の現状から――

第一節　はじめに

請求は建物明渡しや代表役員の地位確認等の司法判断に親しむものであっても、前提となる懲戒処分の効力が紛争の本質的争点をなし、かつ、訴訟の帰趨にとって必要不可欠であって、それが宗教上の教義、信仰の内容に深くかかわっているため、その教義、信仰の内容に立ち入ることなくその処分の効力の有無を判断できない場合には、当該訴訟は裁判所法三条にいう法律上の争訟にあたらないというのが、平成元年に出された有名な蓮華寺判決をはじめとするこれまでの最高裁の判断として確立したところである。この問題をめぐっては、司法判断の限界を画するところのいわゆる「審判権の及ぶ範囲」として、学説上も大いに関心を引き議論を呼んだ。(1)

右の議論は、その後一段落したように見える。しかし、一連の事件で裁判所はとりあげない、団体内の自律性にゆだねるとして訴えを却下した結末がどうなったのかは、検証しておく必要がある。現実の紛争に対して、司法の役割がどのように果たされたかを見極めておくことは、不可欠の作業であるからである。

これに加えて、平成五年以降、再び類似の問題を含む事件が裁判所に持ち込まれ、高裁、最高裁に現在係属中のものがかなりの数にのぼっている（別表一覧表参照）。平成五年以降に提起されたものを便宜、第二次訴訟と呼ぶとすれば、第二次訴訟は、処分権限との関連で処分権者の血脈相承（ケチミャクソウジョウ）という宗教上の秘儀の有無が被告によって持ち出されている事案においても、第一次訴訟のように訴え却下の運命はたどらないのではないかと展望される。その詳細と理由は、後ほど述べることとして、まずは第一次訴訟を回顧・整理したうえで、訴え却下の結末を検証し、第二次訴訟の状況を紹介することから始めることとする。最後に、近時の新しい理論の問題提起に示唆を受けて、従来の学説による「審判権」の議論の問題点を摘示しつつ、当事者の争い方に重点を移した分析を取り入れて展望を試み、第二次訴訟は司法審査になじまないとして訴え却下になることはないという仮説を論証してみることとする。

第二節　第一次訴訟および第二次訴訟の経緯と背景

一　第一次訴訟（正信会事件）の背景

第一次訴訟、第二次訴訟いずれも、宗教団体（法人）日蓮正宗が紛争の一方の実質的な主体となっているが、紛争の原因は、日蓮正宗と創価学会との関係に深く関わっている。そこで、まずはじめに紛争の背景を確認しておくことにする。

1　創価学会は、昭和五年（一九三〇年）一一月、牧口常三郎初代会長により創価教育学会として発足し、戸田城聖が第二代会長に就任後、昭和二六年一二月一八日に日蓮正宗の信徒団体として「創価学会」（宗教法人）を設立した。戸田二代会長逝去の後、昭和三五年五月、三代会長に池田大作が就任した。

昭和四〇年代末から同五〇年代初めにかけて、特に日蓮正宗総本山大石寺に正本堂が建立された昭和四七年以降、池田大作と日蓮正宗との間に軋轢が生じ昭和五二年頃には一挙に表面化した。

2　この軋轢の修復は、日蓮正宗がその非を指摘し、創価学会に反省悔悟を求める形で進展した。

その結果、創価学会は、行き過ぎた教義解釈等について反省を示し、昭和五四年四月に池田大作がその一切の責任を取り、日蓮正宗全檀信徒の代表の立場および創価学会会長の職を辞した。

日蓮正宗は、創価学会が今後とも信徒団体としての信仰上の基本を守ることを前提に、それまでの経緯を水に流して、僧俗和合協調路線をもって新たに出発することとした。そうして、日蓮正宗内の僧侶に対しては、創価学会の過去の誤りを糾弾する行為の禁止を強く命じて、行き過ぎた言動には厳しく対処した。

3　このような一連の日蓮正宗と創価学会の関係修復に対し、池田大作ならびに創価学会に批判的な僧侶らは、阿部日顕を中心とした日蓮正宗の指導に従わず、創価学会に対する攻撃を継続するのみならず、阿部日顕（法主）に批判の矢を向けるようになった。それらの僧侶が組織したものが、いわゆる「正信会」なるものであり、一連の「正信会事件」を惹起させたのである。

「正信会」は、池田大作および創価学会の反省は全くの見せかけであると糾弾を続けるとともに、日蓮正宗法主にまでその厳しい攻撃の矢を向けた。

日蓮正宗は、「正信会」僧侶を段階的に懲戒処分に付し、最終的には擯斥処分にして宗門から排除した。これが擯斥処分を受けた僧侶が阿部日顕の管長（法主）としての地位を争い、日蓮正宗の側は処分による占有権限の喪失を理由に寺院の明渡しを求めた、一連の正信会事件の実相である。

4　創価学会会長を退き名誉会長となった池田大作は、再び平成二年ごろから、阿部日顕や宗門僧侶の批判を頻繁に行うようになり、創価学会が独自の路線を進めていく旨の演説も行った。

日蓮正宗は、池田大作の発言の事実確認と是正措置を求めたが、創価学会はこれに真摯な対応をなさなかったとして、平成二年一二月、宗規変更にともない池田大作の総講頭資格を喪失させ、さらには平成三年一一月、創価学会に解散勧告し、次いで同月二八日、日蓮正宗信徒団体として破門処分に付した。翌年平成四年八月一一日には、池田を信徒除名処分に付した。

ここにおいて、日蓮正宗と創価学会は、組織的に何の関係を持たないだけでなく、信仰的にも両者は相容れない存在となった。また、これが契機となって、両団体を実質上の当事者とする事件は約一〇〇件近くのものが全国の裁判所に係属して、現在に至っている。

二　第二次訴訟の背景と概要

1　平成四年末および平成五年以降提起された第二次寺院明渡訴訟は、右の第一次訴訟とはかなり事情を異にする。第一次訴訟で、擯斥処分を受けて寺院の明渡しを求められた僧侶たち（正信会）は、日蓮正宗の創価学会との協調路線を批判・攻撃するものであり、紛争の本質として、宗教的教義ないし信念に基づく反乱としての性質を帯びていたのである。擯斥処分を行った日蓮正宗は、これらの僧侶によって宗教論争を挑まれた側であった。その論争は、血脈の根源にかかわるところまで及んだ（管長訴訟）。

いずれにしても、第一次訴訟は、団体内にとどまって批判的言動を行った僧侶たちと団体との争いであった。これに対し、平成四年末後に全国各地で提起された第二次訴訟は、平成三年に創価学会が破門され、平成四年に池田が除名されたことを契機として、一部の末寺住職が日蓮正宗との包括関係を廃止して、創価学会側に走ろうとしたことに伴う擯斥処分が寺院明渡しの原因となっているものである。したがって、明渡しを求められている僧侶たちは、日蓮正宗の中で教義論争を挑んだ正信会僧侶とは正反対の立場にあり、創価学会と緊密なつながりの下で、末寺宗教法人を日蓮正宗との包括関係から離脱させ、日蓮正宗を離れて外に出ようとする僧侶たちである。

2　第二次訴訟の各寺院の明渡訴訟の請求原因事実は、各訴訟でそれぞれ微妙なちがいはあるが、概括的に共通するのは、つぎの点である。

被告である末寺の代表役員は、日蓮正宗からの離脱を企図して、従前の役員を解任し、創価学会派の者を役員に選任して、末寺（法人）の規則を変更した。日蓮正宗は、これらを承認せず、何回かのやりとりを経て、これらの僧侶を擯斥処分に付し、寺院の明渡を求めるが応じない。そこで、擯斥処分により占有権限がなくなったことを理由に、明渡訴訟が提起される、というパターンである。

別表一覧表が、これらの第二次訴訟であるが、この中、被告側から、「阿部日顕は血脈相承を受けていないから、法主・管長としての処分権限がない、処分は無効である」との主張がなされている事件が三件ある。大経寺事件、妙道寺事件、常説寺事件がこれである。他は、法主の血脈相承の有無は争われていない。その理由は右三件において被告を住職に任命したのは、日顕法主ではなく、前法主である日達であったのに対し、他の事件では、住職任命はすべて日顕法主によって行われているので、被告は原告側の法主の血脈を争うことは、自分の任命（末寺法人の代表者としての地位）そのものを否定することになる、というジレンマがあるからである。

第三節　従前の一連の正信会事件判決

蓮華寺事件をはじめとする一連のいわゆる正信会事件（第一次訴訟）の判例を以下整理しておく。

一　蓮華寺事件最高裁判決がでるまで、日蓮正宗一連の事件に対する下級審の対応は三種類に分かれていた。

1　前提問題たる懲戒処分の効力が、教義・信仰に立ち入ることなしには判断できない性質のものであるから、訴訟全体が法律上の争訟に当たらないとして、宗教法人側、旧住職側いずれの訴えをも却下する。

（妙真寺仮処分事件：東京高判昭和六〇年二月二八日）

（蓮華寺事件控訴審判決：大阪高判昭和六一年五月六日判時一二〇七号六一頁）

（管長事件第一審：静岡地判昭和五八年三月三〇日）

2　前提問題たる懲戒処分の効力に関する争点の中、現管長阿部日顕の懲戒権限の有無の点については、次期法主の選任行為としての「血脈相承」は、日蓮正宗の教義と深く関わるものではあるが、宗教上の儀式としては社会的事実たる側面を持つことも否定できず、その存否については、裁判所は、教義に立ち入ることなく審理・判断できるとして実体審理をし、しかし、その結果、処分権限に基づいてなされたと認められる懲戒処分の効力の司法審査については、日蓮正宗の自律的決定を尊重し、一定の手続的・実体的限界が遵守されている限り、これを有効として本案判決をする。

（蓮華寺事件第一審判決：大阪地判昭和五九年九月二八日）

（小田原教会事件：横浜地裁小田原支判昭和六〇年六月四日判時一一七二号九四頁）

3　前提問題たる懲戒処分の効力が、現管長阿部日顕の懲戒処分権限の有無の点についても、懲戒事由の存否の点についても、教義の解釈に立ち入らずには判断しえないことを認めつつ、かかる場合においては、宗教団体の自治と信教の自由を尊重するため、日蓮正宗において阿部日顕が法主の地位についたことを肯定していれば、裁判所はそのことを前提として、阿部の処分権限の有無を判断し、また懲戒事由の有無が教義の解釈にかかるときは、宗教団体が自治的になした解釈を肯定して、その事由の有無の判断をし、本案判決をすべきであるとする。

（白蓮院等事件：東京地判平成元年三月二三日判タ六九九三号七五頁）

（妙真寺本案訴訟：東京地判平成元年四月一三日判タ七〇三号二九四頁）

（住本寺事件：京都地判平成元年五月二五日判タ七一五号二五四頁）

（要蔵寺事件：水戸地裁土浦支判平成元年六月二九日判タ七一五号二五四頁）

（薬王寺事件：松江地判平成元年二月二二日）

二　以上のように、下級審判決の対応が分かれていたことから、最高裁として判例の統一を図ったのが、蓮華寺事件最高裁判決であった。

蓮華寺事件（昭和六一年（オ）第九四三号　建物明渡、代表役員等地位確認請求訴訟・平成元年九月八日最高裁第二小法廷判決民集四三巻八号八八九頁：上告棄却）では、具体的な権利義務ないし法律関係に関する訴訟であっても、宗教団体内部においてされた懲戒処分の効力が請求の当否を決する前提問題となっており、その効力の有無が当事者間の紛争の本質的争点をなすとともに、それが宗教上の教義、信仰の内容に深くかかわっているため、右教義、信仰の内容に立ち入ることなくしてその効力の有無を判断することができず、しかも、その判断が訴訟の帰趨を左右する必要不可欠のものである場合には、右訴訟は裁判所法三条にいう法律上の争訟にあたらないと判示した。

蓮華寺事件最高裁判決以降、一連の正信会事件について以下のような最高裁の判断が示された。

白蓮院事件（平成二年（オ）第一二三一号　建物明渡、地位確認等請求事件・平成五年七月二〇日最高裁第三小法廷判決判時一五〇三号三頁：上告棄却）

妙真寺事件（平成二年（オ）第五七〇〇号　建物明渡、地位確認請求訴訟事件・平成五年九月一〇日最高裁第二小法廷判決判時一五〇三号三頁：上告棄却）

小田原教会事件（平成二年（オ）第五〇八号　建物明渡、地位確認請求訴訟事件・平成五年一一月二五日最高裁第一小法廷判決判時一五〇三号三頁：破棄自判）

右記三判決とも、「本案訴訟を提起するに至った本件紛争の経緯及び当事者双方の主張ならびに本件訴訟の経過に照らせば、本件訴訟の争点を判断するには、宗教上の教義ないし信仰の内容について一定の評価をすることを避けることができない」等を判示して、法律上の争訟性を否定した。

三　管長事件（昭和六一年（オ）第五三一号　代表役員等地位不存在確認請求訴訟事件・平成五年九月七日最高裁第三小法廷判決判時一五〇三号三三頁：上告棄却）

法主である阿部日顕が法主・管長の地位にないことの確認を求めた本件においては、「特定の者が宗教団体の宗教活動上の地位にあることに基づいて宗教法人である当該宗教団体の代表役員の地位にあることが争われている訴訟において、その者の宗教活動上の地位の存否を判断するにつき、当該宗教団体の教義ないし信仰の内容に立ち入って審理、判断することが必要不可欠である場合には、右の者の代表役員の地位の存否の確認を求める訴えは、裁判所法三条にいう「法律上の争訟」に当たらない」という判断が示された。

これら一連の正信会事件では、正信会側の僧侶は、自ら日蓮正宗の僧侶であることを強く主張した上で、阿部日顕が日蓮正宗管長・法主の地位にないことの確認を求めたり（管長事件）、血脈相承を否定したことを理由とした擯斥処分が無効であると主張したり（白蓮寺事件）、第五回檀徒総会中止命令に違反したことを理由とした擯斥処分が無効であると主張した（妙真寺事件、小田原教会事件）。最高裁は、専ら日蓮正宗内部において阿部の血脈相承の有無という教義問題が争われているとして、血脈相承の有無を紛争の本質的争点であるととらえ、当該訴訟は争訟性を欠くという判断をしている点が共通している。

第四節　却下判決の顛末

蓮華寺事件をはじめとした一連の正信会事件において、建物明渡請求訴訟の対象となった寺院は合計一一六箇寺にのぼり、そのいずれの寺院についても日蓮正宗末寺から正信会僧侶に対して提起された建物明渡請求訴訟は却下されている。

一　訴え却下判決により、訴訟の対象となった右一一六箇寺の寺院においては、濱斥処分を受けた正信会僧侶と阿部日顕から後任住職として任命された僧侶といずれが真の住職か、司法的に定まらないまま約二〇年という長期間が経過する事態となっている。

こうした長い時間の流れの中で、阿部日顕に後任住職として任命された僧侶は、単に登記簿上末寺の代表役員となっているのみで、当該寺院に立入ることもできず、建物の管理等は一切出来ない状況が続いている。

他方、日蓮正宗から擯斥された正信会僧侶の側もまた、司法上、寺院の住職・代表役員とされた訳ではない。正信会僧侶は、登記簿上寺院の代表役員ではなく、また、司法上も寺院の代表役員であるとされた訳ではなく、ただ単に事実上寺院を占拠していても、所有者から司法的に明渡しを請求されないという立場にあるにすぎない。

このようなことから、多数の正信会僧侶はこうした不安定な立場に納得せず、新たに別途寺院を建築する等して布教活動の拠点を他へ移し、明渡しの対象となった日蓮正宗の末寺から事実上退去してしまっている。

二　その結果、右一〇〇数箇寺の寺院の多くは、事実上管理者が誰もおらず、荒れるに任される状況となっている。こうした寺院建物は、迷い込んだ動物の死骸が散乱したり、雑草が生い茂ったりして、近隣住民に対して公衆衛生上の迷惑を与える存在となっている。

また、建物が朽廃し崩れたりしているのに誰も修繕しないので、危険な状況となっているものが多い。更に、空家、廃屋となった寺院に無断で人が入り込んだりするため、登記簿上の代表役員である日蓮正宗の僧侶に苦情の申出があり、当該僧侶が苦慮するという事態も頻発している。

このような状況のなかで、建物の設置保存の瑕疵により第三者が損害を被った場合、誰が建物所有者として損害を賠償するのか（民法七一七条一項）等、右正信会事件最高裁判決はなんらの解決も与えていない。したがって、誰が真の住職かわからないまま、もし次の法的紛争が生じた場合、紛争当事者は誰に、どのような請求をすることができるのか不明である。因みに、正信会判決を前提とした場合であっても、建物の設置保存の瑕疵によって損害を被った第三者は、登記簿上の代表役員に対して損害賠償を請求すべきものと思われる。第三者は、日蓮正宗の内部紛争には全く利害を有さず、かつ、却下判決によって司法上は退去を免れた僧侶たちは、日蓮正宗から擯斥されたという状態が長い年月続き、これが既成事実となっている状態が続いているからである。しかし、仮にそうだとしても、右登記簿上の代表役員は司法的に寺院の占有を回復する道は閉ざされており、事実上管理することはできないのに責任のみ負担するという不当な結論は避けられない。

また、こうした末寺の中には、課税当局から宗教団体の用に供していないとして課税されようとしている建物もある。そして、こうした通知は、登記簿上の代表役員宛になされるものである。しかし、右登記簿上の代表役員たる日蓮正宗の僧侶は、自ら建物を宗教団体の用に供する意思はあるのに、正信会事件最高裁の却下判決に阻止されて建物の占有を回復し得ずにいるにすぎない。このように、司法の判断により自らの意思で宗教行事を行えなくなった者に対して、行政庁が宗教行事を行わないことに対する責任を追求しようとする動きが現実に出ているのである。

このように、全国に存在する多数の日蓮正宗の末寺は全く放置され、近隣の住民に迷惑をかけ、社会経済上の不利益を招来する事態が多数生じている。更に、登記簿上の代表役員は自らの意思において何ら建物の管理をなし得ないのに、管理を行わないことに対する責任を負う危険に曝されている。

右一連の事実は、誰が見ても不合理なものであるが、この不合理な結論こそが一連の正信会事件最高裁判決のもたらした現実なのである。

三　このような末寺の登記簿上の代表役員の中には、正信会僧侶が寺院の占有を放棄したと考え、又、近隣からの苦情や建物朽廃の危険を阻止するため、やむを得ず寺院建物に立ち入って修繕を施し、清掃をする等の管理を行った者もいた。仮に、このような行為が司法的に是認されれば、正信会事件最高裁判決のもたらした不合理は全て解決されていたと思われる。しかし、右の行為は、最高裁によって許されないものと判断された（宝光坊事件・最三小判平成一〇年三月一〇日判時一六八三号九五頁、正福寺事件・最二小判平成一二年一月三一日判時一七〇八号九四頁）。(2) 右最高裁判決によれば、正信会僧侶は個人として寺院を占有しており、登記簿上の代表役員の行為は自力救済として許されないというのである。右二つの最高裁判決の示すところにより、正信会事件最高裁判決のもたらした不合理は、解決されることなく将来に持ち越されることとなったのである。正信会事件最高裁判決のもたらした社会経済上の損失、解決不能の不合理は、誠に深いものであるといわなければならない。

以上のことから、一連の正信会事件最高裁判決が建物明渡請求訴訟について争訟性を認めなかったことは、司法としての役割を放棄しすぎたのではないかとの疑問は拭えないところである。

四　そこで、仮に、右正信会事件最高裁判決の結論が妥当であるとして維持されるとしても、かかる反社会的にして不合理な結論を司法が認めるのは、司法判断を下した場合に予測される不都合、不合理が司法判断を回避した場合の不都合、不合理よりも重大であることが明らかな場合に限られるというべきである。

正信会事件においては、全国七〇〇箇寺、公称信徒数八〇〇万世帯の宗教団体の内部において、血脈相承の有無をめぐって宗派が二分していた。最高裁が司法判断を回避したのは、魚住調査官解説が説くように（『最高裁平成元年民事判例解説』二八六頁）、右のような極めて特殊な極限状況においてのことであったと考えられる。

一方が血脈を争い、他方が自律結果をそのまま受け容れることを求めてこれに対抗したことも、裁判所がそれ以上手続を進めることができないとして却下せざるを得なくなった理由として挙げられる。右の極限状態の中で、当事者の頑なな争い方も、それ以上手続を進める術がないとして、裁判所をして却下に導いたとみられるのである。

第五節　第二次訴訟の中で、血脈を絡めて処分権限が争われている事件の概要

一　大経寺事件

横浜地裁　平成六年（ワ）第七七九号　平成一〇年二月五日判決
東京高裁　平成一〇年（ネ）第一〇二六号　平成一一年九月七日判決判時一六九六号一一一頁

１　原告大経寺は、昭和四一年四月に日蓮正宗の寺院として設立され、被告渡辺慈済が日蓮正宗の当時の管長細井日達により住職を命じられた。大経寺は、昭和五一年七月日蓮正宗を包括団体とする宗教法人となった。これに伴い渡辺は大経寺の住職兼代表役員になった。

その後、渡辺は日蓮正宗とその信徒団体である創価学会との一連の確執のなかで、大経寺規則を変更して日蓮正宗との被包括関係を廃止し、日蓮正宗から離脱することを決意した。大経寺の平成二年当時の責任役員は、創価学会員である佐藤義雄ら三名であったが、これらの者の任期が満了したため、日蓮正宗に対し、創価学会員である信徒三名を後任者とすることについての承認願いを提出した。しかし、責任役員は法華講員（創価学会員でない信徒）から選ぶようにいわれ、渡辺が提出した承認願いは日蓮正宗宗務院の方針に合致しないとの理由から、差し戻された。そこで、平成三年四月二日、やむなく法華講員である横尾ら三名を責任役員に選任し日蓮正宗の承認を得た。

このような経緯があったため、渡辺は横尾らは日蓮正宗との被包括関係の廃止に賛成しないものと考え、平成四年一〇月一七日、日蓮正宗の代表役員の承認を受けることなく、横尾ら三名を責任役員から解任し、被包括関係の廃止に賛成の立場を採る今野ら三名を責任役員に選任した上、今野らと共に責任役員会を開催して、日蓮正宗との被包括関係を廃止する旨の本件規則変更を行った。

日蓮正宗は、渡辺が日蓮正宗代表役員の承認を受けずに横尾らを解任したことは、宗制・宗規及び大経寺規則に違反し無効であると考え、日蓮正宗宗務院は横尾らを違法に解任したことを糺すため、四回にわたり書面で出頭するよう召喚したが、渡辺は日程の都合がつかない等の理由から出頭しなかった。これを受けて、日蓮正宗は、渡辺に対し平成五年九月二四日付書面をもって訓戒したが、渡辺は従わなかった。

そこで、日蓮正宗は管長阿部日顕名で、渡辺は罷免事由である「本宗の法規に違反し訓戒を受けても改めない者」（宗規二四七条九号）に該当するとの理由から、平成五年一〇月一五日付宣告書をもって、渡辺を大経寺の住職から罷免する旨の本件懲戒処分を行った。また、日蓮正宗管長阿部日顕は、同日付で梅屋誠岳を大経寺の住職に任命した。梅屋を代表役員とする大経寺は、渡辺は本件建物の占有権原を失ったとして本件建物の明渡しを求めたが、渡辺は本件懲戒処分の効力を争い、明渡しを拒んだため、大経寺は渡辺に対し本件建物の明渡しを求める本訴を提起した。

2　第一審横浜地裁において、被告渡辺は以下の主張をした。阿部日顕は前法主細井日達から血脈相承をうけていないから法主ではなく、したがって管長でもない。それ故、本件懲戒処分は懲戒権限のない者がした無効なものである。そしてこの点を判断するには、阿部日顕が血脈相承を受けたかどうかを審理判断しなければならないが、そのためには血脈相承の意義、すなわち日蓮正宗における教義ないし信仰の内容に立ち入ることが不可欠であり、法律上の争訟に該当しないので不適法であると主張した。

横浜地裁判決は、裁判所がその固有の権限に基づいて判断できる対象は裁判所法にいう「法律上の争訟」すなわちそれが法令の適用により終局的に解決することができるものに限られる。宗教団体における宗教上の教義、信仰に関する事項については憲法上国の干渉からの自由が保障されているのであるから、これらの事項については裁判所はその自由に介入するべきでなく、いっさいの審判権を有しないとともに、これらの事項に関わる紛議については厳に中立を守るべきであることは明らかである。したがって当事者間の具体的な権利義務ないし法律関係に関する紛争であっても、宗教団体内部においてされた懲戒処分の効力が請求の当否を決する前提問題となっており、その効力の有無が当事者間の紛争の本質的争点をなすとともに、それが宗教上の教義、信仰の内容に深く関わっているため、教義、信仰の内容に立ち入ることなくしてその効力の有無を判断することができず、しかもその判断がその訴訟の帰趨を左右する必要不可欠のものである場合には、右訴訟は、その実質において法令の適用による終局的解決に適しないものとして裁判所法三条にいう「法律上の争訟」にあたらないというべきである。

そして、本件については原告の包括宗教法人である日蓮正宗の管長として、被告に対する住職罷免処分を行った阿部が管長の地位を有するか否かが本件紛争の本質的争点をなすが、日蓮正宗の管長は日蓮正宗の法主の地位にあるものをもって充てるものとされているから、本件訴えは阿部が法主の地位に就任したか否かの判断を必要不可欠の前提とする。しかし、日蓮正宗においては法主は血脈を相承したものとされるので、阿部が法主の地位にあるか否かを判断するためには、日蓮正宗における血脈相承の意義を明らかにした上で、同人が血脈を相承したか否かを審理判断しなければならない。そのためには、日蓮正宗における教義ないし信仰の内容に立ち入って審理判断しなければならないことになるから、結局、本件はその実質において裁判所法三条の「法律上の争訟」に当たらないものというべきである。したがって、本件訴えは不適法として却下を免れないと判示した。

3　原告は訴え却下判決を不服として東京高裁に控訴した。控訴審の判断は蓮華寺事件の最高裁判決の立場を前提として、宗教団体における宗教上の教義、信仰に関する事項については、憲法上国の干渉からの自由が保障されており、これらの事項について裁判所はみだりに介入すべきではなく審判権を有しない。したがって、宗教法人とその住職との間の建物明渡訴訟という具体的な権利義務に関する訴訟であっても、宗教団体内部でされた住職の懲戒処分等の効力が請求の当否を決する前提問題となっており、その効力の有無が当事者間の紛争の本質的争点であると共に、それが宗教上の教義、信仰の内容に深くかかわっているため、右教義、信仰の内容に立ち入ることなしにその効力の有無を判断することができず、しかも、その判断が訴訟の帰趨を左右する必要不可欠なものである場合には、右訴訟は法律上の争訟に当たらないというべきである。以上は、蓮華寺事件に関する最高裁（平成元年九月八日第二小法廷判決民集四三巻八号八八九頁）の判示するところであって、当裁判所の見解もこれと異ならないとした。

しかし、本件において懲戒処分の効力が問題となっていても、本件訴訟の本質的な争点は、包括関係の廃止を目的とする行為の評価と廃止の効力の有無にあり、その判断は、阿部日顕が血脈相承を受けたか否かという宗教上の問題とは全く関係なく判断できるのである。被控訴人のいう血脈相承問題は、被控訴人が日蓮正宗からの離脱を決意した理由の一つにすぎない。そして、被控訴人が日蓮正宗から離脱しようと考えたことは、信教の自由の一態様であるから、被控訴人が日蓮正宗からの離脱を企図したことの当否や血脈相承問題に象徴される被控訴人の阿部日顕に対する評価は、本件規則変更の効力を左右するものではない。

また、法主・管長が誰かの争いは、法主・管長を頂く宗派内部に留まる限りは、利害関係を失わない。しかし、本件の被控訴人のように宗派から離脱しようとする場合には、自己との関係がなくなる宗派の法主・管長が誰であるかについて、利害関係を認めることができない。これらの点を考えると、阿部日顕の処分権限の有無、すなわち、阿部日顕の法主・管長の地位の有無は本件訴訟の本質的争点ではなく、この点に関する判断が本件訴訟の帰趨を左右する必要不可欠なものであるとは認められない。このように阿部日顕の法主・管長の地位の有無が本質的争点ではない場合、特に、被控訴人が控訴人と日蓮正宗との包括関係を廃止し、今後は、日蓮正宗とは全く無関係に独立の宗教活動をしていこうとしている本件の場合には、裁判所としては、信教の自由の見地から、阿部日顕の法主・管長の地位については宗教団体である日蓮正宗が自律的に判断した結果を前提として、本質的争点である本件規則変更の効力（換言すれば、懲戒事由の有無）につき審理判断すべきである。そして、日蓮正宗内部においては、阿部日顕を法主・管長と認め、これを前提として宗教上の儀式を挙行し、代表役員の登記もしているのであるから本件訴訟においては、阿部日顕が日蓮正宗の管長であるとの前提に立って、審理判断すべきものである。本件の本質的争点ではない血脈相承の問題を理由として、本質的争点である本件規則変更の効力につき審理判断することなく、控訴人の訴えを却下した原判決は、失当として取消を免れないとして取り消し、本件規則変更の効力について審理判断させるため、横浜地方裁判所に差し戻された。

二　妙道寺事件

名古屋地裁　平成五年（ワ）第七〇八号　平成一二年六月七日判決
名古屋高裁　平成一〇年（ネ）第五一九号　平成一二年六月七日判決

1　被告中島法信は昭和五四年五月一五日当時の日蓮正宗の管長であった細井日達によって原告妙道寺の第一四代住職に任命され、妙道寺の代表役員に就任し本件建物の占有権限を取得した。その後細井日達が死亡し、阿部日顕の法主就任が日蓮正宗内に公表されて以来被告は阿部日顕の法主としての血脈相承を否定することなく妙道寺住職としての職務を行ってきた。昭和五七年に経住寺住職古川興道が正信会僧侶として阿部日顕の血脈相承を否定して日蓮正宗から擯斥処分を受けたが、その際被告は管長阿部日顕から経住寺の兼務住職に任命され、古川興道が経住寺の寺院建物に対する占有権限を喪失したとして経住寺代表者として同人に対する寺院建物明渡請求訴訟を提起し、同訴訟において阿部日顕が血脈相承を受けた正当な管長、法主であること等を主張した。

被告は平成三年五月二七日付で、妙道寺の信徒のうちの創価学会会員ではない会員の中から、恒川ら五名を妙道寺責任役員として選任した。

その後被告は日蓮正宗とその信徒団体である創価学会のとの一連の確執のなかで、日蓮正宗の法主、管長である阿部日顕のあり方に次第に疑問を抱き、創価学会が阿部日顕の血脈相承を否定し、日蓮正宗を批判する考えに同調するようになった。そして被告は信徒の意図に応えるためには日蓮正宗から宗派を離脱し、被包括関係を廃止することもやむえないと考え、平成四年七月一五日原告妙道寺の責任役員（総代）であった恒川ら五名を日蓮正宗代表役員の承認を受けずに解任し、新たに責任役員を選任し、日蓮正宗に対して被包括関係廃止の通知をした。

日蓮正宗は被告に対して日蓮正宗宗務院に出頭するように命じ、出頭した被告に対し、被告による妙道寺の責任役員解任行為は、宗規及び妙道寺規則に違反し無効であるから速やかに撤回し書面をもって宗務院へ報告するように口頭で申し伝え、重ねて書面により訓戒したが、被告は従う意思がない旨を回答した。日蓮正宗は平成五年一月一九日管長阿部日顕の名により被告に対し本件住職罷免処分とした。これに対し被告は本件住職罷免処分の効力を争い、本件建物の明渡しを拒否した。

よって、原告は日蓮正宗阿部日顕により新たに住職に任命された佐々木慈啓を代表役員として、平成五年三月五日に被告に対し本件建物の明渡しを求める本訴を提起するに至った。平成六年一二月九日佐々木慈啓に代わって管長により妙道寺住職に高橋粛道が任命され、代表役員に就任した。

2　第一審名古屋地裁において、被告中島の主張は、阿部日顕は前法主細井日達から血脈相承をうけていないから法主ではなく、したがって管長でもない。それ故、本件罷免処分は処分権限のない者がした無効なものである。そしてこの点を判断するには、阿部日顕が血脈相承を受けたかどうかを審理判断しなければならないが、そのためには血脈相承の意義、すなわち日蓮正宗における教義ないし信仰の内容に立ち入ることが不可欠であるから法律上の争訟とはいえないとした。

名古屋地裁の判断は、宗規二四七条九号にいう「本宗の法規に違反し、訓戒を受けても改めない者」とは「正当な理由なくして本宗の法規に違反し、訓戒を受けても改めない者」と解するのが相当である。本件においては、被告が日蓮正宗の宗規に違反して日蓮正宗の代表役員の承認を受けずに原告の責任役員を解任し、訓戒を受けたにもかかわらず改めなかった行為が、正当な理由なくして本宗の法規に違反し、訓戒を受けても改めない場合に該当するか否かを判断する必要がある。そのためには、原告の日蓮正宗からの宗派離脱の相当性、及びそのために被告が行った本件解任行為が必要かつ相当なものであったか否かを判断する必要があり、この点でも、裁判所法三条にいう「法律上の争訟」に該当しないものとして却下を免れないとした。

3　控訴審名古屋高裁では、本件事案の経過によれば、被控訴人が本件住職罷免処分によって控訴人住職の地位を、さらには控訴人代表役員の地位を喪失したか否か、すなわち懲戒処分である本件住職罷免処分の効力の有無が、被控訴人の本件建物に対する占有権限の有無を決めるための前提問題となっている。そして、懲戒処分の効力の有無を決めるためには、まず日蓮正宗の法主、管長阿部日顕に懲戒処分権があることが前提であるから、その権限の有無が問題とされる以上、この点が本件紛争の本質的争点である。したがって懲戒処分権限の有無についての判断は本件訴訟の帰趨を左右する必要不可欠なものである。

そしてその判断のために、阿部日顕が日蓮正宗の正当な法主、管長であるか否かの判断が必要不可欠であるが、そのためには日蓮正宗における血脈相承の意義を明らかにした上で阿部日顕が血脈相承を受けたか否かを審理判断することが必要不可欠となる。しかし、その判断は日蓮正宗における宗教上の教義、信仰の内容に深く関わっており、教義、信仰の内容に立ち入ることなく判断できない性質であるから、結局、審理判断することはできない。したがって、本件訴訟の本質的争点である法主、管長阿部日顕の懲戒権処分権限の有無については裁判所の審理判断が許されないものというべきである。そうすると、本件訴えはその実質において法令の適用による終局的解決に適さないものであり、裁判所法三条にいう法律上の争訟にあたらないというべきであるとした。

以上の見解に対して、控訴人は、宗教団体である日蓮正宗において阿部日顕が法主、管長であるか否かを判断する必要がある場合、宗教団体は憲法上宗教活動について国の干渉からの自由が保障される部分社会を持つ自治団体であるから、その自律的結果が尊重されるべきであり、その宗教行為について当該宗教団体の判断を尊重し、同宗教団体における自律的結果が存在するか否かを判断すれば足りるのであって、この点を判断することで阿部日顕が日蓮正宗の正当な管長であるか否かについて審理判断できると主張した。

対して裁判所は、宗教団体における宗教上の教義、信仰に関する事項については憲法上国の干渉からの自由が保障されているのは主張のとおりだが、この場合、裁判所はこれらの事項について宗教団体に保障されている自由に介入するべきではないから、一切の審判権を持たないとともに、これらの事項に関わる紛議については中立を守るべきである。控訴人の主張する日蓮正宗という宗教団体の自律的結果とは、日蓮正宗の宗規に基づく法主、管長の選定手続の外形及びその結果をいうと解されるので、これを民訴法の証拠法則にしたがって認定するとすれば、教義、信仰に関する事項につていの判断を回避して血脈相承がなされたことを肯定したことと同じであり、血脈相承受けたか否かを審理判断することはできないとする裁判所の中立の立場と矛盾することになるといわざるえないとして、控訴人の主張は採用できないので本件控訴は理由なしとして棄却した。

三　常説寺事件

盛岡地裁　平成八年（ワ）第三八八号　平成一二年四月二八日判決

仙台高裁　平成一二年（ネ）第二三一号　平成一三年五月二三日判決

1　原告常説寺は日蓮正宗の寺院であり、被告山本辰道は信徒らとともに原告寺院を守ってきた。日蓮正宗と創価学会の関係は平成二年一一月ころから悪化し、宗門から創価学会に対し、平成三年一一月七日には解散勧告が、同月二八日には破門通告がされた。そのような中で被告は宗門の中枢部のあり方に疑問を感じるようになり、阿部日顕に対してもその言動から血脈相承そのものに強い疑問を感じるようになった。そして、被告は平成四年二月初旬他の日蓮正宗の末寺六ヶ寺が宗門改革のため日蓮正宗との被包括関係を廃止したとの報道に共感し、常説寺と日蓮正宗の被包括関係を廃止することを決意した。

被告は平成四年三月一七日付で「この度宗教法人「常説寺」は平成四年三月一六日責任役員会議の議決に基づ

き、貴宗教法人との被包括関係を廃止し、今後貴宗教法人の宗制宗規の適用を受けないことになりましたので、宗教法人法第二六条三項の規定によって御通知いたします」と記載した本件被包括関係廃止の通知を送付した。

日蓮正宗は、同年四月二七日被告が日蓮正宗の僧侶を自ら辞任したとして僧籍を削除し、同年五月二六日大沼雄泰を原告の住職に任命した。本件以前に、前訴（第一審盛岡地裁平成四年（ワ）第三五五号、控訴審仙台高裁平成七年（ネ）第三二号）では、原告は大沼を代表者として平成四年一二月一日被告に対し、本件建物の占有権限を喪失したとして、盛岡地裁に建物明渡しを求め提起したが、平成七年六月九日訴えの却下の判決がなされ、その控訴審においても平成八年九月二日仙台高裁において控訴棄却の判決がなされ、原告はさらに上告していた。

被告は、その訴訟手続中、自身が未だ日蓮正宗の僧侶であり、本件建物の占有権限を失っていないとの主張をしたため、日蓮正宗は被告に対しその真意を確認したいとして召喚状を二回にわたって送付したが、被告はこれに応じなかった。そのため、日蓮正宗は被告に対し、日蓮正宗からの宗派離脱手続が違法、無効であるからこれを撤回するよう訓戒し、反省懺悔の意思を書面で表明するよう求めたところ、被告は宗派離脱の手続きについては撤回をしたものの、反省懺悔の意思を表明することはしなかった。そこで、日蓮正宗は再び被告の弁明を聞くべく召喚状を送付したが、被告がこれに応じなかったので、阿部日顕は同年一一月一一日付で被告に対し本件懲戒処分である奪階処分に付し、同日付で牧野を原告の住職に任命し、牧野は同日原告の代表役員として登記された。また、原告は同日前訴の上告を取り下げた。そして、原告は、被告山本は懲戒処分によって住職を免ぜられ、本件建物の占有権限を失ったとして明渡しを求め、牧野を代表として提訴した。

2　第一審盛岡地裁において、被告は、本件訴訟においては、本件懲戒処分の効力の有無が前提問題となっており、判断するに当たっては、住職の懲戒権限を有するとされる阿部日顕が日蓮正宗の管長の地位にあるか否かが本質的争点として問題となり、同人が法主の地位にあるか否か、すなわち血脈相承を授けられたか否かが問題となる。しかしその判断のためには、日蓮正宗における教義、信仰の内容に立ち入ることが必要不可欠となるため、裁判所法三条にいう「法律上の争訟」に該当せず却下を免れないと主張した。

盛岡地裁は、この主張を容れて、本件訴訟は法令の適用によって最終的解決を図ることに適しないものであって、裁判所法三条にいう「法律上の争訟」に当たらないと解するのが相当であるとして、その余の点について判断するまでもなく不適法であるとして却下した。

3　控訴審仙台高裁においては、裁判長から、「被告（被控訴人）は血脈にからめて処分は無効といえば、裁判所は判断できないので、結果的に被告側の言い分が裁判所で成立するということになるのですか」という趣旨の釈明がくり返しなされた。

左は平成一二年一二月一一日の口頭弁論期日における、裁判長（仙台高裁民事三部喜多村治雄・小林崇・片瀬敏寿裁判官、五嶋書記官）と被控訴人（被告）代理人とのやりとりの一コマである（於仙台高裁四〇二号法廷）。

（裁判長）　本件についても被控訴人は阿部日顕の地位を争うことはできないというか、裁判所に判断できないから処分が無効になるということですよね。

前回も言いましたがね、被控訴人は阿部日顕の法主としての地位は争えないとしながら、結局阿部日顕が法主の地位にないという判断を裁判所が積極的にしたと同じ効果を生じるのは何故かということです。

（被控訴人弁）　それは今回の準備書面に書いてあります。

（裁判長）　いえ、書いていないから聞いているんです。例えばですね、阿部日顕が主宰する日蓮正宗において従業員を雇っているとしましょう。その従業員が金銭を使い込んだことに基づく懲戒処分があった場合、この従業員が血脈相承を争えばその懲戒処分は無効あるいは判断できないということになるのでしょうか。

（被控訴人弁）　裁判所の釈明に対しては検討して次回に書面でご返事致します。

（裁判長）　書面は書面で結構ですが、この場合、被控訴人の立場に立てば懲戒処分が無効になるんですか、ならないんですか、どっちなんですか。

（被控訴人弁）……。

（裁判長）そんな都合の良い使い分けが成立するんですか。そういうことを聞いているんです。

4　右のような審理を経て、仙台高裁は、本件においては、被控訴人による日蓮正宗からの包括関係離脱を試みた行為、及びこれについての被控訴人の考えを聞きたいとする日蓮正宗からの召喚要請を拒否するといった一連の被控訴人の行動が、日蓮正宗の宗規等に違反する懲戒事由に該当するかどうかがその本質的争点であると解するべきであると判示した。そして、本件懲戒処分の経緯やその内容等に照らすと、本件懲戒処分事由の有無やその効力を判断するにあたっては、阿部日顕が血脈相承を授けられたか否かを含め、日蓮正宗の教義、信仰の内容に立ち入ることが必要不可欠であるとはいえず、宗教法人法、日蓮正宗宗規、控訴人規則の各条文の趣旨や解釈に従って、審理判断することが十分可能であると判示した。

被控訴人の主張は、本件懲戒処分は処分権限のない阿部日顕によってなされた無効なものであり、この点を判断するにあたっては、血脈相承の有無を審理判断しなければならず、法律上の争訟といえないとしたのに対して裁判所は、懲戒処分をした者に処分権限がなければ、その懲戒処分が無効となるという被控訴人の主張はその限りにおいて正当であり、特定の宗教法人の法主・管長が誰であるかの争いが、その宗派内における宗教上の教義や信仰上の争いに起因して発生し、それが宗派内の紛争となっている場合には、紛争内容が法主・管長がした懲戒処分の効力を争うものであっても、その本質は自身が帰依する特定の宗教法人の法主・管長の地位の宗教上の正当性にあるといえるから、法主・管長の地位の正当性自体が紛争の中心的、本質的争点であるといえる。しかし、本件のように、ある宗派から破門された特定の宗教団体に属する被控訴人が、宗教的考えの違いを理由にその宗派から包括関係離脱を企図し、その目的のためにした一連の行動を対象として、懲戒処分を受け、その懲戒事由該当性が争点となっている場合には、宗派離脱を図った被控訴人はもはや当該宗派の教義に従うものではないから、その宗派の法主・管長の地位の宗教上の正当性を争うことについて利害関係を有する立場にないものというべきである。したがって、このような場合には、宗教上の教義、信仰内容に立ち入ることなく懲戒事由該当性の有無につき判断をすべきであり、血脈相承を含め、宗教上の教義、信仰内容が紛争の本質的争点となるものではないと判断したのである。

そして、このように、阿部日顕が日蓮正宗の法主・管長であるかどうかが紛争の本質的争点ではない場合には、裁判所としては、阿部日顕の法主・管長の地位については、宗教法人である日蓮正宗が自律的に選任した結果を前提にして、本件懲戒処分の有無、本件懲戒処分の効力について審理判断すべきであり、それをもって足りるというべきであるとした。特定の宗教法人が原告となって訴訟を提起している場合に、その訴訟の被告が宗教上の教義を持ち出して宗教法人の法主・管長の地位を争いさえすれば、その訴訟がどのようなものであっても法律上の争訟性を欠き、裁判所が却下しなければならないというのであれば、宗教団体はおよそ紛争の法的救済を受けることが困難となり、ひいては宗教団体の自立性が否定されてしまうこととなり、そのような事態が信教の自由を保障している憲法の理念に反することが明らかだからであると判示している。そして、日蓮正宗内部においては、阿部日顕が法主・管長であることがひろく承認され、これを前提にして宗教上の儀式を行い、阿部日顕を代表役員とする登記手続がなされ、同人が日蓮正宗の代表者として対外的、対内的に行動しているのであるから、本件訴訟においては阿部日顕を日蓮正宗の管長であり、代表者であると認めるべきものである。

以上により、仙台高裁は本件訴訟は裁判所法三条にいう「法律上の争訟」に該当し、適法な訴えであるとして、控訴人の訴えを却下した原判決を取り消し、本件懲戒処分について審理判断をさせるため本件を盛岡地裁に差し戻すとの判断を示した。

第六節　すでに確定した三つの事件とその流れ
――法布院事件、東光寺事件、法乗寺事件――

別表事件（第二次訴訟）の中の三件については、本案判決が下され、明渡請求を認容することで確定している。血脈に絡めて処分権限の有無が争われていない事件については、包括宗教団体の懲戒処分の効力を認め、占有権限がなくなったとして明渡しを認める方向に司法の流れが固まったとみてさしつかえない。以下に、事件および判旨の概要を紹介する。

一　法布院事件

名古屋地裁　平成五年（ワ）第一八五八号　平成八年一月一九日判決判時一五七〇号八七頁
名古屋高裁　平成八年（ネ）第四〇号　平成九年三月一二日判決判時一六一二号六七頁
最高裁　平成九年（オ）第一〇七七号　平成一二年九月七日判決民集五四巻七号二三四九頁、判時一七三六号一〇一頁、判タ一〇四五号一二三頁

日蓮正宗は、被告成田樹道に対し日蓮正宗代表役員の承認を得ることなく原告である法布院の責任役員を解任したことなどを理由として、主管の地位から罷免するとの懲戒処分をした。その結果、被告は、本件建物につきその占有権原を失ったと主張して、本件建物所有権に基づき、その明渡しを求めた事案である。

第一審名古屋地裁判決では、憲法上、宗教団体結成の自由、国に干渉されない宗教活動の自由が保障されていることから、裁判所は宗教団体内部の懲戒処分の当否の判断については、宗教団体の自治を尊重すべきであり、懲戒処分に手続上の準則違反があるとか、法的正義の観念からその効力を是認できない特段の事情がある場合に

かぎり無効となる。本件ではそうした特段の事情は認められないとして、被告の罷免処分は有効であるとして原告の請求を認容した。

控訴審名古屋高裁は、控訴人成田樹道には日蓮正宗宗規二四七条九号所定の懲戒事由が存在すると認められるが、日蓮正宗がかねてよりその包括する宗教法人における被包括関係の廃止の動きを警戒し、その防止に動いていたことからすると、本件罷免処分は、日蓮正宗と法布院との被包括関係の廃止を防ぐことを目的としてされたものと認めるのが相当である。また、仮に控訴人が本件解任行為につき阿部に承認を求めたとしても被包括関係の廃止を防ぐ見地からこれが与えられることはなかったであろうと容易に推測できる上、本件解任行為につき控訴人に対してされた訓戒の目的も被包括関係を防ぐことにあったのであるから、控訴人が訓戒に従わなかったことなどを理由とする不利益の取扱いを認めるときは、結局、被包括関係の廃止を企てたことを理由とする不利益の取扱いを禁止した宗教法人法七八条一項の趣旨を潜脱する処分を容認することとなり、法的正義の観念に照らし、これを容認できるものではない。したがって本件罷免処分は、同条一項に違反し、二項により無効というべきであるとして、原判決を取り消し、被控訴人の請求を棄却した。

最高裁の判断は以下のとおりである。宗教法人法七八条一項は、他の宗教法人を包括する宗教団体（包括宗教団体）は、その包括する宗教法人と当該包括宗教団体との「被包括関係の廃止を防ぐことを目的として、またはこれを企てたことを理由として」、被包括宗教法人代表役員等に対し、解任等の不利益な取扱いをしてはならない旨を定め、同条二項は、同条一項の規定に違反してなされた行為は無効とすると定めている。各規定の趣旨は、被包括宗教法人の代表役員等が被包括関係を廃すべく所定の手続にしたがって各種の行為をしている場合に右の者を解任するなどの権限を有する包括宗教団体が、その権限を利用し、手続の進行に干渉することを禁止するものと解される。

本件においては、被包括宗教法人の代表役員が責任役員を所定の承認を受けることなく解任し、その是正に応じなかったということを懲戒事由として本件罷免処分がなされたのであって、同処分に違法はなかったというべきである。そして、本件罷免処分の際に、日蓮正宗が被包括関係は維持されるのが望ましいと考え、同処分に伴って被包括関係の廃止の実現に支障が生ずるであろうことを予見していたとしても、そのことをもって同処分が、宗教法人法七八条一項にいう「被包括関係の廃止を防ぐことを目的として」された不利益の取扱いに当たるということはできず、また、これが被包括関係の廃止を「企てたことを理由として」される不利益の取り扱いを禁止する同項の規定を潜脱するものに当たるということもできないとして、第一審判決の結論は正当であって、同判決に対する被上告人成田樹道の控訴はこれを棄却すると判示した。

二　東光寺事件

盛岡地裁　平成五年（ワ）第三三九号

仙台高裁　平成九年（ネ）第八六号　平成一一年一月二七日判決

最高裁（一小）平成一一年（オ）第五八一号　平成一二年九月七日判決

原告（被控訴人）である宗教法人の東光寺が、東光寺の住職であり代表役員であった被告（控訴人）大塚順妙に対し東光寺の包括宗教法人である宗教法人日蓮正宗からその住職を罷免するとの懲戒処分を受け、住職及び代表役員の地位を喪失したことで、本件建物の占有権限を失ったと主張して、所有権に基づき本件建物の明渡しを求めた事案である。

控訴審仙台高裁において、控訴人大塚順妙は、宗規二四七条九号は「正当な理由なくして本宗の法規に違反し訓戒を受けても改めない者」と解すべきであることを前提として、「正当の理由」の存否については、宗教上の教義ないし信仰の内容について評価しなければならない。よって、本件訴訟の争点である本件罷免処分の効力を判断するには、宗教上の教義ないし信仰の内容についての評価をさけることができないのであるから、本件訴訟は法律上の争訟性を欠き却下されるべきであると主張した。

仙台高裁判決では、宗規は宗教法人たる日蓮正宗の管理運営に関わる事項に関する規定を定めたものであり、宗規二四七条は懲戒とその事由を定めるところ、宗教団体の教義ないし信仰の内容は、その宗教団体が自律的に定めるものであり、当該宗教団体が自律的に定めた教義ないし信仰の内容に反する教義ないし信仰を理由として、宗教団体の執行機関の命令に従わないことが懲戒事由に当たらないとすれば、当該宗教団体の存続と秩序維持が不可能といわざるをえない。

したがって、宗規二四七条九号の文言を検討すると、同号については、要件に該当する事実のほかに訓戒を受けるに当たり、法規違反に該当するとされる事実についての告知と弁解の機会が与えられるなどの懲戒処分に至る手続が手続上の準則によって為されたか否かが要件として要求されると解される。本件罷免処分が所定の手続上の準則に従ってなされていることは明らかであって、本件罷免処分の効力を判断するにあたって、さらに控訴人の主張のように宗教上の教義ないし信仰の内容にふれて「正当な理由」の存否を評価判断する余地はないとして、本件訴訟は法律上の争訟性を欠くものではないことが明らかであるから控訴人の主張は採用できないとする。したがって、被控訴人の本訴請求を認容した原判決は相当であり、控訴人の本件控訴は理由なしとして棄却された。

三　法乗寺事件

大津地裁　平成五年（ワ）第二九八号

大阪高裁　平成八年（ネ）第三三六四号　平成一一年三月三一日判決

最高裁（三小）平成一一年（オ）第九六八号　平成一二年九月一二日判決

原告（被控訴人）である法乗寺が、法乗寺の住職及び代表役員であった被告（控訴人）能勢宝道に対し、本件罷免処分によってその地位を喪失したことを理由として本件建物の明渡しを求めるものである。

控訴審大阪高裁において、控訴人能勢宝道は、本件訴訟における被控訴人法乗寺の請求の当否を判断するために、前提となる本件罷免処分の判断の根拠とされる宗規二四七条九号は「正当な理由なくして、本宗の法規に違反し、訓戒を受けても改めない者」の意味に解釈されるべきものであり、「正当な理由」の有無を判断するためには、宗教上の教義ないし信仰の内容について一定の評価することを避けることができない。よって本件訴訟は、裁判所法三条にいう「法律上の争訟性」に該当しないから、却下を免れないと主張した。

大阪高裁判決では、本件罷免処分は、控訴人が被控訴人法乗寺の責任役員である加藤らに解任事由がないにもかかわらず本件解任行為を行ったこと、及び控訴人が日蓮正宗から本件解任行為を白紙撤回すべき旨の訓戒をうけたにもかかわらず控訴人がこれに応じなかったことが、宗規二四七条九号にいう「本宗の法規に違反し、訓戒を受けても改めない者」に該当するとして行われたものであるから、本件罷免処分の効力の有無は、控訴人の本件解任行為に宗規違反の事実があると認められるかどうかという客観的な判断によって決定することができると考えられる。

そうすると、本件解任行為が仮に控訴人の宗教上の信念から行われたものであるとしても、本件解任行為を行ったことが宗制・宗規違反に該当するかどうかは、宗制・宗規の懲戒条項の解釈それ自体から直接判断することが可能であって、本件罷免処分の効力の判断に際して、宗教上の教義、内容についての一定の評価が行われるということにはならないから、本件訴訟がその実質において法令の適用による終局的解決に適しない紛争であるということはできないとして、控訴人の主張は採用できないとした。よって被控訴人の請求を認容した原判決は相当であって、本件控訴は理由がないとしてこれを棄却した。

第七節　先例と第二次訴訟との関係

一　第一次訴訟に関する最高裁判所の判例について

1　蓮華寺事件に関する最高裁判例の解釈

(1)　すでに見たように、蓮華寺事件に関する最高裁判例が、正信会事件に関するリーディングケースであり、白蓮院事件、妙真寺事件および小田原教会事件の各最高裁判決は、すべて、蓮華寺事件の最高裁判例を踏襲したものである。したがって、第一次訴訟（正信会事件）に関する最高裁の判例の内容を理解するには、まず、蓮華寺事件の最高裁判例の内容を正しく理解しなければならない。

(2)　蓮華寺事件の最高裁判決は、すでに見たように、被処分者が宗教団体内部にとどまることを前提として、「①当事者の具体的な権利義務ないし法律関係に関する訴訟であっても、②宗教団体内部においてされた懲戒処分の効力が請求の当否を決する前提問題となっており、③その（懲戒処分の）効力の有無が当事者間の紛争本質的争点をなすとともに、④それ（懲戒処分）が宗教上の教義、信仰の内容に深くかかわっているため、同教義の内容に立ち入ることなくしてその効力の有無を判断することができず、⑤しかも、その判断が訴訟の帰趨を左右する必要不可欠なものである場合には、⑥同訴訟は、その実質において法令の適用による終極的解決に適しないものとして、裁判所法三条にいう『法律上の争訟』に当らないものとすべきである。」とする。

①　まず、蓮華寺事件最高裁判決のいう①の「訴訟」と③の「紛争」とは、単に言葉の違いというだけではなく、その意味内容も異なるのである。すなわち、蓮華寺事件最高裁判決の判示する③の「紛争」というのは、単に「訴訟」提起後のみではなく、訴訟提起前の経緯と事実をも含めて考えた場合の「紛争」を意味しているのである。したがってまた、蓮華寺事件最高裁判決の判示する「当事者間の紛争の本質的争点」というのも、単に訴

訟手続において当事者が争点として持ち出したというだけでなく、訴訟提起に至るまでの経緯と事実をも含めた事実の具体的内容に即して考えた場合に、「当事者間の紛争の本質的争点」となっているものをいうのである。このことは、蓮華寺事件最高裁判決が、「日蓮正宗の内部において創価学会を巡って教義、信仰ないし宗教活動に関する深刻な対立が生じ、その紛争の過程においてなされた被上告人の言説が日蓮正宗の本尊及び血脈相承に関する教義信仰を否定する異説であるとして、……」と述べて、訴訟提起前から、当事者間の紛争の中で「血脈相承」という教義信仰にかかわる問題が争点となっていたことを判示していることからもうかがい知ることができる。

なお、白蓮院事件、妙真寺事件及び小田原教会事件の各最高裁判決も、「本件記録によって認められる上告人が本件訴訟を提起するに至った本件紛争の経緯及び当事者間の主張並びに本件訴訟の経緯に照らせば、上告人の主張する正当の理由もまた、日蓮正宗の教義ないし信仰の内容にかかわるものであることは明らかである。」と述べて、訴訟提起前から、当事者間の紛争の中において、「宗教上の教義ないし信仰」の問題が争点となっていたと判示している。

②　次に、蓮華寺事件最高裁判決は、「その効力（本件擯斥処分）の有無が帰するところ本件紛争の本質的争点をなすとともに、その効力についての判断が本件訴訟の帰趨を左右する必要不可欠なものであるところ、その判断をするについては、被上告人に対する懲戒事由の存否、すなわち被上告人の前記言説が日蓮正宗の本尊観及び血脈相承に関する教義及び信仰を否定する異説に当るかどうかの判断が不可欠であるが、以上の点は、単なる経済的又は市民的社会的事象とは全く異質のものであり、日蓮正宗の教義、信仰とも深くかかわっているため、同教義信仰の内容に立ち入ることなくして判断することのできない性質のものであるから、……」としている。この判旨から明らかなように、蓮華寺事件最高裁判決が、本質的争点であり、かつ、宗教上の教義、信仰の内容に深くかかわっており、さらに、同教義の内容に立ち入ることなくしてその効力の有無を判断することができないとしたのは、「懲戒事由」である。

③　すなわち、蓮華寺事件最高裁判決は、宗派内部において宗教紛争が起きている中で懲戒処分がなされ、その懲戒事由が宗教上の教義、信仰の内容にかかわっている場合に限定して、法律上の争訟にあたらないとしたものである。

具体的な権利義務ないし法律関係に関する訴訟であるにもかかわらず、法律上の訴訟性を否定して司法による解決を拒むということは、国民の裁判を受ける権利を制限し、司法の役割を自ら狭めるものである、軽々にこのような判断がなされるべきでない以上、蓮華寺事件の最高裁判決が、一定の絞りをかけようとしていることは当然である。

この点について、蓮華寺事件の最高裁判決に関する魚住調査官の解説は、「かかる宗教上の紛争においては、往々にして、教義、信仰に忠実であろうとする少数の意見であっても、その片言隻句を捉えて『異端』ないし『異説』として排斥しようとする傾きの生じやすいことは、歴史の教えるところでもある。かかる宗教上の争いに国家機関たる裁判所が介入することは厳に避けなければならないことであり、本件のような一種の異端紛争において、裁判所がその言説を『異説』とした日蓮正宗の決定を尊重する事は、結果的に教義、信仰にかかわる宗教団体の対立の一方に肩入れすることになり、国家機関の宗教的中立性を結果的に害することになりかねない」（『最高裁判所平成元年民事判例解説』二八六頁）と述べており、最高裁判所が同訴訟につき却下判決を下した理由は同紛争が宗教団体内部の宗教上の紛争であったためであることを明らかにしている。同時に団体内で自律的に決定されたことをそのまま裁判所も尊重せよ、といわれても、それには乗れませんよ、と述べていることにも留意されるべきである。

④　大経寺事件、妙道寺事件は、宗教団体の内部紛争とは言いがたい点でも、第一次訴訟と異なる。第二次訴訟の被告は、日蓮正宗からの離脱を企図した者である。包括関係を廃止して、外に出ようとした者が、包括宗教法人の代表者の地位を当該包括法人の教義や秘儀の正統性に絡めて争う必要性は乏しい。大経寺高裁判決は、そ

の点を重視して、被告側が血脈相承を争って処分権限の有無を持ち出すことを不必要かつ不公正な争点形成であるとみたのである。常説寺仙台高裁の判決も、同様である。

二　そのほかの第一次訴訟（正信会事件）判決

1　白蓮院事件、妙真寺事件、小田原教会事件及び管長事件の各最高裁判は、すべて以上に述べた蓮華寺事件の最高裁判決にしたがって解釈できるものである。これらの事件は、宗派を二分する宗教団体内部の紛争に基因するものである。

2　白蓮院事件は、僧侶がいわゆる管長訴訟において、『前法主細井日達上人の生前において相承がなされた事実は存しない』、『阿部日顕の〔法主〕の地位は、宗制宗規に基づかないいわば僭称に過ぎず、正当な根拠が無く〔就任〕したものであり、阿部日顕〔法主〕は、本来存在しない』」（判時一三〇六―二〇）等の主張をしたことが、「異説」に該当するとして懲戒処分に付されたという事案であって、懲戒理由そのものにおいて、「血脈相承」が問題となり、宗教的な要素をもつものであった。

3　妙真寺事件及び小田原教会事件は、阿部日顕の教導権（日蓮正宗の檀信徒の教化・育成及び僧侶の教義・信仰上のあり方という極めて重要な事項に関する命令を発する権限）に基づき、宗務院が檀徒大会を開催しようとしている僧侶に対してその中止を命令したところ、僧侶が正当な理由がないのに命令に従わなかったということが懲戒理由とされたものである。したがって、同懲戒理由については、宗教上の信念にかかわる行動に対して「教導権」を発動して、それに従わない者を懲戒できるかが問題とされたのである。

4　なお、管長事件は、日蓮正宗の管長自体が争われたものである。日蓮正宗の管長は、法主の充て職とされている関係で、一方は血脈相承を争い、他方は、団体内で自律的に決められたことを裁判所はそのまま尊重せよとの主張を行い、両者平行線の議論に終始したことが、訴訟手続をそれ以上進めて本案判決をすることができないとして、却下の原因となったとみられる。

三　大経寺・常説寺高裁判決は最高裁判例に反するか

1　大経寺事件における本質的争点

前項で述べたように、大経寺事件は、日蓮正宗と創価学会が対立状況にある中で、大経寺の代表役員であった被告が日蓮正宗の代表役員の承認を得ずに大経寺の責任役員を解任ないし選任したため、日蓮正宗宗制・宗規にもとづき懲戒処分（住職罷免処分）に付され、大経寺の占有権限を失ったとして、大経寺の明渡しを求められているものである。そして、本件訴訟において、占有権限の有無の前提として、懲戒処分の効力が問題となっている。常説寺・妙道寺事件も同様である。

しかし、本件紛争における懲戒処分の効力の判断において本質的争点となるのは、日蓮正宗の代表役員の承認なくして責任役員を解任ないし選任したことが日蓮正宗の宗制・宗規、大経寺・常説寺宗規に反するかという懲戒処分の事由および処分のプロセスの適正さである。懲戒権限は、本質的争点ではない。なぜなら、まず、一般的に団体における処分は団体の代表者による独断によるのではなく、団体内で一定の手続を踏んで行われる。本件でも、現実の処分は日蓮正宗という団体が組織的に行う一定の手続の結果であり、通常それが対外的に代表者としての管長名で表出されるのであって、処分者自体にそれほどのウエイトがあるわけではない。したがって日蓮正宗が団体として行った処分については、被処分者に対して団体の代表としての管長が形式的に明らかでありさえすれば十分である（さもないと、宗教団体が当事者となる訴訟一般において、代表者が誰であるかを相手方が宗教問題に絡めていちいち争えることになりかねない）。そこで問題とされるべきは、結果としての一回的な懲戒処分ではなく、むしろそれに至るまでの、あるいはその後に続く団体内で行われた懲戒手続の正当性である。

そして本件懲戒手続の正当性を問題とする際、これを判断するには、本件懲戒処分が日蓮正宗という団体内でどのような手続を踏んで行われたのか、本件処分が原因となった責任役員の解任が大経寺内でどのような手続を尽くして行われたか、ということに遡らねばならない。つまり、処分手続の面からは、形式的な処分権者よりも、この意味での団体内の処分の手続の正当性が問題になる。

くわえて、本件紛争が発生した当時、阿部日顕が日蓮正宗の法主・管長であることは、日蓮正宗の内部において既に確定した事実であった。また、被告自身も、昭和五四年七月二二日に阿部日顕が日蓮正宗の法主・管長に就任してから、被告の平成六年七月二二日付準備書面において阿部日顕の管長の地位を否定するまでの約一五年間「阿部日顕が管長の地位にあるか否か」を問題にしたことは一度もない。そればかりか、被告は、阿部日顕が日蓮正宗の法主・管長の地位にあることを積極的に認めていたのである。また、本件紛争は、日蓮正宗と創価学会との対立が背景にあるが、創価学会も、阿部日顕の管長の地位を否定したことはない。

大経寺事件において、東京高裁が認定した事実によれば、平成五年三月までに、日蓮正宗からの離脱を企図した住職は二五名いたが、そのうち、本件と同様に寺院建物の明渡訴訟を提起されたのは、一六名であり、その一六名のうち、訴訟において、阿部日顕の血脈相承を否定する主張をしているのは、被告を含めて僅か三名であり、その余の一三名は、血脈相承否定の主張をしていない。要するに「阿部日顕が血脈を相承したか、管長の地位にあるか」という問題は、本件訴訟において、被告が便宜的に持ち出した主張にすぎないのであり、これをみても、本質的争点とはなりにくい。

以上に述べたように、本件において本質的争点となるのは、懲戒事由の存否および処分手続が適正に踏まれたかどうかである。そして、懲戒事由および処分手続のいずれの面でも、本件における懲戒事由およびその手続の審査は、宗教上の教義、信仰の内容とは全く関係なく判断できるのである。

2　これに対し、蓮華寺事件、白蓮院事件、妙真寺事件、小田原教会事件は、大経寺、妙道寺、常説寺事件とは事案を異にする。

すでに述べたように、蓮華寺事件、白蓮院事件、妙真寺事件、小田原教会事件は、宗派内において宗教紛争が起きている中で懲戒処分がなされ、その懲戒処分、特に、懲戒事由が宗教上の教義、信仰の内容にかかわっているという事案であった。

妙真寺事件については、最高裁の判旨の結論部分では、懲戒権限だけが記載されている。しかし、妙真寺事件は、小田原教会事件と同類型の事件であり、阿部日顕が、教導権（日蓮正宗の檀信徒の教化・育成及び僧侶の教義・信仰上のあり方という極めて重要な事項に関する命令を発する権限）に基づき、檀徒大会を開催しようとしている僧侶に対してその中止命令をしたところ、僧侶が正当な理由がないのに同中止命令に従わなかったことが懲戒事由とされたものである。したがって、妙真寺事件においては懲戒権限のみでなく、懲戒事由も問題とされ、その懲戒事由において宗教上の教義問題にかかわる「教導権」が問題とされたのである。

3　以上により、大経寺・常説寺高裁判決は、蓮華寺判決などの先例に反するものではない。

第八節　大経寺・常説寺高裁判決への布石と自律結果受容論との関係

一　大経寺高裁判決への布石と流れ

1　それにしても、大経寺事件東京高裁判決は、第一次訴訟の一連の最高裁判決の存在を前提にしつつも、当該事件の紛争の本質を直視し、訴え却下の結論を採らず、本案判決をなすべしとした点で、画期的な意義を有する。また、とかく高裁（控訴審）は、「中二階」といわれるように、一審と上告審との中間審級として裁判をなす姿勢の点でもむずかしいところがあるが、妙道寺事件名古屋高裁と大経寺事件東京高裁は、この点でも対照的である。妙道寺事件高裁は、審理の過程で揺れ動きながらも、第一次訴訟の一連の却下判決の先例の重圧を受けて、結局は一審の却下判決を追認し、問題の解決を上告審にゆだねた。一階からの通過点としての「中二階」の役割しか果たさなかった。これに対し、大経寺事件高裁は、浅生重機裁判長の裁判への姿勢があって、事案との関連で率直に自らあるべき解決方法としての判断を示し、積極的に上訴審としての役割を果たそうとした。高裁である以上、最高裁を意識しないはずはないが、最高裁をリードして新しい先例を作ろうとする姿勢がうかがえるのである。

なお、常説寺仙台高裁判決は、非常にわかりやすい判旨であるが、大経寺高裁判決とほぼ同趣旨のものであり、それを参考にしたことは明らかである。やはり、先例がないところで、自らその道を拓き流れをつくった大経寺高裁判決の意義は大きい。

最高裁でどうなるかは、予断を許さないが、第六でみた理由づけにくわえて、第二次訴訟の他事件との整合性の観点からも、結論的には、妙道寺高裁判決が破棄され、大経寺高裁判決が是認される見通しが高い。そうして、筆者は、その結論こそが妥当であると考えるものである。

2　訴え却下ではなく本案判決をすべしとする大経寺高裁判決・常説寺高裁判決を是認するための布石は、じつは、最高裁の先例によって、すでに打たれている。

すでに述べたように、蓮華寺最高裁判決は、宗教団体内部の紛争を念頭におき、「本質的争点」、「訴訟の帰趨を左右する必要不可欠なもの」という限定の下に、訴え却下の結論をとった。

これを受けて、日蓮正宗から阿部日顕名で末寺（仏世寺）の代表役員の地位を罷免する懲戒処分を受けた住職が原告となって、日顕が法主の地位に就くために必要な血脈相承を受けていないので、罷免は無効であるとして、自己が仏世寺の代表役員等の地位にあることの確認を求めた訴訟において（本件は事件の性質としては、第一次（正信会）訴訟事件である）、最三小判平成一一年九月二八日判決（判タ一〇一四号一七四頁）は、本件訴えは、法律上の争訟にあたらないとして却下したが、その理由として、法廷意見は、つぎのように判示した。

「本件記録によって認められる本件紛争の経緯及び当事者双方の主張に照らせば、本件は、宗教団体とその外部の者と間における一般民事上の紛争などとは異なり、宗教団体内部における教義及び信仰の内容を本質的な争点とするものであり、訴訟の争点につき判断するために宗教上の教義及び信仰の内容について一定の評価をすることを避けることができないものであるから、本件訴訟は法令の適用によって最終的解決を図ることのできないものであって、上告人の訴えを却下すべきものとした原審の判断は、是認することができる」（傍線筆者）

ここでは、宗教団体内部における教義・信仰の内容が本質的争点となっている場合には、却下もやむなしとされているのであって、包括関係を廃止して外に出ようとする者との間の紛争は、この法廷意見によってももはや内部紛争ではない、と言うことができる（本判決については、本案判決をすべしとの元原利文裁判官の反対意見がある）。大経寺高裁判決は、右最判よりも三週間前に下された高裁判決であるが、この流れを敏感にくみとり、そこを強調したのである。この意味でも、大経寺高裁判決は、決して先例を変更したものではなく、一連の最高裁判決の流れの中にある、と評すべきである。

二　自律結果受容論との関係

大経寺高裁判決は、処分権者としての管長が誰かについては、つぎのような立場を示す。

「このように阿部日顕の法主・管長としての地位の有無が本質的争点でない場合、特に、被控訴人が控訴人と日蓮正宗との包括関係を廃止し、今後は、日蓮正宗とは全く無関係に独立の宗教活動をしていこうとしている本件の場合には、裁判所としては、信教の自由の見地から、阿部日顕の法主・管長としての地位については宗教団体である日蓮正宗が自律的に判断した結果を前提として、本質的争点である本件規則変更の効力（換言すれば、懲戒事由の有無）につき審理判断すべきである。そして、日蓮正宗内部においては、阿部日顕を法主・管長と認め、これを前提として宗教上の儀式を挙行し、代表役員の登記もしているのであるから、本件訴訟においては、阿部日顕が日蓮正宗の管長であるとの前提に立って、審理判断をすべきものである」

常説寺高裁判決も、ほぼ同旨である。

この立場は、一見、請求の前提問題が宗教事項にかかわる場合、団体の自律権に基づき、団体内部の自律的決定を受容して判断すべしという、いわゆる自律結果受容論をとっているかのごとくである。しかし、本判決の立場を、学説にいう自律受容結果論を採用したと見るのは正しくない。

まず、懲戒処分をめぐる自律結果受容論の本旨は、団体内の自律によって懲戒がなされた場合、公序良俗に反するなどの余程の手続的瑕疵がないかぎり、団体の自律的決定をそのまま受け容れよ、というものであるが、本判決は、懲戒事由が本質的争点であるとの立場であるから、この意味での自律結果受容論をとっていないことは明らかである。

つぎに、法主・管長の地位については、阿部日顕が日蓮正宗の管長であるとの前提に立って審理判断すべきであり、それで足りると判示しているが、それは、血脈を相承したことをそのまま受容するとの趣旨ではない。血脈の有無に絡めて法主・管長の処分権限を争う利益も必要性も乏しいので、団体内で管長に選定され、承認されているとの一応の外形的事実があれば、血脈の問題に立ち入ることなく、法主・管長であるとの前提に立って、本質的争点についての審理・判断を行えば足りる、と述べているにすぎないのである。その意味では、法主・管長が誰か、阿部日顕の地位を血脈にまで遡って判断するまでもないというにすぎないのであって、この面でも、真の意味での自律結果受容論に立ってはいないのである。

要するに、自律結果受容論は、処分権限（手続）であれ、処分事由であれ、宗教事項を本質的争点に取り込むことを前提にした立論であるが、大経寺事件、常説寺事件などの第二次訴訟は、教義問題が本質的争点でないとすれば、あえて自律結果受容論に立つ必要もないのである。大経寺高裁判決は、「自律的な結果」というコトバは使っているが、いわゆる自律結果受容論に立っているとは評しえない。このことは、明確にしておく必要がある。

第九節　判決結果を中心とした「審判権」から審理過程の理論へ

一　従来の議論の問題点

前提問題として宗教事項が持ち出された場合の対処については、宗教事項は裁判所は判断できないことを共通項として、それでも本案判決をすべしとの立場は、取扱いとしては、これまでの学説は二派に分かれる。

一つは、前述の自律結果受容論であり、いま一つは、これを不公正だと批判して、当事者が宗教事項しか主張しない場合には、その主張はないものとして主張立証責任により判決すべしとする立場である。しかし、この両説とも難点を有しており、司法の中立性の要請からも、ともに疑問である。

まず、自律結果受容論は、団体内で多数派により少数派が処分を受けた場合、余程の重大な瑕疵がないかぎり、処分を受けた側が争う余地はほとんどなく、多数派による処分が貫徹される、という構図になる。これは、処分者側に圧倒的に有利な帰結をもたらし、多数を制すれば少数派を異端として排除できることになり、かえって団体の真の自律性を阻害することになりかねない。

また、主張立証責任で要件事実的に処理する後説は、逆に、異説を唱えたから処分した、代表者は宗教上の秘儀により地位に就いた、と主張しても、その主張は取り上げられず、なかったことになるのであるから、結局処分者側は主張立証責任を果たしたことにはならず、敗訴する結果になる。これは、処分を受けた側が圧倒的に有利な訴訟上の地位を取得し、不公平であるばかりか、団体は処分をしてもその効果を主張できないことになり、これも団体の自律性を危うくすることになりかねない。

つまり、これまでの本案判決をすべしという立場は、両説とも採用しがたい難点を有しているとみられるのである。第一次訴訟が訴え却下の結果になり、第二次訴訟の中にも血脈が争われた三件のケースでいずれも一審が訴え却下の判決を下したのは、本案判決を下すには、両説とも支持しがたいとの状況判断があった、と見られるのである。つまり、両当事者間の公平をはかり、司法の中立性をもたらす理論的基盤が提供されていないことが、却下やむなしとの帰結になった原因を形成しているといえる。

しかし、それでは却下判決で裁判の機能が果たされているかといえば、既述のように不合理な帰結をもたらし、当事者間の公平もはかられていない。そこで、新たな理論が必要になる。

二　安西論文による新たな視点の提示

このような理論状況の中で、審理過程に着目して、主張の段階で当事者間の公平をはかることこそ裁判所の中立性につながるとして、争点形成のあり方はいかにという視点を導入する立場が登場した(3)。この立場は、従来の理論が終局的紛争解決をねらって本案判決を出すことを志向するあまりに審理過程を見過ごしていること、審理において両当事者が対等な攻防を展開できないことを批判して、主張立証をかみ合わせることのできる公平かつ適正な争点形成の必要を指摘する。そして公正な争点形成のあり方としては、当事者が主張しても宗教事項を争点とすることを避けつつ、代わりに団体内で行われる処分前後の手続を争点とすべきとする。つまり、まず第一に、両当事者の主張立証をかみ合わせると同時に信教の自由の根本領域に立ち入らぬため、宗教事項を争点化させず、団体の自律的紛争処理能力を回復させるため、団体内手続の正当性を争点化するという手法である。

この争点形成を実現するのは、次のような審理と判決の手法である、とされる。

まず審理手法として、この種の事件類型において要件事実上問題とされている処分権限につき、宗教事項に絡めて主張することを認めず、団体内部の被告処分手続が適正かつ公正であったかどうかを争点とすることを主張する。同論文によれば、団体内の処分手続とは権限者の一回的行為というより組織的手続の産物であり、それまでカリスマ的支配が妥当していることが多い団体であっても、現に服従しない者が出て裁判所にこざるを得なくなっている状況では、今まさに団体内の意見調整が必要となっているからである、とする。そこで審理においては処分手続が規定通り行われたかの形式的審査にとどまらず、団体内で被告がどのように意見調整されたのかを実質的に審査することになる。また処分事由についても宗教事項の争点化を許さず、処分手続前後の経緯に着目し、単なる処分事由の有無を越えて団体内の意見調整が十分行われたかどうかを実質的に審査する。これは、要件事実を形式的に適用していたのでは両当事者の攻防がかみ合わないところを、対等にかみ合わすべく、また、事の本質に即した攻撃防御および裁判所の訴訟運営を実現するため、要件事実を置き換える手法でもある(4)。

さらに、このような争点形成を支える判決手法として、当事者双方が宗教事項をことさらに争点化する場合には、不熱心訴訟追行と評価して審理に入らない却下判決をすること、および、団体内手続の個別具体的な状況に応じて、明け渡すかどうかだけでなく多様な調整的判決を下すことを提案する。

三　安西説の評価と展望

1　ドラスティックに発想の転換を促す安西説は、従来の裁判所の判断事項たりうるかという判決結果に重点を置いた「審判権」の議論の問題点を根底から問い直すものであり、筆者も大筋において支持できると考える。

2　蓮華寺事件、管長訴訟で訴え却下の結果になったのは、立ち入ってみると、紛争の本質が宗教上の教義事項に深くかかわっているから、というだけではない。一方の当事者が宗教上の秘儀の有無や教義解釈を持ち出した際に、他方の当事者が団体内で自律的に決められたことに文句を言うな、裁判所もわが主張をそのまま尊重せよ、という対応に終始したからである。その意味では、双方当事者が次元の異なるところから、ともに宗教事項について主張を行って、宗教問題を争点にしようとしたことが却下の原因を作り出した、といってよい。

そうして、大経寺、妙道寺、常説寺各事件において一審が訴え却下の措置をとったのも、被告が血脈に絡めて処分権限を争い、処分の無効を主張したのに対し、原告側は、法主が血脈相承を受けたことについては日蓮正宗内の自律的決定を尊重せよ、とのスタンスでこれに対抗したことが、一因を形成しているとみられる。つまり、一審では、被告側のみならず、原告側も、被告の宗教事項の主張に自律的結果受容論で対応し、ともに宗教事項を争点化しようとしたのである。

しかし、控訴審においては、大経寺事件、妙道寺事件については、被告側の宗教事項の主張は変わらないものの、原告側の対応には変化が見られる。原告（控訴人）側は、控訴審では、「被告側が血脈に絡めて処分権者の処分権限を争うのは、必要がないばかりか、不公正であり、許されない」、「被告は原告も主張・立証できず、裁判所も立ち入ることができない宗教上の秘儀を持ち出して、だから処分は無効であると主張するものであり、このような争点形成は不公正であり、不誠実訴訟追行にほかならない」として、宗教事項を争点化することに異論を唱え、管長に選定されたことを示す責任役員会議議事録を提出し、法人登記簿謄本により管長（代表者）として登記されており、宗内でも対外的にも長期にわたって法主・管長として承認されていることを主張し立証して、処分権者としての管長の地位・権限は、これで必要にして十分であると主張した。

大経寺事件では、原告（控訴人）側のこのような争い方が訴え却下の一審判決を取り消すことに導いたとみられるのである。

この意味でも、審理過程における争点形成のあり方に重点を移す考え方は、きわめて実践的であり、実務感覚にもマッチする。

3　しかし、安西理論も未だ荒削りなところがある。

たとえば、⑴宗教事項に絡めて処分権限を争うことは許されないとしても、およそ処分権限の有無を争うことができないといえるのか、⑵主張が「許されない」、「禁ずる」というのは、おそらく実務上は準備書面を「陳述させない」（未陳）扱いにするということであろうが、常にそれが適切か、⑶処分手続の適正に重点を置くが、多様な宗教団体の決定方法の現実の中で、その手続の適正さの審査モデルは、やや理念的にすぎないか、⑷団体から離脱しようとする者も、団体にとどまる者と同様の法理が妥当するのか、等々である。

4　ところで、血脈に絡めて処分権限の有無が被告によって争われている三件の上告事件については、上告審としての事後審査という制約があり、また、上告理由・上告受理申立理由との関係もあり、右の新理論に立ち入るまでもなく、最高裁としては結論を出すことができるし、おそらくそうなるであろう。

筆者の予測としては、大経寺、常説寺事件で高裁判決が維持される場合は、①血脈に絡めての処分権限の有無は、本質的争点ではないこと、②離脱しようとする者は、相手方の処分権者（代表者）の宗教上の正統性を争う利益がないこと、の二点に判決理由の中心が置かれるかと推測される。しかし、これに加えて、③相手方が反論・反証できず、裁判所も審理できないような事項を自ら持ち出しておいて、訴え却下を求めるのは、主張として不公正であり、採用の限りではない、との理由が備われば、新民事訴訟法下の誠実訴訟追行義務（民訴二条）の趣旨をもとり入れたものとして、もっとも望ましいことになり、右の安西説も生かされたことになる。

第一〇節　上告審の取扱いと一審差戻し後の本案の帰趨

一　宗教上の秘儀（血脈相承を受けたかどうか）に絡めて代表権限（管長）の有無が被告側によって争われ、訴えが司法判断に親しむかどうかについて上告審の判断にゆだねられている事件は、現時点で大経寺、妙道寺、常説寺の三件を数える。

すでにみたように、一審はいずれも法律上の訴訟にあたらないとして訴え却下の判決をなしたが、大経寺事件、常説寺事件についての控訴審（東京高裁・仙台高裁）は、一審判決を取り消して本案判決をなすべしとして一審に差し戻した。これに対して、妙道寺事件については、名古屋高裁判決は一審の判断を維持して訴え却下の結論を採った。直近の常説寺事件仙台高裁とそれへの上告を受けて、現時点で同種の三件の事件が最高裁による統一的判断を待っている状態である。大経寺事件は、平成一一年秋に上告審に上っており、妙道寺事件は、平成一二年春に上告審に上っているので、おそらく本年（平成一三年）度中には直近の常説寺事件を含めて最高裁としての判断が示される可能性が高い。

三件は、大法廷の審理に付されるか。そうはならないであろう。というのは、三件とも懲戒事由にも懲戒手続上にも宗教上の教義・信仰にかかわる問題はなく、また、宗派を離脱しようとする者に対する懲戒処分であるので、その者が宗教上の秘儀に絡めて処分者の代表者が真の代表者であるかどうかを争う利益も必要性も乏しいからである。したがって、蓮華寺判決などの先例を変更するまでもなく、これらの三件については、先例を踏襲しつつも本案判決が出せる事案であるからである。

二　かりに、訴え却下ではなく本案判決をすべしとする結論を採る場合、上告審が自判をする可能性はあるか。三件とも、一審は旧民事訴訟法下の事件であるので、一審に差し戻されれば旧民訴法の手続で審理がなされることになる。したがって、自判が可能であれば、上告審としても自ら本案について結論を出すほうが望ましい。そうして、少なくとも妙道寺事件、大経寺事件については、本案（処分事由と処分手続）についてもほぼ攻撃防御が尽くされているので、自判しようと思えばできなくない。

しかし、結論的に言って、妙道寺事件では自判は可能であるが（訴え却下を受けた原告側が「相当の裁判を求める」として、上告および上告受理申立てをしているので）、大経寺事件、常説寺事件については、自判の余地はない。後二事件については、上告を申し立てているのは被告であり、原告側は、控訴審の原判決取消し・差戻しの判決に対して、「差戻しではなく請求認容判決をすべし」として不服（上告または附帯上告）を申し立てていないからである。またとくに、常説寺事件については、処分事由および処分手続の点で、事実審で攻撃防御を尽くしたうえで本案の審理・判決がなされる必要がある。

三　大経寺高裁判決、常説寺高裁判決が維持され、妙道寺高裁判決が破棄されて、一審で本案審理が再開された場合の本案の帰趨は、どうか。他の関連事件では、懲戒処分の効力が維持されて明渡しの認容判決が下されていることや、処分事由、処分のプロセスからみて、少なくとも妙道寺事件、大経寺事件については、明渡しを認める本案判決になる可能性が強い。これに対し、常説寺寺事件では、とくに処分手続の点でやや微妙な問題がある。しかし、すでに基本的な主張はほとんど提出されているので、本案に入っても、それほどの時間はかからず、比較的すみやかに本案判決が出されるであろう。差戻後の焦点は、被告側が処分権限に替えて、処分手続の適正さをどのように争うのか、また、原告側が賃料相当額の損害金の請求を追加するのかどうかである。

第一一節　顛末――最高裁判決は訴え却下であった――

さて、その後、懸案の三事件について、妙道寺事件、常設寺事件、大経寺事件の順で、相次いで最高裁の判決が示された。結論は、妙道寺事件の控訴審判決が上告棄却、常設寺、大経寺の両事件が「原判決破棄、訴え却下」であった。妙道寺事件判決、常設寺判決は、裁判官全員一致であるが、大経寺事件判決は、法廷意見三、反対意見三というきわどいものであった。

筆者としては、第二次訴訟の事案の特質と本質的争点は何かに踏み込むことなく、ただ第一次訴訟判決の先例に追随した一連の最高裁判決は、最上級審としての司法の役割を放棄したに等しいと受け止めている。

ともあれ、大経寺事件についての法廷意見、反対意見を紹介して本稿を閉じる。

最高裁（二小）平成一四年二月二二日判決（判時一七七九号二二頁）

【主文】

原判決を破棄する。

被上告人の控訴を棄却する。
控訴費用及び上告費用は被上告人の負担とする。

一　本件は、被上告人が被上告人所有の第一審判決別紙物件目録記載の建物（以下「本件建物」という。）を占有している上告人に対し、本件建物の所有権に基づきその明渡しを求める訴訟である。被上告人は、被上告人を包括する宗教法人日蓮正宗の管長が上告人を大経寺の住職から罷免する旨の処分（以下「本件罷免処分」という。）をしたことに伴い、上告人が本件建物の占有権原を失ったと主張しているのに対し、上告人は、本件罷免処分は日蓮正宗の管長たる地位を有しない者によってされた無効な処分であると主張している。

原審の適法に確定した事実関係等は、次のとおりである。

1　大経寺は昭和四一年四月に日蓮正宗の寺院として設立され、上告人が当時の日蓮正宗の管長細井日達から住職に任命され、その寺院である本件建物の占有を開始した。

2　大経寺は、昭和五一年七月、法人格を取得して日蓮正宗に包括される宗教法人（被上告人）となり、同時に住職である上告人が被上告人の代表役員となった。

3　日蓮正宗においては、代表役員は管長の職にある者をもって充て、管長は法主の職にある者をもって充てるものとされ、法主は宗祖以来の唯授一人の血脈を相承する者とされているところ、細井日達が昭和五四年七月二二日死亡した後、阿部日顕（以下「阿部」という。）が、細井日達から血脈相承を受けたとして日蓮正宗の法主に就任したことを祝う儀式が執り行われ、日蓮正宗の代表役員に就任した旨の登記がされた。

4　平成二年二月ころから、日蓮正宗とその信徒団体である創価学会とが激しく対立するようになり、日蓮正宗は、平成三年二月二八日、創価学会に対し破門通告をした。

5　上告人は、創価学会は日蓮正宗の教義を広めるに当たって多大の貢献があったし、今後も日蓮正宗の教義を広めるために創価学会が不可欠の存在であると考えていたところ、上記日蓮正宗と創価学会との一連の確執の中で、日蓮正宗の法主である阿部の在り方に次第に疑問を抱き、同人が血脈相承を受けていないと考えるに至り、宗祖日蓮大聖人の教えを守るとともに信徒の意思にこたえるために、被上告人と日蓮正宗の被包括関係を廃止しようと考えるようになった。

そこで、上告人は、日蓮正宗との被包括関係の廃止に係る被上告人の規則変更を行うために、平成四年一〇月一七日、阿部の承認を受けることなく、創価学会の会員でない信徒の中から選定されていた責任役員三名を解任するとともに、新たに創価学会の会員である信徒の中から責任役員三名を選定した。そして、同日、上告人及び新責任役員により開催された責任役員会において、日蓮正宗との被包括関係の廃止に係る規則変更について議決がされ、日蓮正宗に対してその旨の通知がされた。

６　日蓮正宗は、日蓮正宗の代表役員の承認を得ることなくされた上記解任行為は違法無効であるとして、これをただすために上告人を召喚しようとしたが、上告人はこれに応じなかったので、上告人に対し、上記解任行為を撤回し、非違を改めるように訓戒した。しかし、上告人は、同訓戒にも従わなかったため、阿部は、平成五年一〇月一五日付け宣告書をもって、上告人に対し本件罷免処分をした。

７　上告人は、神奈川県知事に対し、被上告人の規則の変更認証申請をし、同知事は、平成五年二月五日、これを認証したが、日蓮正宗等が審査請求をしたところ、文部大臣は、同年八月四日、同認証を取り消す旨の裁決をしたので、被上告人は依然として日蓮正宗の被包括宗教法人にとどまっている。

二　原審は、次のとおり判断して、本件訴えを却下した第一審判決を取り消し、本件を第一審に差し戻した。

上告人は、日蓮正宗内にとどまりながら懲戒処分の効力を争っているのではなく、被上告人と日蓮正宗との被包括関係の廃止を求めているのであるから、日蓮正宗の法主がだれであるかについて利害関係は認められない。本件訴訟の本質的争点は、上告人が、被上告人と日蓮正宗との被包括関係を廃止するために、日蓮正宗の代表役員の承認を受けることなく責任役員を解任し、新たに責任役員を選任した上で行った被上告人の規則変更の効力の有無にあり、その判断は、阿部が血脈相承を受けたか否かという宗教上の問題とは関係なく行うことができる。したがって、本件訴えは法律上の争訟に当たる。

三　しかしながら、原審の上記判断は是認することができない。その理由は、次のとおりである。

本件においては、日蓮正宗の管長として本件罷免処分をした阿部が正当な管長としての地位にあったかどうかが本件罷免処分の効力を判断するための争点となっており、本件罷免処分の効力は、被上告人の請求の当否の判断の前提問題となっている。そして、日蓮正宗においては、前記のとおり、管長は法主の職にある者をもって充てるものとされているから、本件罷免処分の効力の有無を決するためには、阿部が日蓮正宗においていわゆる血脈相承を受けて法主の地位に就いたか否かの判断が必要であり、阿部が血脈相承を受けたか否かを判断するためには、日蓮正宗の教義ないし信仰の内容に立ち入って血脈相承の意義を明らかにすることが避けられない。このように、請求の当否を決定するために判断することが必要な前提問題が、宗教上の教義、信仰の内容に深くかかわっており、その内容に立ち入ることなくしてはその問題の結論を下すことができないときは、その訴訟は、実質において法令の適用による終局的解決に適しないものとして、裁判所法三条にいう「法律上の争訟」に当たらないというべきである（最高裁昭和五一年（オ）第七四九号同五六年四月七日第三小法廷判決・民集三五巻三号四四三頁、最高裁昭和六一年（オ）第九四三号平成元年九月八日第二小法廷判決・民集四三巻八号八八九頁参照）。

そうすると、被上告人の本件訴えが「法律上の争訟」に当たるとした原審の判断には、判決に影響を及ぼすことが明らかな法令の違反がある。したがって、原判決は破棄を免れない。本件訴えを却下した第一審判決の結論は正当であって、同判決に対する被上告人の控訴はこれを棄却すべきである。

よって、裁判官河合伸一、同亀山継夫の各反対意見があるほか、裁判官全貞一敦の意見で、主文のとおり判決する。

裁判官河合伸一の反対意見は、次のとおりである。

一　裁判所は、憲法に特別の定めのある場合を除き、一切の法律上の争訟を裁判する権限を有するのであるが、この権限は、憲法の保障する裁判を受ける権利と表裏をなすものである。そして、裁判を受ける権利は、基本的人権であり、基本権の基本権ともいわれるものであって、この権利が十全に保障されることは、我が国の社会秩序の基盤を形成するものである。したがって、裁判所の上記権限は、同時に憲法上の責務でもあって、裁判所は、憲法に基づく制約のない限り、すべての法律上の争訟について裁判し、これを解決しなければならない。

法律上の争訟とは、当事者間の具体的な権利義務ないし法律関係の存否に関する紛争であって、かつ、それが法令の適用により終局的に解決することができるものを意味する。本件は、被上告人が、その所有する建物を占有する上告人に対し、明渡しを請求する事件であるから、上記要件の前段を充たしていることは明らかである。このような事件について裁判所が裁判による解決を拒絶するならば、所有者としては、自力救済も許されず、自己の所有権の侵害に対してなすすべがなく、占有者としても、自己の占有ひいては生活関係の安定を得られないままとなり、さらには関係社会にもさまざまな支障が及びかねない。たしかに、本件には、上記要件の後段に関し、多数意見の指摘する問題がある。しかし、私は、その問題にかかわらず、本件の紛争を裁判によって終局的に解決することが可能であると考え、多数意見に反対するものである。

二　本件においては、阿部の日蓮正宗管長としての罷免処分権限の有無が、被上告人の本訴請求の当否を決する前提問題となっている。すなわち、日蓮正宗において住職の罷免の権限を有するのはその管長であり、管長は法主の職にある者が充てられるところ、上告人は、阿部は宗規に基づく法主の選定を受けておらず、したがって、本件罷免処分をする権限を有しないと主張しているのである。

記録によれば、日蓮正宗における法主の選定は、血脈相承によってされること、血脈相承とは、宗祖日蓮以来代々の法主に伝えられてきた特別な力ないし権能を、現法主が次の法主となる者に口伝及び秘伝によって伝授する宗教的行為であること、血脈相承がそのようなものであることは、同宗の信仰及び教義の核心をなしていること、そして、本件の当事者はいずれも、これらの点において特に認識を異にするものではないことがうかがわれる。

日蓮正宗における法主選定行為の性質がこのようなものであるとすれば、裁判所としては、その行為の存否ないし効力の有無を判断することができない。それを判断するためには、血脈相承についての日蓮正宗の信仰ないし教義として何が正しいかを判断した上、その正しい信仰ないし教義にかなった行為があったか否かを判断しなければならないが、そのような判断は、法令の適用によってすることができるものではないからである。

三　また、憲法は、同じく基本的人権として、信教の自由を保障しているが、この自由の中には、いかなる信仰ないし教義をもって正しいとし、人のある行為又は事実がその信仰ないし教義にかなうものであるか否かの判断（以下「宗教的判断」という。）をする自由が含まれることは明らかである。そして、信教の自由は、自然人のみならず、法人ことに宗教法人ないし宗教団体（以下「宗教団体」という。）も享有するものと解される。したがって、ある宗教団体において、ある行為又は事実についての宗教的判断が定立されている場合には、国の機関たる裁判所は、公序良俗に反するなど格別の事由のない限り、その判断を信教の自由に属するものとして尊重しなければならず、自ら信仰の内容あるいは教義の解釈に立ち入って、独自の判断をすることは許されない。

阿部が日蓮正宗の信仰及び教義にかなう血脈相承を受けていたか否かの争点につき、裁判所が法令の適用によって判断することができないことは前項で述べたが、さらに、もしこの点について日蓮正宗としての宗教的判断が定立されているとすれば、上記の理由により、裁判所は、それについて自ら判断することが許されないことにもなるのである。

四　しかしながら、これらのことは必ずしも、本件紛争を裁判によって解決することができないとの結論に直結するものではない。

信教の自由に対する憲法の保障として、裁判所が、ある宗教団体の前記の意義での宗教的判断を尊重しなければならないということは、単にその内容に介入しないとの消極的意味にとどまらず、さらに、法律上の争訟について裁判するに当たって、その宗教的判断を受容し、これを前提として法令を適用しなければならないことを意味するものというべきである。けだし、宗教団体は、純粋な宗教活動のみならず、その宗教活動のための財産を所有管理し、さらにはこれらのための事業を行うなど、一般市民法秩序にかかわる諸活動をすることを認められている。宗教団体のこれらの活動から生じる具体的な権利義務ないし法律関係の紛争において、当該団体が信教の自由の行使として定めた宗教的判断が裁判所によって受容されず、その宗教的判断を前提とする紛争の終局的解決を得られないとすれば、当該団体は、たとえば本件に見るように、市民法上の法律関係において不安定ないし不利な状況のまま放置され、あるいは、自己の宗教的判断と矛盾する法律関係を強制されることになりかねない。それでは、憲法が信教の自由を保障した趣旨に反すると考えられるからである。

五　これを本件についてみると、記録によれば、昭和五四年に、阿部が前法主から血脈相承を受けた者として法主に就任したことが日蓮正宗の諸機関において承認され、公表されたこと、それ以来、本件罷免処分がされるまでに一四年余を経過したこと、その間、阿部は終始同宗の法主兼管長として行動してきたことが認められる。

これらの事実によれば、本件罷免処分当時には、日蓮正宗において、阿部が前法主から血脈相承を受けて法主に選定された者であるとの宗教的判断が定立されていた可能性があると推認することができる（注）。そして、同宗の宗教的判断としてそのような判断が定立されていたか否かは、裁判所が事実認定に関する法則を含め、法令を適用して判断することができる事柄である。したがって、一審としては、その点について審理し、もし、本件罷免処分時において日蓮正宗のそのような宗教的判断が定立されていたと認定できるならば、阿部が同宗の法主であったことを前提として、その余の点について審理を進め法令を適用して本案判決をするべきであった。

しかるに、一審は、阿部についての血脈相承の有無を審理判断することができないことから直ちに、本件紛争が法令の適用による終局的解決に適さず、法律上の争訟に当たらないとしたが、これは、結局、法令の解釈適用を誤り、ひいては審理不尽の違法をおかしたものであって、取消しを免れない。原審の判断は、結論において正当であり、上告は棄却すべきものである。

注　ある事柄に関する宗教的判断をめぐって、宗教団体の内部が大きく分裂し、異端紛争となっているような事案では、裁判所として、団体の宗教的判断が何であるかを認定し得ないのみか、認定すべきでない場合もあり得るであろう。けだし、そのような事案で、裁判所があえて一方の宗教的判断をもって団体の判断とし、他方を排除することが、憲法が裁判所に要求する宗教的中立性保持のために、許されない場合があり得るからである。いかなる事案がその場合に当たるかは、いずれも憲法が裁判所に求める前記責務とこの宗教的中立性保持の義務との調和の観点から、個々の事案ごとに決しなければならない。たとえば、多数意見が引用する最高裁第二小法廷平成元年九月八日判決の事案はこれに当たると考えられる。これに対し、本件事案は、記録による限り、そのような場合に当たるとは考えられない。すなわち、本件は、上記最高裁判決の事案とは事実関係を異にするものというべきである。

裁判官亀山継夫の反対意見は、次のとおりである。

私は、河合裁判官の反対意見（以下「河合意見」という。）に同調するとともに、事案にかんがみ、若干付言したい。

裁判を受ける権利が国民の基本的人権を守るための最も基本的な権利であり、これを十全に保障することが裁判所の重大な責務であることは、河合意見の説くとおりである。また、信教の自由を存立の基盤とする宗教団体の存在とその社会的活動が是認されている以上、そのような宗教団体についても信教の自由が保障されなければならないこともいうまでもない。

信教の自由も裁判を受ける権利によって守られるべき権利である上、宗教団体は、信仰を基盤としつつ、その構成員あるいは団体外の第三者との間にも広く、かつ多種多様な世俗的法律関係を作り出していくものであるから、このような宗教団体の宗教的判断に基づく種々の行動等の存否ないし当否について信教の自由に対する不介入の名の下に裁判の回避が安易に認められるならば、宗教団体自身の信教の自由が保障されないことになるおそれが大きいことになるのみならず、宗教団体の宗教的判断を前提とする紛争については、およそ裁判による解決を得られないという事態を招きかねず、当該宗教団体やその構成員のみならず、これらと関わりを持つ一般人のすべてにとって、法的に著しく不安定な状態を招来することになるのであって、裁判所の上記責務に著しくもとるものといわなければならない。したがって、上記のような理由による裁判の回避は、ある宗教的判断の当否を直接判断する結果、内心の意思に反する宗教的判断を公権力によって強制することとなるような場合、あるいは、争いのある宗教的判断の一方に裁判所が軍配を揚げたと受け取られざるを得ないため、裁判所の宗教的中立性に疑念を抱かせるおそれが強いような、極めて限局された場合にのみ許されるべきものである。多数意見が引用する最高裁第二小法廷平成元年九月八日判決が、「（懲戒処分の）効力の有無が当事者間の紛争の本質的争点をなすとともに、（中略）その判断が訴訟の帰趨を左右する必要不可欠のものである場合には」裁判の回避が許されるとしているのもこのような趣旨と理解されなければならない。

これを本件についてみると、記録によれば、阿部は昭和五四年に前法主から血脈相承を受けた者として法主に就任し、その旨が日蓮正宗の諸機関において承認され、公表されたこと、それ以来、本件罷免処分がなされるまでに一四年余が経過し、その間、阿部は対内的にも対外的にも終始日蓮正宗の法主・管長として行動してきたことが認められる。さらに、本件に先立つ昭和五五年ころにも、日蓮正宗内部において創価学会との関係をめぐって対立が生じ、当時阿部の採っていた同学会との協調路線に反対する二派の僧侶から同人が血脈相承を受けたことを否定する主張がなされ、これに基づく訴訟も提起される事態になったが、上告人は、当時このような主張にくみすることなく、かえって阿部が法主であることを前提とした積極的な活動を続けてきたことが認められる。また、平成二年末ころ、創価学会との対立路線に転じた日蓮正宗の方針に反対して同宗からの離脱を企図した住職等に対し同宗が寺院の明渡訴訟を提起した事件は、本件訴訟を含め一六件あるが、そのうち、阿部によって任命された住職に係一三件においては阿部の血脈相承を否定する主張がなされていないことも認められる。

以上のような事実を総合的に考察するならば、上告人は、阿部ら日蓮正宗執行部が創価学会との対立路線に転じたことに反発し、たまたま上告人が阿部の前法主から任命されていたために阿部の法主たる地位を争っても自己の住職たる地位を否定することにはならないことを奇貨として、阿部の法主たる地位を争っているに過ぎず、本件訴訟において阿部が血脈相承を受けた法主であるか否かが当事者間の紛争の本質的争点をなすものとはいえないことが明らかである。したがって、本件は、上記最高裁判決とは事案を異にするものであって、この点が争点となるとしても、河合意見が説くところに従って判断すれば足りることになるのであるが、それ以前に、本件において、上告人が阿部の血脈相承を否定する主張をすることによって訴えの却下を求めることは、上記のような事情の下にあっては、訴訟を回避するために便宜的に争点を作出したとも見られるものであって、信義則違反ないし権利の濫用として許されないものというべきである。けだし、このような主張を認めることは、阿部を法主と認めて世俗的な法律関係を結んだ第三者が、後になって阿部の血脈相承を否定することによって訴えの却下を求めることと本質的に何ら変わるところがないからである。

以上の次第であるから、本件においては、裁判所としては、阿部の血脈相承の有無に関する主張の判断に入ることなく審理を進めれば足りたのであり、一審判決はこの点において違法といわざるを得ないから、原判決は、結論において正当である。

（裁判長裁判官　福田　博　裁判官　河合　伸一　北川　弘治　亀山　継夫　梶谷　玄）

（1）　この問題を訴えの利益論から採りだし、審判権の限界として位置づけたのは、新堂幸司「審判権の限界」『講座民訴2』一頁。この新堂説は後述する自律結果受容論の主唱者（新堂「宗教団体内部の紛争と裁判所の審判権」『特別講義民事訴訟法』一六六頁など）、この立場を極限まで押し進めたのが松浦説である（松浦馨「宗教団体の自律的結果承認の法理」三ヶ月古稀『民事手続法学の革新〔中〕』一頁）。なおこの立場に属する学説として、伊藤眞「宗教団体の内部紛争に関する訴訟の構造と審判権の範囲」宗教法一〇号一六〇頁、高橋宏志「審判権の限界」『重点講義民事訴訟法』二八三頁など。一方、自律結果受容論を批判して、宗教事項の絡んだ要件事実の間接事実による推認を説いたのは、竹下守夫「団体の自律的処分と裁判所の審判権」書研所報三六号四五頁。さらに宗教事項については間接事実による推認さえ不可能と批判し、主張立証責任による処理を主張したのは、中野貞一郎「司法審判権の限界の画定基準」民商一〇三巻一号一頁など。なお、最近の議論として日渡紀夫「審判権の限界についての一試論」民商一〇九巻六号一〇一五頁、一一〇巻一号六一頁、安西明子「宗教団体紛争における本案審理の手法――宗教問題の取り扱いと争点形成のあり方」福岡大学法学論叢四三巻四号三三一頁。

（2）　宝光坊事件の評釈として、生熊長幸・判時一七〇三号（判評四九五号）一九〇頁、中島弘雅・私法判例リマークス二二号一二二頁。

事件一覧表 (平成５年以降)

東光寺《とうこうじ》	東漸寺《とうぜんじ》	法典院《ほうてんいん》	大円寺《だいえんじ》	善聴寺《ぜんちょうじ》	顕妙寺《けんみょうじ》	広安寺《こうあんじ》
大塚順妙	濱口寛正	西田誠道	佐藤伴道	藤田雄連	周寶覧道	原　雄益
建物明渡	建物明渡	建物明渡	建物明渡 損害賠償	建物明渡 損害賠償	建物明渡 損害賠償	建物明渡 損害賠償

これに対する訓戒にも従わなかったとして、日蓮正宗規の罷免事由に該当するとの理由から、日蓮正宗は被告をとしてその明渡を求めたが、被告は懲戒処分の効力を争い明渡しを拒否したため訴訟提起。ただし、常説寺事件の

無	無	無	無	無	無	無
盛岡地裁 （H５（ワ） 339号）	青森地裁 （H５（ワ） 429号）	青森地裁 広前支部 （H５（ワ） 188号）	横浜地裁 （H11（ワ） 4759号）	広島地裁 （H11（ワ） 2004号）	京都地裁 （H13（ワ） 149号）	仙台地裁 （H13（ワ） 64号）
平成９年 ２月７日	平成12年 ３月28日	平成11年 ９月９日	平成13年 ３月13日	平成13年 ４月26日	未	未
請求認容	請求認容	請求認容	請求認容	請求認容		
判タ 962―238			確　定			
仙台高裁 （H９（ネ） 86号）	仙台高裁 （H12（ネ） 179号）	仙台高裁 秋田支部 （H11（ネ） 82号）				
平成10年 10月４日	平成13年 １月16日	平成13年 ２月28日				
控訴棄却	控訴棄却	控訴棄却				
第一小法廷 （H11（オ） 581号・H11 （受）516号）	係争中 （第三小法廷）	係争中（？）				
平成12年 ９月７日						
上告棄却・不受理						

平成13年５月末日現在

寺院（建物）明渡

事件名（原告）	大経寺《だいきょうじ》	妙道寺《みょうどうじ》	常説寺《じょうせつじ》	法布院《ほうふいん》	法乗寺《ほうじょうじ》
被告（元住職・主管）	渡邉慈済	中島法信	山本辰道	成田樹道	能勢宝道
請求内容	建物明渡	建物明渡	建物明渡	建物明渡	建物明渡
請求原因	被告が日蓮正宗管長の承認を受けずに責任役員（総代）を解任もしくは選任し、罷免する懲戒処分を行った。原告寺院は、被告が各寺院建物の占有権原を失った懲戒事由は多少異なる。				
血脈相承に絡めた処分権限の主張の有無	有	有	有	無	無
第一審	横浜地裁（H６（ワ）779号）	名古屋地裁（H５（ワ）708号）	盛岡地裁（H８（ワ）338号）	名古屋地裁（H５（ワ）1858号）	大津地裁（H５（ワ）298号）
	平成10年２月５日	平成10年５月27日	平成12年４月28日	平成８年１月19日	平成８年11月25日
	訴え却下	訴え却下	訴え却下	請求認容	請求認容
出　典				判時 1570—87	
控訴審	東京高裁（H10（ネ）1026号）	名古屋高裁（H10（ネ）519号）	仙台高裁（H12（ネ）231号）	名古屋高裁（H８（ネ）40号）	大阪高裁（H８（ネ）3364号）
	平成11年９月７日	平成12年６月７日	平成13年５月23日	平成９年３月12日	平成11年３月31日
	原判決取消・差戻	控訴棄却	原判決取消・差戻	原判決取消・請求棄却	控訴棄却
出　典	判時 1696—111			判時 1612—67 宗務時報 100—122	
上告審	第二小法廷（H11（受）1455号）	第三小法廷（H12（オ）1400号・H12（受）1214号）	第三小法廷（H13（受）1219号）	第一小法廷（H９（オ）1077号）	第三小法廷（H11（オ）968号・H11（受）809号）
	平成14年２月22日	平成14年１′月22日	平成14年１月29日	平成12年９月７日	平成12年９月12日
	原判決破棄・控訴棄却	上告棄却・不受理	原判決破棄・控訴棄却	原判決破棄・控訴棄却	上告棄却・不受理
出　典	判時 1779—22		判時 1779—22	民集 54—７—2349 判時 1726—101 判タ 1045—123	

（３）　安西明子「宗教団体紛争における本案審理の手法――宗教問題の取り扱いと争点形成のあり方」福岡大学法学論叢四三巻四号、民事訴訟法学会第七一回大会における個別報告（民訴雑誌四八号掲載予定）。前者においては、両当事者による対等な攻防をはかるため宗教事項の争点化を禁じることに重点が置かれていたが、後者では、団体内手続に関する争点形成のモデルがさらに具体化され、かつそれに応じた調整的判決の手法も加えられている。

（４）　主張立証命題の置換は、伊藤眞「宗教団体の内部紛争に関する訴訟の構造と審判権の範囲」宗教法一〇号にも見られる手法である。

第四章　名誉毀損における個人と法人との関係

——控訴審における審理のあり方——

第一節　はじめに

営利法人であれ、非営利法人であれ、代表者個人を誹謗中傷する記事が公表された場合、法人に対しても名誉毀損が成立するか。

団体の代表の名誉・人格が傷つけられたからといって、常に団体が損害賠償や広告命令を求めることができるとはいえない。たとえば、県知事が個人的に誹謗・中傷されたからといって、地方自治体の名誉・信用が傷つけられたとは必ずしも言えないし、大会社、金融機関等にあっても同様である。法人にそもそも個人と同様の名誉にかかわる人格権があるのかという問題も、古くから存在する。しかし、記事の性質、代表者と法人との関係いかんによっては、代表者個人に対する誹謗・中傷が法人との関係でも名誉毀損を成立させる場合がありうることも、すでに判例・学説によって承認されてきている。

ところで、近時、この問題について議論の材料になりうる裁判例が公にされた。東京高裁平成一二年一二月五日判決がこれであり、事案は、ある宗教団体Cが、敵対する宗教団体Aの法主Bが写った写真を隣の男性を消すなどして背景も作りかえて、あたかもBが芸者に囲まれて遊興にふけっているように合成して、好色法主などのフレーズを用いて、大々的にCの機関紙に掲載した、というものである。一審の東京地裁は、原告Aの損害賠償請求を認めたが、東京高裁は、工作写真を掲載したことがBの名誉を違法に侵害することは認めたうえで、代表者Bに対する誹謗・中傷が宗教法人Aの名誉を毀損するものではないとの個人・法人峻別論に立って、一審判決を取り消してAの請求を棄却した（Bは、原告になっていない）。この事件は、現在A側から上告がなされて、最高裁で審理中である。

また、建築家黒川紀章を原告とし、文藝春秋を被告とする名誉毀損事件においても、控訴審は、黒川個人を誹謗中傷したからといって、黒川を代表とする建築設計会社の名誉・信用が毀損されたことにはならないとして、法人についても名誉毀損を認めた一審判決を取り消した。この事件も、上告審の判断待ちである。

そこで本章では、あらためてこの問題についてのわが国の理論状況を点検し、外国の理論状況についても見たうえで、控訴審のあり方という手続法的な観点をも加えて、分析と検討をくわえてみたい。

第二節　代表者への非難攻撃と法人との関係——わが国の判例——

一　名誉ないしはプライバシー侵害に関して判例上は、被害者に対する非難攻撃の趣旨をなんら含まない表現行為によってもこれが侵害され、不法行為が成立することが認められている。たとえば、最高裁平成六年二月八日判決（民集四八巻二号一四九頁）は、アメリカ合衆国の統治下にあった沖縄で発生した被上告人らと米国兵の喧嘩が原因で米兵が死傷した事件を題材にした「逆転」と題するノンフィクション作品において実名を挙げられた被上告人が、これを執筆した上告人らを、前科に関わる事実が公表され、精神的苦痛を被ったとして訴えた事件に関するものである。執筆者たる上告人は、陪審制度の長所ないし民主的な意義を訴え、当時のアメリカ合衆国の沖縄統治の実態を明らかにしようとすることを目的としてこのノンフィクションを執筆したのであり、この作品に被上告人に対する非難攻撃の趣旨はなんら含まれていないことは明らかなのであるが（また最高裁もそのような事実をなんら前提としていない）、前記最高裁判決は、「みだりに前科等に関わる事実を公表されない」との原告（被上告人）の権利を侵害したとして、執筆者の不法行為責任を認めたのである。

複数の者の名誉等の人格権侵害が問題になる場合であっても、故意又は過失により人格権を侵害したときは、人格権を侵害された者それぞれに対し不法行為が成立すると解すべきであり、非難攻撃の対象とされた者についてのみ、不法行為が成立すると解すべき合理的理由はない。前記のノンフィクション「逆転」の事例のように、沖縄を統治していた米軍という第三者を非難するものであっても、（そして仮にこれにより米軍の名誉が毀損されることがあったとしても）最高裁は、その過程で前科を不当に暴かれた者に対する不法行為の成立を認めているのであり、このことは、自然人の前科に限らず、法人の社会的評価に関わる虚偽の事実が摘示された場合であっても同様である。また、卑近な例を挙げれば、ある教育者Aを非難する趣旨で「Aは泥棒の親だ」と公表すれば、この発言はAに対する名誉毀損になるだけでなく、泥棒であるとの指摘をされたAの子供の名誉をも毀損すると解すべきであり、「この発言はAの子供ではなくA自身を非難するものだ」との理由で子供に対する不法行為責任を否定するのは失当である。

二　この理は、法人の代表者を非難攻撃している場合であっても同様であり、このような場合に限って、法人自体に対する非難攻撃の趣旨を含まない限り法人に対する不法行為が成立する余地はない、とする合理的根拠はありえない。

そもそも、法人は単に観念的に形成されている存在に過ぎないから、法人に対する誹謗中傷は、詰まるところは、法人を構成する具体的な個人又は財産状態に対する誹謗中傷に帰着する。もとより抽象的に法人を非難することは可能であるが、具体的詳細になればなるほど、法人を構成する個人または財産状態に対する非難にならざるをえない。「A建設会社のB設計部長は無能で、その設計は杜撰だ」という発言と「A建設会社の設計は杜撰だ」という発言とを対照した場合、彼此に差異はない。前者の発言をした加害者はA社に対する賠償義務はなく、後者の発言をした加害者のみがA社に対する責任があるとするのは、明らかに不合理である。特に、法人の代表者その他重要な地位を占める個人の能力あるいは人格に、法人自体の社会的評価が係っている場合には、法人の活動（業務）との関連でその個人の能力・人格に対し不当な非難を加えることは、法人の社会的評価を下落させる。法人の社会的評価が下落することを知りながら、あえて代表者を非難攻撃する者は、法人に対しても不法行為責任を負担する。

三　このことは、いわゆる鐘紡対新潮社事件に関する、最高裁判所も是認した（平成九年一一月二八日判決）東京高裁平成六年九月七日判決（判時一五一七号四〇頁）が明白に指摘しているところである。

この事件は、著名企業である鐘紡の代表取締役会長であった伊藤淳二の日本航空会長への就任を問題視し、同人には経営手腕がなく、人間性にも問題があるとしてこれを批判した記事を週刊誌に掲載した新潮社に対し、鐘紡が、この記事は伊藤のみならず鐘紡の名誉、信用を毀損するとして損害賠償と謝罪広告を求めた事件である。記事自体は多岐にわたり、東京高等裁判所は、その一部につき請求を認め又一部については請求を退けた。しかし、その判断に当たり、記事が「向けられている」のが伊藤か鐘紡かなどと言った判断はせず、専ら記事の性格に基づき、鐘紡の名誉、信用を毀損するか否かを判断しているのである。

すなわち、この判決は、鐘紡の社長が先代から伊藤に交代したのは表向きは禅譲と言うことになっているが、先代社長は伊藤に使途不明金があるということをつかれて辞任に追い込まれ、狂い死にに近い状態で亡くなった等の趣旨の記事に関し「この部分は、直接的には伊藤の人間性を非難する内容のものであるが、事は控訴人の代表者の辞任および後任者の選任に関するものであるから控訴人にも関わりのあることであり、控訴人の代表者の交代がこのような陰湿、卑劣な方法で行われたということは、伊藤が現に代表者の地位にある控訴人自身の信用、名誉を毀損するものというべきである」と判示し、また他の部分について「部下に冗費節約を説きながら、自分勝手に高級料亭で遊んでいること、毎年赤字に悩まされ、幾多の資産の売却を余儀なくされ、今や裸同然の姿になってきたことなどの指摘は、控訴人の業績の極度の悪化にもかかわらず代表者に自覚がなく濫費を続けているというのであるから、控訴人の名誉、信用を毀損するものというべきである」とした。すなわち、この判決は、記事が誰に向けられているかという点を全く問題にせず、非難されている伊藤の行為が法人の業務に関わるもの、あるいは法人代表者としての自覚に関わるものについては、法人に対する名誉毀損の成立を認めているのである。

四　人の名誉が毀損されるか否かは、摘示された事実または論評の自体の性格によるのであり、たとえ非難攻撃の趣旨を含まないものとして書かれたとしても、文脈全体の中で摘示された事実や論評によっては人の社会的評価が低下する事は十分ありうることである。

前記「逆転」の事例が正にこれである。前述したように、このノンフィクションは、ある人の前科を公表したものだが、その趣旨はその人を非難攻撃するものでは全くないのである。しかし、前記最高裁は「被告人として公訴を提起されて判決を受け、とりわけ有罪判決を受け、服役したという事実は、その物の名誉あるいは信用に関わる事実である」とし、その人に対する非難攻撃の趣旨の有無を問題とすることなく、不法行為の成立を認めたのである。

五　この理は法人に関する場合であっても同様である。摘示された事実または論評が、その法人の業務あるいはその法人そのものの属性に関わる事実であれば、その法人を非難攻撃する目的でなくとも法人の社会的評価が低下する事のあることは見易い道理である。先に指摘した、鐘紡対新潮社事件の東京高裁判決が、「代表者に自覚がなく濫費を続けている」との会社代表者に対する批判記事について、会社の社会的評価が低下するとして会社に対する名誉毀損を認めたのは、まさにこの理である。また、地裁判決であるが千葉地裁昭和四六年八月四日判決（判時六六〇号七四頁）は、社会党員である市議会議員が強制わいせつ事件の容疑者であるとの警察発表により名誉を毀損されたとして、その市議会議員と社会党千葉県本部が提起した国家賠償事件に関し、政党の社会的評価は党員の日常活動の評価への反映であるとの理由で、政党の社会的評価をも毀損した旨判示しているのである。

六　最高裁昭和三八年四月一六日判決

1　この判決は、出版社の出版物について「盗載」との非難を浴びせた者に対し、出版社とその代表者とが、名誉毀損を理由に謝罪広告を請求した事案であるが、最高裁判所は、代表者の訴えに関しては、「外形上直接には法人に対し向けられた名誉毀損の行為が実際には同時に右法人の代表者の名誉を毀損する効果を伴う場合もありうることは、所論のとおりであるが、そのように、法人に対する名誉毀損の攻撃が同時に代表者に対する名誉毀損を構成するとの評価をなすためには、その加害行為が実質的には代表者に対しても向けられているとの事実認定を前提としなければならない。加害行為が法人に対してのみ向けられているに過ぎない場合には、いかに代表者の勢力が強くその法人に対する支配力が大であっても、代表者に対する名誉侵害を云々することはできない。所論『法人と代表者との社会的評価の密接な関連性』は、加害行為が何人に対して向けられているかの事実判断に際して考慮すべきものであり、また、考慮せられれば足りるのである」と判示して、この請求を退けた同判決を相当であるとした。

この事例は、代表者の名を一切摘示することなく、法人発行の雑誌名のみを挙げてこれを非難する記事に関するものである。

2　この判決は、法人にのみ言及してこれを非難し、法人代表者個人には全く言及がなかった事案に関し、名誉毀損行為が「外形上直接には法人に向けられ」た場合であるとして、このような場合であっても、「代表者の名誉を毀損する効果を伴うことがある」ことは認めつつも、法人代表者に対する名誉毀損の成立を認定するには、名誉毀損行為が「実質的には代表者にも向けられているとの事実認定を前提としなければならない」と判示したものである。他人の名誉を毀損する効果を生じさせる行為をしてもそれだけでは不法行為とはならないことは当然であり、成立については行為者の故意又は過失（すなわち、被害者の名誉を毀損することについての認識あるいは不注意）を必要とすることはいうまでもない。ただ、直接言及された者に対しては、言及していること自体が同人の名誉を毀損することについての故意を裏付けるが、言及されていない場合には、言及されていない者の名誉毀損の効果を伴ったとしてもそれだけでは当然にその者の名誉が毀損されることについての故意または過失の存在は明らかではない。そのため、この判決は、不法行為の成立を認定するには、言及されていなかった者に対し「実質的に向けられていること」が必要であるとの趣旨を示したものである。「（実質的に）向けられた」とのキー概念について、最高裁判所は特に説明していないが、名誉毀損行為が表現行為であることを前提に通常の意味に解釈すれば、これは、「当該対象について黙示の言及がある」との意義に解すべきである。もちろん、「非難攻撃の対象」となることを意味しない。してみると、この判決は全く当たり前のことを説示したに過ぎず、だからこそ、この判決自体は民集に登載されながら、この部分の判旨は先例的な価値がないとの判断から判例要旨には掲げられなかったのである。

第三節　団体の名誉毀損性についてのアメリカ合衆国およびドイツの理論状況と判例

一　アメリカ法

アメリカにおいては、名誉毀損と法人およびこれを構成する個人との関係については、次のように考えられている。

1　アメリカにおける学説

先ず、学説は次のように解している。

「組織体は、その役員、株主または従業員に向けられた言葉により名誉を毀損されることはないし、役員、株主または従業員らは、組織体に向けられた言葉により名誉を毀損されることはない。ただし、その言葉が、両者の関連に照らして、両者の名誉を毀損するようなものである場合には、この限りでない。」(Prosser, Handbook of the Law of Torts, Sec. 111, p. 745［4th E. 1971］)

2　リステイトメント

この問題に関するリステイトメントは、かなり詳細にアメリカにおける判例法理を解説している。関連箇所を摘記すると以下のとおりである。

⑴　「言辞（communication）は、それが他者の評判を傷つけ、その者の社会的評価を低下せしめ、または第三者をしてその者との関わりまたは取引を抑止せしめるものであれば、名誉毀損を構成する」(Restatement of Torts, 2d §559)

⑵　「法人はその役員、代理人又は株主に対する名誉毀損の言辞によって、名誉を毀損されることはないが、その言辞が同時に法人の業務遂行方法に対する信用を毀損する場合はこの限りでない」(Restatement of Torts, 2d §561, Comment on Clause (a))

例えば、「ある新聞が、ある会社の会計係が会社から一〇万ドルを横領した旨の記事を載せた場合、もしこの記事が会社の信用に影響を及ぼすか、またはその業務遂行方法に対する信用を毀損する場合は、その新聞は会社の名誉を毀損したことになる」(前同 Illustrations 3)

「この項で述べることは、宗教的、慈善的、教育的およびその他の非営利団体にも適用される」(前同 Comment on Clause (b))

⑶　「名誉毀損の言辞は、受け手において、正しい理解または誤った理解ではあるが合理的な理解に基づき、その言辞が当該人物に対して言及されていると理解することが必要である」(前同 §564)

「原告の名前があげられることは必要ではない。受け手が合理的に聞きあるいは読んで、原告が意図されている人物であると理解するような叙述または言及があればよい」(前同 Comment b)

「第三者に関する言辞の発表が、状況によっては、名前の挙げられていないまたは叙述されていない他者の名誉を毀損する場合がある」(前同 Comment e)

例えば、「AがCの面前で、Bは不貞妻の夫であると述べた。AはBの妻の名誉を毀損したことになる」「AがBに対し、Cは非嫡出子であると述べた。AはCの母を名誉毀損したことになる」(前同 Illustrations)

「名誉毀損言辞の発言者は、その言辞が原告に言及するものであると受け手において理解するであろうことを認識している場合、もしくはそのように理解するかも知れないことを認識しなかったことにつき過失がある場合には、責任を免れない。受け手が合理的に考えて、その言辞は原告に関してなされたものであると理解した場合には、発言者には、その言辞がそのように理解されることを認識しなかった過失があると推定される」(前同 Comment f)

3　判　例

アメリカの判例法理は、上記リステイトメントの示すとおりであるが、具体的な判例をいくつか見てみたい。

⑴　ゴーマン事件

この事件はゴーマンと彼が長を務める「ＭＧＭ」という宗教法人が、「アセンブリオブゴッド」という宗教団体の聖職者であるスワッガードに対し提起したものである。「ゴーマンは過去に数年にわたって複数の女性とモラルに反する行為をした」とか、「ＭＧＭの資金を横領した」とスワッガードが糾弾したことを名誉毀損であるとするものであった。

この件につき、裁判所は、「本件は、営利事業法人が、営利事業と関係のない事項につき、その役員の一人または取締役会の一員の個人的道徳問題に関連した発表記事に対して損害賠償を求めるというような事件とは異なる。ゴーマンの個人的な名声はＭＧＭの主要な財産の一つであった。彼の道徳的完全性を疑問視することにより、この法人自体の完全性が疑問視されたわけである。多くの点で、ゴーマンの名誉を毀損することは、ゴーマンの聖職者団体の名誉を毀損することであった。彼はこの団体の主たるスポークスマンであった。一般の人々にとってこの団体とは彼のことであった。彼の精神的道徳的完全性に関する名声は、この聖職者団体の礎石であった。ゴーマンがＭＧＭの金を横領したという主張を含む、ゴーマンに対する攻撃は、ＭＧＭに対する寄付金を減少させえたし（主張によれば、現に減少させた）、また、この聖職者団体の安全性と完全性に対する融資者の信用度を低下させた。このような事情に鑑み、当裁判所は、ＭＧＭは、ゴーマンに関する発表記事にＭＧＭ自身の名前が出てこなくとも、そうした記事によって名誉毀損を受けることは可能であったと考えるものである」と判示した（Marvin Gorman et al. v. Jimmy Swaggart et al. 524 So.2d 915）。

この判決は、前記法理の宗教団体についての具体例であるが、本件と同様の事案につき、個人に対する名誉毀損が同時にその個人が代表者である法人の名誉を毀損することを認めたものとして、注目すべき判例である。

⑵　ブレイトン事件

この事件は、法人に対する名誉毀損が、同時にその法人を完全に支配している個人に対する名誉毀損になるか否かを扱った事例である。事例としては、前記最高裁昭和三八年四月一六日判決に類似する内容であるが、以下のように判示する。

「記事は、飛行訓練学校一般を扱っているだけでなく、ブレイトン飛行サービス社の名前を特定的に挙げて言及している。しかし、原告クライド・ブレイトンの名前を特定して挙げてはいない。しかし、彼は、彼が原告会社を完全に支配していること、この記事の数多くの読者は、記事が不適切な行為があったとして非難しているのは、ブレイトン飛行サービス社だけでなく、彼についてもであると理解したことを示す証拠を提出した。したがって、記事を全体として読めば、それは彼を公衆の軽蔑の対象とし、名誉毀損そのものとして、特別損害の立証を要せずして訴え可能なものであることを、陪審が合理的に推論しうるものであることには、疑いを容れない。……文書による名誉毀損の言辞が、原告に適用されるものか否かは、陪審の判断事項である。この事実は外来的な証拠によって証明することが認められる。……」(Brayton et al. v. Crowell-Collier Pub. Co. 205 F. 2d 644)

前記最高裁昭和三八年四月一六日判決と結論において、正反対になっているが、最高裁判決の場合には、上告人の主張は「同人が上告会社の社長であることは医事関係方面では公知の事実であるから、上告会社に対する誹謗は、そのまま直ちに、同人の名誉を毀損するという」に過ぎないのに対し、上記ブレイトン事件の場合は、ブレイトンが会社を完全に支配していることのみならず、数多くの読者が会社のみならずブレイトン個人をも非難していると理解したことを示す証拠を提出したという点に違いが見いだせる。したがって、両者は互いに相容れないものではないと解される。

(3)　ウオッシャー事件

この事件は、法人の創設者個人に言及しているが、法人そのものの名前を挙げているわけではない事案に関するものであるが、以下のように判示する。

「控訴人の最初の主張は、このフィルムは被控訴人を名指しで言及するものではなく、ジョゼフ・ディジョージオに言及するものであるから、被控訴人の名誉を毀損するものではないというものである。しかしこの主張には理由がない。名誉毀損の成立に、その者の名前が挙げられることは必要ではない（Washer v. Bank of America, 21 Cal. 2d 822［136 P. 2d 297］）。名誉毀損の言辞が原告に適用されることを陪審が証拠から推論できれば、それで足りる（Brayton v. Crowell-Collier Pub. Co., 205 F. 2d 644)。その発表が原告を指していることが、その記述または原告を特定しうるような周辺事情によって分かれば、十分である（Peterson v. Rasmussen, 47 Cal. App. 694［191 P. 30］）」（DiGiorgio Fruit Corporation v. American Federation of Labor and Congress of Industrial Organizations et al. 215 Cal App. 2d 560)。

二　ドイツ法

1　概　論

一般的人格権に包摂される個別的人格権の一つに、名誉や社会的信用が数えられるが、この名誉について、団体も享有主体となるかどうかについては争いがあった。ライヒ裁判所はこれを肯定したが、名誉損害が社団の自然人たる構成員に向けられていることを団体に請求主体性を認める根拠としたのであった。

わが国の議論との相違は、つぎの四点にまとめることができる。第一に、わが国のように損害論に拘泥していないということである。むしろ権利侵害論のレベルでの議論が中心である。第二の相違は、ドイツでは一般的人格権や名誉の保護の議論と並んで、営業権が判例によって認められており、営業活動を行う団体の名誉や信用はドイツ民法八二四条や不正競争防止法の規定以外に、営業権に基づいて保護される可能性があることである。これにより、非営利団体についても、「活動への侵害」から保護するという考え方が自然に生まれる。第三の違いは、「団体を担いまたは団体に関与する個人のために」団体を名誉への違法な侵害から保護する必要がある、と受け止める考え方が有力であることである（Klippel, Der zivilrechtlieche Personlichkeitsschutz von Verbanden, JZ 1988, 631)。第四に、将来への差止めが自然人はもちろん団体にも原則的に認められ、損害賠償はその補完と考えられていることである。次に見る裁判例でも、差止めが圧倒的に多い。この点は、わが国においては損害賠償が原則で、差止めはよほどの場合でないと認められないと考えられがちであることと対照的である。

2 判　例

判例を判決や決定の年月日順にまとめて掲げると次のとおりである（これについては、和田真一「『団体の慰謝料請求権』再考（1）」立命館法学一九九九年四号（二六六号）八二〇頁以下を援用させていただく。ただし、本稿で取り上げた事件との関連性が強い【1】、【3】、【4】については事実および判旨を詳しくした）。

【1】ＢＧＨ一九七五年六月三日（NJW1975, 1822.）

被告が上演しようとした原告会社および社内の構成員を批判した劇の上演を差し止める訴えが認められたもの。本劇は原告株式会社の構成員（複数）が賄賂を受け取ったり、利潤追求に汲々とした者であったり、女性従業員を追い回したり、老いたるブヨブヨ頭だとされるなど、原告会社の構成員を批判するものであるが、原告会社の略称が使われたり、劇中人物から原告会社とわかるものである。控訴審は「会社の構成員についての名誉を毀損する事実に関する主張と価値判断により、原告会社の評価が低下させられている」と判断して、差止めを認め、上告審も表現の自由との兼ね合いを慎重にはかり、控訴審の判決理由を批判しながらも、結論は是認した。

構成員に対する非難・中傷が法人の法的救済を基礎づけることを明確に判断した。

【2】ＯＬＧシュットガルト一九七五年六月一一日（NJW1976, 628）

被告らは『わがジーメンスの世界　ジーメンス一二五周年論集』の著者と出版社で、これに対し原告ジーメンス株式会社は、タイトルに会社名を挙げることの中止、本文一九カ所の公表禁止、損害賠償義務と判決公表義務の確認を求めた。ＬＧは一四カ所の公表禁止と判決公表義務を認め、ＯＬＧは九カ所の公表禁止と損害賠償義務、判決公表義務を認めた。

【3】ＢＧＨ一九八〇年七月八日（BGHZ78, 24）

原告製薬会社（合資会社）が一九七六年に出版された『医療シンジケート』において、原告会社の元役員及び生物研究所の所長がナチスの人種政策に協力した旨述べられ、その名誉が侵害されているとして、差止めと慰謝料を請求したが、慰謝料請求は棄却した。「人的会社が名誉毀損的侵害に対して有する自己の権利に基づき実現される通用要求が、その会社の通用領域に限定されること、そして通用要求が専ら財産的利益によって特徴づけられることには関わらない。たとえ原告の非財産的損害がこの理由では排除されないとしても、非財産的利益によって特徴づけられる賠償請求権は会社には帰属しないのである。なぜなら、判例が金銭賠償請求権を侵害された人格に満足を与える公平な賠償という機能から導きつつ、このような保護を例外的に人格の保護のために認めていることに矛盾するからである。満足は社会的な利益団体たる人格ではなく、そこに結合する人間に生じる。人格の満足の必要からこのような賠償への保護価値ある利益が導かれるのであって、原告のような関係〈会社〉からではない。満足は、本件のように人的会社への名誉毀損的侵害が問題になる限りでは、被害者たる人間について履行すれば、それで十分かつより適切である。」

【４】ＢＧＨ一九八〇年九月二五日判決（BGHZ78, 274）

原告はある宗教団体で法人格を有するが、被告連邦犯罪局がこの宗教団体に対して名誉を毀損するような情報を関係機関に流布したのに対し、慰謝料請求と流布先についての情報提供などを請求したところ、原審では慰謝料が認容されず、原告の上告の結果、破棄差戻しとなった。「人格権侵害を理由とする公務員責任請求権〈加害者が連邦であるため〉は、非財産的損害に対する金銭賠償の支払いも内容とすることがある。しかし、当民事部がＢＧＨ第六民事部の確定判例と一致して述べたように、この種の金銭的賠償が認められるのは、重大な人格権侵害が問題となり、かつ、被った損害を他の方法によっては填補できない場合に限る。この要件の下に、原告にも、権利能力のある宗教的または世界観的な団体として、非財産的損害を理由とする金銭賠償が認められる。原告は、それ自身の満足的慰謝料を否定されることはない。その限りで、名誉侵害に基づく非財産的損害の賠償を、人格保護は該当の社員個人に対する賠償で充分であるという理由で認められない人的会社とは異なっている。」

【５】ＢＧＨ一九八一年六月二六日判決（BGHZ 81, 75）

多くのレースカーを所有する原告広告会社（法人格のない合資会社）がオートレースに独自で使用してきた広告コピーを、被告が無断で利用したために、原告が被告のために広告を行っているかのような誤解を生じさせた事件である。利用に当たってのライセンス料相当額が損害賠償請求され、ＯＬＧは二万マルクを認容し、これに対する被告の上告は棄却された。

【6】ＯＬＧケルン一九八三年八月二日決定（JBM 1, NW1983. 285）

ドイツ機械産業界及び賭博用自動機械製造者が、賭博用自動機械に関する法律がすり抜けられていると指摘している博士論文の出版社に対して、出版禁止の仮処分を申し立てた。ＬＧはこれを認容したが、ＯＬＧは侵害は個別構成員との関係では営業関連的でないために成立していないし、そもそも侵害は批評にあたるものであり、違法であるとは認められないとして申立てを棄却した。

【7】ＯＬＧケルン一九八五年一二月七日決定（NJW1987, 1415）

申立人ＳＰＤ（ドイツ社会民主党）は、ＣＤＵ（キリスト教民主同盟）とＣＳＵ（キリスト教社会同盟）の会派の日刊新聞を発刊するＤＵＤ（Deutschland-Union-Dienst）のある日のＳＰＤに関する記事が真実でないとして流布の中止の仮処分を申し立てた。ＬＧが棄却したのに対し、ＯＬＧは一般的人格権侵害を理由に申立てを認容した。

【8】ＯＬＧケルン一九九二年一月二四日決定（NJW1992, 2641）

原告（大衆週刊誌「Express」の出版社）は、被告の風刺映画「Schtonk」の中で、偽物のヒトラーの日記を入手し公開したのは現実には写真週刊誌「Stern」であるにもかかわらず、映画雑誌「Expressmagazine」であると紹介されたため、一般的人格権に基づく差止仮処分の申立てを行い、ＬＧはこれを認容したので、被告により上告されたが、上告は棄却された。

【9】ＯＬＧシュットガルト一九九二年一一月二五日判決（NJW-RR1993, 733）

新興の宗教団体である原告が不動産購入に熱心であるとか、特別に危険な団体である等とした被告出版社の日刊紙、雑誌に対して差止請求した事例で、ＬＧは差止めを認容し、ＯＬＧはこれに対する控訴を棄却した。「社団又は団体が名誉侵害的な事実主張から保護されるための要件は、社団又は団体が法的に承認された社会的（または経済的）課題（「社会的機能」）を果たしていることである。その際、社団または団体が、特に際だった、そして倫理的観点から価値のある働きを行っている必要はない。むしろ定款にしたがい合意により選択された課題が法的に認められ、許容されるものならば十分である。人格保護は、保護価値のある社団の目的または団体の目的の限りで与えられる。自然人の場合には、何人も包括的な人格保護を享受することが明白である。このことは法人にも定款に従った目的の範囲内で妥当する。被告が主張するように、原告が仮に実質は経済的団体であったとしても〈被告は原告宗教団体が不動産取得に熱心である等と批判していた〉、原告は上述の限定された範囲で人格保護を受けることになろう。」

3　【3】と【4】の関係

団体の名誉毀損の問題は、団体の一般的人格権侵害の一具体例（個別的人格権の侵害）の問題として取り扱われている。そうして、差止請求や仮処分申立てでは、一般的人格権侵害の効果として、自然人と同じく団体にもこのような保護手段の必要があることは疑われることがなかった。しかし、慰謝料については【3】は合資会社については否定した。しかし、それならば同様の考え方が宗教法人にもあてはまることになりかねないが、人的会社の【3】では、構成員個人の活動業績や信用と、会社のそれとは実際にはかなり重複するので、構成員について慰謝料を認めればさしあたり十分である、という実質的判断があったと考えられる（会社の名誉保護自体は否定されておらず、現に差止請求は認めている）。

4　名誉毀損における団体と構成員との関係についてのレスマンの見解

ある名誉毀損的な表明が団体に向けられたとき、団体固有の権利侵害を発生させているのか、団体の構成員の権利侵害のみ発生させているのか、それともその両方が生じているのかが、主として議論の対象とされてきた。

団体の組織、活動やそれによって獲得された団体の社会的活動上の名誉や信用のようなものは、団体を構成する自然人の活動の所産に他ならない。しかし、自然人の個別活動は、団体の目的を達成するために行われる限りで、団体自体の保護法益をも形成していくことになる。それが団体の人格権の内実を形成するのである。レスマンは、つぎのように述べる。

「構成員は、目標を実現するのに役立ち、共同の実現のために組織を設立し、理事を置き、物的手段を共同的に有する利益を、自ら一層外部化し、団体の中に独立化させる、つまり客観化する。それによってこの利益は団体の法益として現れ、それの侵害は個々人それぞれではなく、団体に帰属しているという形で構成員に共同に、つまり団体に関わるのである。それは団体の法益であると端的に言うことができる。構成員だけではなく法人と構成員が、侵害の場合には有効な法的保護を要求するために権限を持っていなければならないのである」(Leßmann, Persönlichkeitsschutz juristischer Person, Acp 170, 272f.)。

名誉毀損の判決例に即してみるなら、【1】では会社役員への名誉毀損が同時に企業自体の名誉毀損を構成するとみている。【3】も、原告である製薬合資会社の元役員や研究所長への批判によっては会社自体は侵害されえないとした上告理由を否定して、これらの構成員は「原告と関連性を持ち、これらへの批判は読者にとって明らかに原告会社に向けられたものとなる」としている（ただし、差止請求に関してである)。

これに対し【6】は、一般論としては個別企業の名誉侵害の可能性もありうるものとはしつつ、本件で名誉侵害的な行為であるとされている学位論文の公表は、「自動機械産業全体への体系的批判であって、このような場合には、その産業の個々の構成員は原則として間接的に侵害されているに過ぎない。つまり表明は当該企業にとっては「営業関連的」ではない」として権利侵害を否定した。この判決は、企業が享受する名誉の範囲は営業関連的な範囲に限られるとの考え方に立っている。

第四節　本件宗教法人Ａの名誉毀損性

一　代表者個人に対する非難攻撃が法人の名誉毀損を構成するかどうかについては、その表現がなされた具体的な文脈の中で、当該法人と代表者の関係はいかなるものか、指摘された事実または、論評の性質はどのようなものかの要因の総合的考慮によって決まってくるということができ、一般的、画一的に決められるものでないことがわかる。そうして、これまでに見てきたところから、この点については、わが国におけると、アメリカ合衆国、ドイツにおけるとで基本的な違いはないといえる。

二　そうすると、本件写真工作事件についての宗教法人Ａの名誉毀損性は、いかに考えられるか。

まず、宗教法人Ａに対する不法行為という場合、その本質は、個人の場合における名誉感情の保護というよりは、宗教活動を行うにあたっての信用の毀損・低下を中核とする宗教的人格権の保護であることを、確認しておく必要がある。そうして、その中身は、組織団体は個々の構成員によって運営されているのであるから、団体の構成員総体の利益保護を「法人」、「団体」という集合体概念で表しているにほかならない。

そこで、代表者Ｂに対する非難攻撃が団体Ａの構成メンバーの総体に宗教活動を行うにあたってどのような影響・効果を有するかがキーポイントとなる。

一般的に言って、宗教団体の場合、最高指導者たる代表者とその団体（構成メンバーの総体）との関係は、株式会社などの営利法人に比して、はるかに緊密である。とくにA法人の場合は、「血脈相承」という宗教上の秘儀によって最高指導者たる法主が決められることから見ても、代表者ＢはA団体の教義の体現者であって、ＡＢは不可分一体ともいえる関係にある。そこで、Ｂに対する非難攻撃が宗教上の教義にかかわる事項であれば、Ａ構成員は自ら反論し議論を尽くすことで宗教活動を維持し展開していくことができるし、そのような宗教上の教義にかかわる論争の是非を司法の場に持ち込む必要もないが、性的スキャンダルにかかわる非難攻撃であれば、A団体の構成員は反論が不可能ないし困難であるばかりか、自らの宗教活動上の基盤が大きく侵害される。教義の体現者である最高指導者のスキャンダルは、団体にとっては、信仰上も宗教活動上も致命的障害になるからである。

そうすると、第二節、第三節で見た理論状況からは、Bに対する性的攻撃はAの宗教上の威信および活動に大きなダメッジを与え、Bとの関係でも不法行為を構成するという考え方は十分に可能であり、むしろ、本件については、いかなる先例よりもその帰結は承認されやすいといえる（もちろん、その損害がいかなる性質のものか、間接損害かどうかの問題はあるが）。

したがって、Bに対する誹謗・中傷はAとは関係ないという個人・法人峻別論を採るには、よほど特別の事情がある場合にかぎられるともいえる。少なくとも、控訴審判決ほど単純明快に峻別論で割り切れる問題ではないことだけは確かであり、それだけに法人・個人峻別論で判決をするにあたっては、本件事案に即して十分に口頭弁論の場での議論が尽くされなければならない。

それでは、控訴審でどのような議論がなされたのかを、つぎに見てみよう。

第五節　控訴審の弁論経過

一　控訴審では、合計三回の期日が開かれている。それぞれの期日での主張・立証および法廷でのやりとりを再現し点検してみよう（傍聴席での速記によるので、ほぼ正確である）。

1　第一回口頭弁論期日（平成一二年四月二五日一五時三二分～四四分）

控訴人は、控訴状、控訴人準備書面⑴、⑵を陳述、被控訴人は、控訴棄却の答弁とともに、被控訴人準備書面

(1)を陳述の後、裁判所（長）からつぎのような争点整理と進行の提案がなされた。

（裁判所）それでは本件の争点をどう捉えるかということですが、控訴人準備書面で明らかになってきたとは思いますが、まず争点の第一は、B個人の誹謗がなぜ原告A法人に及ぶのかという点だと思います。これは、先の「幸福の科学」の判例などの関係とも含めて考えていただきたい。

第二に、そもそも本件記事は、全体としてフェアーコメントの上での議論なのか、あるいはフェアーコメントではなく事実摘示の上からの誹謗・中傷なのか、つまり事実摘示の上での免責事由の主張なのか、あるいは意見については免責特権などの主張なのか、そのどちらなのかが曖昧で釈然としないと思います。基本的にはフェアーコメントの中での議論として良いのか、あるいは真実性、公共性、公益性という形での免責の抗弁を控訴人でされるのかを明確にしていただきたい。フェアーコメントとしての議論であればその報道の虚偽ないし害意の立証責任は原告側にあるということになります。

第三に、さらに元々B個人の立場というのは、そもそも公人、公益を有するといえるのか、その辺りの議論を原判決は素通りしていると思います。新しい信者獲得の為の宗教団体内部の争いということもあるのでしょうから、公人といえるのか否かについての議論をお願いします。

第四に、B氏個人に対する名誉毀損であることは明らかなので、そうなるとB氏の証人尋問も射程に入れて考えないといけないと思いますが、双方ともそこまでやるつもりはあるのか、その辺りを検討してみて下さい。

第五に、Cの会長である控訴人Iの立場についてもいま一つはっきりしないと思います。この立場をどうとらえるのか、一種の共謀として、共同不法行為とするのか、もともとCの行為については事実上の代表者の行為と捉えて、民法四四条（法人の不法行為能力）の法理を適用することになるのか、その辺りも検討してほしいと思います。

まとめますと、先ず一つの論点は、B氏個人の誹謗中傷がなぜA法人の名誉毀損となるか、ということです。一つ一つやって行くこととして、先ず、この点について主張を検討してほしい。

（被控訴人弁）先ず、その点から主張を提出するということでしょうか。

（裁判所）はい、先ずその点から主張して下さい。他の論点についても一遍に提出されるのであれば、機械にかける関係で、できるだけ主題ごとに準備書面を分けて提出して下さい。

2　第二回口頭弁論期日（平成一二年六月六日一五時三五分〜四三分）

被控訴人準備書面⑵と控訴人準備書面⑶を陳述。

（裁判所）それぞれの準備書面を提出していただきましたが、それぞれ再反論はありますか。控訴人準備書面⑶の再反論は必要ですか。

（被控訴人弁）基本的には本日陳述した被控訴人準備書面⑵で主張は尽きておりますが、今回の控訴人の準備書面⑶はこれに対する反論も若干含まれているようで、これについては提出されたばかりで未だ検討できておりませんので、必要があれば簡単に反論する必要があるかも知れません。基本的には準備書⑵で尽きています。

（裁判所）控訴人はいかがですか。

（控訴人弁）はい、この点についての主張は尽きています。

（裁判所）それ以外の点についてはどうですか。

（控訴人弁）これは前回の釈明についての先ず第一点に関する主張で、その他に釈明があった点については未だこれから主張します。現在主張を準備検討中です。

（被控訴人弁）当方としても、前回裁判所から釈明のあったフェアーコメントに関する主張については、別途主張すべく検討中です。

（裁判所）　裁判所としては合議の結果、本日の主張（法人×個人）とフェアーコメントに関する主張で、当審においては終結が可能だと考えておりますので、他の論点で未だ主張があるのであれば急いで準備していただきたいと思います。

3　第三回口頭弁論期日（平成一二年九月一九日一六時三〇分～四五分）

（裁判所）　被控訴人、八月三一日付準備書面⑶、九月一日付証拠説明書⑵について陳述していただきます。

（被控訴人弁）　はい、陳述します。

（裁判所）　控訴人、八月三一日付準備書面⑷、及び九月一九日付準備書面⑸について陳述していただきます。

（控訴人弁）　はい、陳述します。

（裁判所）　附帯控訴についても陳述いただきます。

（被控訴人弁）　はい、陳述します。

（裁判所）　答弁書（六月二日付準備書面⑵）を陳述していただきます。

（被控訴人弁）　はい、陳述します。

（裁判所）　甲一二六から一二八号証については。

（被控訴人弁）　全て写しで提出します。

（控訴人弁）　成立は争いません。一二五号証については準備書面⑸にて反論しております。

（裁判所）　控訴人は書証はありませんね。裁判所としましては……

（被控訴人弁）　今日、準備書面⑷九月一九日付を提出致しました。

（裁判所）　（準備書面⑷を黙読する）引用されている判例は裁判所もよく知っておりますことです。陳述して下さい。

（控訴人弁）　私の方は今いただいたばかりで、必要があれば後ほど反論致します。

（裁判所）　フェアーコメントについて必要であれば提出して下さい。事実上提出して下さい。

　終結します。判決に少し時間を戴いて、判決言渡しは一二月五日午後三時三〇分です。

二　右一に見た控訴審の弁論経過から、つぎのことが読み取れる。
1　初回期日に裁判所は五つの論点を提示し、順次審理を行っていくことを明言したにもかかわらず、一番目の論点（法人・個人論）について主張のやりとりがなされた時点で、すでに裁判所は審理打ち切り姿勢を見せていること。
2　当事者側は、控訴人、被控訴人とも、フェアーコメントを含めて、順次課題に対応していく心づもりであり、その姿勢を見せていること（ちなみに、フェアーコメントについての裁判所の指摘の中、虚偽または害意の立証責任は原告にあるという点は、明らかに誤りである。アメリカと異なり、これらは論評においても抗弁事由であり、被告に立証責任がある）。
3　当事者からすれば、裁判所が何を考えて初回期日の方針を変えたのか、その趣旨が不明であり、したがって法人・個人論で負かされることは、少なくとも被控訴人には十分な予測を持つことができなかったこと。

第六節　法律問題と審理のあり方――控訴審の役割――

一　代表者個人に対する中傷・誹謗が法人に対する名誉毀損となりうるかどうかは、報道内容の性質、当該法人の活動目的からみた代表者と法人との関係性などの事実関係を基礎としながらも、本質的には法的な評価・判断にかかわる事項である。しかし、訴訟要件（当事者適格）の問題ではなく、本案の問題であるので職権調査事項ではない。したがって、当事者の争い方に依存する。

二　判決結果から逆推すれば、裁判所は二回目の期日に、事前の合議の結果、個人・法人峻別論でもって原判決を取り消し、請求棄却をなすことにほぼ考えを固めていたと見られる。しかし、そうであれば、裁判所の考えている問題点をもっと具体的に明らかにしたうえで、当事者間および当事者・裁判所間で本件に即してより立ち入った議論をすべきが当然ではなかっただろうか。法主Ｂへのこのような攻撃がＡにとっていかなる意味を持つかは、当事者とくにＡが最もよく認識しうる立場にあり、裁判所は最も遠いところにいるからである。口頭による弁論の本旨は、そのような議論を尽くすことにあり、これは控訴審にあっても変わらないはずである。書面の「陳述」だけでは足りない。一審で実質的に勝訴している原告（被控訴人）側には、事案の性質からも、法人・個人の問題が本案の帰趨を左右して原判決を取り消すほどの重要問題であるとの認識は、それほどなかったと見られ、もし真に裁判所がそのように考えているのであれば、実質的弁論における議論を通じて、裁判所の考えを変えることもできたかもしれない。五つの論点（課題）を自ら摘示しながら、二つを行っただけで（しかも、二つ目のフェアーコメントも、結審後に事実上主張して下さい、というように中途半端である）、早期に結審する場合はなおさらである。すくなくとも方針変換した理由をはっきりと当事者に伝え、裁判所が考えている争点について議論が尽くされているかどうか、当事者の意向を再確認する要があったように思われる。

三　冒頭の事例において、一審では問題の写真工作がもっぱら名誉毀損に該るかどうかについて主張・立証が行われ審理が行われている。個人・法人論は、ほとんど争点とはならず、一審裁判所は宗教団体の象徴である法主に対するこのような誹謗・中傷は、当然に当該宗教法人の社会的信用を低下させ、宗教活動に障害を来すとの評価・判断を前提に本案判断を下している。

にもかかわらず、控訴審は、独自の関心からこの法的問題を重視し、いわば法律論で原判決を覆したのである。被控訴人側にとっては、まさかこの点で負かされるとは、との不意打ちともいうべき実感を持つ判決であったであろうことは想像に難くない。現に、上告受理申立理由書および上告理由書には、そのことが如実にあらわれている。

控訴審が続審であるとはいえ、このような審理姿勢で紛争当事者の信頼を得ることができるかどうかは、かなり疑問であり、第五節で見た審理経過からも、実質半年間ほどのそれぞれが短時間の三回の口頭弁論で法人・個人論について十分な攻防と審理が尽くされたとはいい難いように思われる。法律問題であっても、裁判所の専権ではない。当事者間、当事者と裁判所との間で十分に議論が尽くされ、認識の共有化が図られなければならない。「法的観点指摘義務」は、裁判所が「指摘」すれば済む、という問題ではない。目的は十分に議論を尽くすことであり、「指摘」はその手段であり、一プロセスに過ぎない。

四　もし、仮に個人と法人とを峻別するとしても、個人Bが法人Aを選定当事者として選定していればクリアできる問題であり。民事訴訟法は、訴訟中であっても選定することを可能にした（民訴三〇条三項）。新法下では、裁判所がその旨の釈明をしなかったことが違法かどうかの問題も残る。

五　控訴審は、とかく中二階といわれるように、原審と上告審との間にはさまれて、その役割の発揮の仕方、審理のあり方はむずかしいものがあるが、冒頭の事件は、法律問題に関する控訴審のあり方についての反面教師としての意味を持つといえよう。この面からも、上告審としての最高裁がどのような判断を下すか、注目されるところである。上告が提起されてすでに二年以上を経過するが、未だに判決には至っていない。

第五章　原告の事案解明義務違反と本案の帰趨

――二つの名誉毀損訴訟を手がかりとして――

第一節　はじめに

訴えを提起した原告の側に、事件の本質にかかわる事項につき、なんらかの思惑により、具体的主張を行わない、提出すべき資料を提出しないなどの、不誠実で事案解明義務違反と称しうる訴訟上の挙動があった場合、そのことが審理および本案の帰趨にどのような影響を及ぼすか。本章でとりあげる名誉毀損訴訟に例をとれば、原告のこのような不誠実対応が訴訟手続の進め方または本案の帰趨（名誉毀損の成否）にどのような影響・効果を与え、与えるとすれば、それはなぜなのか。

以下、現実に生起し係属している二つの名誉毀損訴訟を材料に、それぞれの事案に即して考察を進める。なぜ、被告側ではなく、原告側の事案解明義務違反をとりあげるかについて、はじめにその理由を述べておきたい。一般的に訴えを提起した側が、事案解明に協力しないというのは、いささか異常であるということにくわえて、つぎの理由がある。名誉毀損訴訟においては、摘示・公表された事項が「事実に基づいたものかどうか」が中心的争点となる場合が多いが、摘示された事項が原告の名誉・人格権を侵害する場合には、少なくともそれが事実であるとの真実性の主張・立証に成功しなければ被告は敗訴を免れない。真実性・相当性（真実と信じるに相当な理由があること）の主張責任・立証責任はわが国では被告側にある、とされている。そこで、原告側が事案解明義務を尽くさない結果、被告が真実性の立証を進めることができない、ということが生じうるが、その場合、そのリスク、不利益を被告にのみ負わせて、名誉毀損の成立を認めて原告を勝たせることでいいのか、という問題が生じる。これが、被告の事案解明義務違反であれば、真実性の立証ができないということで手続を進め、それにそった判決をして問題はない。しかし、原告の場合には、右のような問題が生じるのである。これが、あえて原告側のみに焦点をあてる理由である。

第二節　二つの事例

一　森喜朗前首相名誉毀損事件

月刊誌「噂の真相」が、森喜朗前内閣総理大臣について、早稲田大学在学中に、売春等取締条例違反で、警視庁に検挙された、という記事を中心として、「サメの脳ミソ」、「ノミの心臓」、「オットセイの下半身」などの表現の下に書いた記事についてねつ造記事であるとして名誉毀損が問われた事件において、東京地裁（民事四五部）平成一三年四月二四日判決は、他の記事部分については名誉毀損の成立を肯定しつつも、肝心の売春取締条例違反で検挙の記事部分については、名誉毀損を認めなかった。理由は、原告が自己の前歴の存在を積極的に否定する証拠を提出できる地位にありながら、何ら提出しなかったという訴訟経過および原告の訴訟態度をとらえて、信義則上名誉毀損を認めるのは妥当でないと判断したのであった。

右判決は、訴訟上の事案解明義務への不協力という不誠実対応が、本案の判断に直接的に影響することを肯定するものである。

判決からうかがわれる訴訟手続経過の要点はつぎのとおりである。

1　被告らは、平成一二年六月二〇日の第一回口頭弁論期日において、原告の前歴の有無の調査を嘱託事項として、警視庁に対する調査嘱託の申立てをした。

これに対して、原告は、警視庁が回答を拒否するのは明らかであるとの理由で、調査嘱託の採用に強く反対する意見を提出した。

2　裁判所は、調査嘱託の申立てを採用し、警視庁に調査を嘱託したが、犯罪経歴は犯罪捜査のために収集、保有しているとの理由で、嘱託に応じなかった。

3　裁判所は、原告に対して前歴の有無に関する証拠の提出を促したところ、原告代理人は、平一三年一月九日の進行協議期日において、人証申請を行う予定はないが、原告本人の陳述書を提出するかどうかを検討する、と述べた。

4　しかしながら、原告は、口頭弁論の終結に至るまで、原告本人の陳述書を含めて、前歴の有無に関する証拠を一切提出しなかった。

本判決は、上記①および③、④の原告の訴訟態度は、自らねつ造記事であるとして本件訴訟を提起した立場にある者としては、「不可解というべきである」として、証拠判断に加えて、上記の「訴訟経過及び原告の訴訟態度を併せ考慮すれば、原告に本件前歴があった旨指摘する記事掲載部分が真実であることを立証できなかったとして、これに基づく不利益を被告らだけに課すのは、訴訟上の信義則に照らして相当でないというべきである」との理由づけを行って、本件記事部分が不当に名誉を毀損するとの原告の主張を斥けたのであった。

二　宗教団体記録偽造工作事件

1　平成四年六月一七日、原告Ｓ宗教団体は、信徒Ｌからもたらされた情報として、一九六三年三月一九日深夜、アメリカ合衆国シアトルにおいて、Ｎ宗教団体法主Ａが売春婦とトラブルを起こし警察沙汰になったとの報道をその機関紙を使って大々的に行い、以後もその報道をくり返し継続した。

２　Ｓは、平成七年一月八日に至って、その機関紙に、「Ａのシアトル事件に決定的証拠」、「アメリカのＰ弁護士重要記録公表」、「一九六三年三月、シアトル市警察の取り調べの事実」という大見出しのもとに、シアトル市警がＡを「売春勧誘の嫌疑」で取調べをし、何らかの照会または捜査が行われたことを示す記録をアメリカ政府が保管していることが判明した、とする新たな報道を開始した。

平成七年一月一八日付のＳの機関紙においても、「シアトル事件決定的証拠にＡ絶対絶命！」「アメリカ連邦政府に『記録』が存在」「超ド級の新証拠」という見出しのもとに、「Ａ、今度ばかりは逃げられない。さあ即刻責任とれ！」などの大報道を行った。

３　Ｎは、そのような政府記録は真正なものとしてはあり得ないものであり、「決定的証拠が存在する」との報道は虚偽であるとして、Ｓを被告として、第二弾の名誉毀損訴訟を提訴した（平成七年一月二八日）。

Ｎは、平成七年一一月二八日、東京高等裁判所庁舎内の司法記者クラブにおいて、あらかじめ作成した文書に基づいて記者会見を行い、Ｓがアメリカ連邦政府のコンピューター・データベースに不法侵入し、ニセ情報を植え込もうとした疑いが強いと述べ、Ｎ信徒団体の法華連合会の機関紙においても、同内容の記事を掲載した。

本件は、右第二弾の報道についてＮがＳを提訴することを記者会見で発表し、Ｎ法華講連合会機関紙に掲載された右言辞について、Ｓが名誉毀損としてＮを訴えたものである。

４　訴訟経過

⑴　本件訴訟において、被告Ｎは、原告がアメリカ連邦政府内に存在すると報道した決定的な「記録」なるものが存在するのかどうか、存在するとすれば具体的にどのような内容のものかについて明らかにするよう再三にわたって求めたにもかかわらず、原告Ｓは争点と関係ないなどとして、具体的主張（認否すら）を行わない状態

が二年余りも続いた。原告のこの対応により何回かの弁論期日が空転し、裁判長からは、「これだけ原告が求釈明に応じないのであれば、訴訟上は記録はなかったという前提で審理を進めたい」との訴訟指揮がなされた。

(2)　平成一〇年三月一一日に至り、原告Sは準備書面を提出して、「決定的証拠は存在する」との主張を行った。しかし、記録の写しも提出せず、何時、誰が現認したどのような内容のものかも依然としてあいまいかつ不明なままであった。

(3)　ところが、平成一〇年一一月に至り、原告は、関連別件訴訟の準備書面を書証として提出し、そこでは、一転して、「記録は消されていて発表の時点ではなかった」という言い分に変更された。しかも、消されたという記録がどういうもので、誰が確認したのかも依然としてはっきりしない。

(4)　その後、原告は、発表当時は消されて無くなっていたが、消されるまでは決定的証拠としての記録が存在した、という主張を行い、その後もこれを維持している。しかし、原告は、「存在した」と言うだけで、その根拠や存在したことを推測させるなんらの証拠も示していない。

(5)　平成一二年に本件訴訟に顕出された米国下院政府政策委員会の調査記録および資料から、そのような記録などはじめから存在しなかったこと、および原告は、それを知りながら（少なくとも、存在するとの情報が極めて怪しげなものであることを認識しつつ）、あえて「決定的な記録がある」との大報道を行った事が明らかとなった。

(6)　くわえて、原告がアメリカ連邦政府が保管する情報を違法に収集しようとしていた事実も判明した。

被告は、ここに至り、本案前の申立てとして、訴えは不適法として却下されるべきである旨の申立てを追加した。

第三節　記録偽造工作事件の検討

一　二つの事件の類似性

右にとりあげた二つの事件のうち、一の森前首相名誉毀損事件はすでに一審判決が下されているが、二の宗教団体間の記録偽造に関する名誉毀損事件は、未だ一審に係属中であり、やがて結審を迎えるものの、未だ判決はなされていない。

二の事件について、裁判所がどのような理由でいかなる判断を示すか、見通しにくいところもあるが、原告の事案解明義務の観点からは、一の事件と類似の要因をもつ。すなわち、原告が先に「決定的記録発見」と大報道しながら、そして記録があったと主張し続けながらその記録なるものを全く提示しないばかりか、存在したことの確たる証しも示さないので、被告としては、「アメリカ連邦政府のコンピューター・データベースに埋め込み工作をした疑いがある」ことが真実かどうかを明らかにするための手がかりが与えられず、真実性の立証ができない、という点で類似共通の経過要因があるからである。

二　原告の先行報道との関連での被告報道の違法性

もともと、本件報道が名誉毀損を構成するかどうかについては、つぎのような問題が存する。

本件で原告が被告を問責する言辞は、決定的証拠ありと大々的に喧伝した原告の先行行為に対する反撃であり、原告の先行報道を虚偽として提訴に踏み切ることを公にした際の発表であり機関紙に掲載した記事である。言辞がなされた契機と状況は、原告の右報道と不即不離の関係にあり、もし原告の先行報道がなければ、あるいは原告の主張どおり記録が存在するのであれば、被告の右対応言辞もあり得なかった。

このような文脈のなかで、もし被告が名誉毀損の責任を原告との関係で負わなければならないほどの違法行為をはたらいたとされるためには、元の先行報道が公益目的に出た真実の報道であり、この先行報道が被告の名誉を毀損するものではない、という前提がなければならない。自ら虚偽の報道を行って名誉毀損をはたらいた者が、その虚偽性をつく相手方の応酬報道について名誉毀損による責任を問うことはできない。すなわち、原告の先行報道の真実性（もちろん公益性も）が証明されないかぎり、本件における被告の言辞には、不法行為を構成する違法性がないと言える。

原告に、法的保護に価する名誉的利益が存在するかどうかは、つぎのような例を考えれば議論しやすい。

Ａが、自社の金庫から大金を奪われた、犯人はＢであると大々的に発表したとしよう。Ｂは、身に覚えのないことでデッチ上げであると反論した。その後、Ａが、Ｂが犯人であることを示す決定的証拠としての指紋が金庫の内側扉に残されている、Ｂがやったことの動かぬ証拠がある、と大報道した。Ｂが、そんな証拠があるというなら、Ａが指紋を偽造工作したにちがいない、稀にみる悪質な犯罪行為である、と反撃した。このＢの言辞は、Ａに対する名誉毀損に該るか。ＡがＢの言辞によって名誉を毀損されたというためには、少なくともＡの先行行為としての決定的証拠が公表どおり存在することが前提にならなければならず、Ａがその不存在を自認し、またはその存在の主張立証に失敗したとすれば、Ｂの言辞によってＡの名誉が毀損されたという評価は成り立たない。

東京地裁昭和四七年五月二九日判決（判時六六九号四一頁・日通事件――原告衆議院議員池田正之輔、被告東京地検次席検事河井信太郎間の名誉棄損訴訟に関するいわゆる賀集判決）も、

「まず相手方の批判ないし非難が先行し、その中に自分自身の名誉や近しい第三者または自己の属する機関の正当な利益を侵害する事実の摘示が存し、これに対し、その名誉ないし正当な利益を擁護するために必要な範囲を逸脱しない限度でなされた反論は、それだけを切り離して考えると相手方の名誉権を侵害する言動を含んでいても、相手方の摘示した事実が真実であり、あるいは相手方において真実と信ずるにつき相当の

理由がある場合を除いて、名誉毀損または侮辱による不法行為とならないと解するのを相当とする」と判示している（ちなみに、同判決は、先行行為の真実性の主張立証責任は、相手方にあると明言している）。

三　原告の訴訟内対応の変転（不誠実対応）

右に加えて、本件の訴訟経過にあらわれたつぎの点から、原告の訴訟内対応の変転と不誠実さを指摘することができる。

1　原告は、自らが報道した決定的な記録があるのかないのか、あるなら提示してほしいとの被告の求釈明に、長期間にわたって応えなかった。

2　審理が空転したのち、原告は「記録は発表当時消されていてなかった」との主張を行った。

3　その後、原告は「消されてなくなったが、存在したことにはまちがいない」との主張に変わった。

4　しかし、具体的にどのような記録が存在したのかを含めて、存在したことの具体的証しも示していない。

5　その後、アメリカ下院の委員会の調査資料から、原告は決定的証拠が存在しないことをしりながら、あるいは存在するとしてもきわめて怪しげな記録であることを知りながら、あえて記録が存在すると先行報道をしたことが明らかになり、さらに、原告が不法に連邦政府内の記録にアクセスして入手しようとしていたことが判明した。

ここに、原告の訴訟内対応の不誠実さのみならず、原告の先行報道そのものの違法性（悪性）が解明されるに至ったのである。このような中で、本件の争点を「原告が記録を埋め込んだかどうか」だけに要件事実的に絞り込んで、その真実性の立証に被告が成功しなければ名誉棄損を成立させると考えるのは、悪しきリーガリズムであり、要件事実および立証責任論への悪乗りである。そうして、本件についての第一審判決も、そのような形式論による割切りにはならないであろうと予測される。

第四節　原告の不誠実対応が請求棄却をもたらすことについての既往の理論

右に見た二つの事件を手がかりに、原告の訴訟内不誠実対応ないし事案解明義務違反が、請求棄却判決をもたらす場合がありうることを認めるとして、なぜそれが正当化されるのか、その理由・根拠づけが問われなければならない。

それは、現行民事訴訟二条の「裁判所は、民事訴訟が公正かつ迅速に行われるように努め、当事者は、信義に従い誠実に民事訴訟を追行しなければならない」という一般的な定めの「公正」、「信義」、「誠実」とは何なのか、当事者の不熱心訴訟追行に対する措置の一つとしての「審理の現状に基づく判決」（民事訴訟法二四四条）は、いかなる場合にいかなる根拠からなしうるのか、といった問題と共通の基盤を持つということができる。そうして、それはまた、誠実訴訟追行義務や事案解明義務といわれるものの本体はそもそも何なのかの、根源的な問題にまで行きつく課題でもある。

一　これまでの諸論とその限界

1　適正迅速な解決

適正迅速な争点整理などの手続の促進・審理の充実の目的のために、情報を有しない側が情報を有する側にその情報を開示させて、訴訟進行に協力させることが必要であり、この義務に応じない当事者に制裁を課すという考え方である（新堂幸司氏は進行協力義務と定義する）。しかし、訴訟上でなぜ事案解明義務を尽くさなければならないのかの問いに対しては、このような制度一般の趣旨・目的の説明だけでは足りない。また、裁判所と当事者との間の縦の関係を中心として考えることでは、問題の本質をとらえることができない。個々の具体的事件における具体的な手続の局面で、当事者間でなぜ一方の当事者が相手方に具体的主張や証拠提出を求めることができるのかという、動的な状況関係における具体的な顔をもった当事者間の関係のなかで、その根拠が示されなければならない。

2　証拠の偏在の是正

証拠（情報）が偏在している場合、実質的な武器対等を確保する必要があるので、情報を有しない側は、有する側にその開示を求めることができる、という説明は、十分な根拠となりうるか。文書提出義務の根拠とともに、この説明は、十分な根拠とはなりえないであろう。証拠（情報）が偏在しているからといって、それだけで、もっていない側がもっている側に開示を求めることを正当化することはできない。

3　協働主義

訴訟過程は紛争解決に向けての共同作業であり、当事者は互いに協働関係のなかでこの目標達成に努力しなければならないという「訴訟協働主義」の思想は、根拠たりうるか。これも否であろう。訴訟協働主義の思想は、敵に塩を送ってもらう地位・関係がある、という考え方を基礎としているが、訴訟過程はそれぞれの当事者がその時々の状況関係における自己の役割のなかでクールに相互作用を展開していくところであって、相手方に塩を送ることを強制されるようなホットな協働関係にはない。協働（同）主義を強調することは、当事者が、本来自己が行う必要のないことまでもやらされることになりかねず、それぞれの役割をあいまいにしてひたすら裁判官の判断のための資料を提供する存在に導かれやすい。また、それぞれの当事者が自己の目標を最大限達成しようとして、さまざまな戦略をもまじえてきびしい緊張関係のなかで葛藤をくりひろげる訴訟過程を、「協働関係」というきれいごとで表現するのは、いささか楽観的にすぎ、実際からも遊離している。

4　信義則

訴訟法上の信義則の発現の一つとして根拠づける立場も、これまでに批判的にとりあげた諸説と同根の疑問がある。信義則というマジックワード自体によってではなく、なぜ一方当事者が相手方に説明、回答を求めるはたらきかけを行うことができるのかの具体的な根拠づけが示されなければ、生産的な議論にはなり得ない。

二　真実が解明されないことに対するリスク負担

実体的事実発見の目的のために、当事者、代理人は互いに誠実を尽くし、協力すべきであるとして、真実発見を強調する立場からは、事実の解明により近い立場にいる側が、それについての具体的な主張を行い、証拠を提出すべきであり、それを怠る側に真実を解明出来ないリスクを負担させるという考え方が示されるであろう。しかし、これは、根拠としては薄弱であるばかりか、正しくない。

真実性の立証責任は、被告にあるとされているのに、なぜ原告がそれを負担するのか。また一般的に言って、裁判という限られた条件下で、遠い過去に生じた事象の真実性を解明することは、仮に当事者はこだわりをもっていても、不可能というのは言い過ぎだとしても、きわめて困難であるばかりか、過去についての認識の違いは向後への当事者間の紛争の調整のためにあるのであって、決してそれ自体について白黒をつけることが裁判の目的でも至上命題でもない。過去の認識をぶつけ合うことは、将来に向けた調整への一作業過程にとどまり、これから先に向けて当事者間の破られた関係をどう修復していくかこそが課題であり、実は当事者自身の利害関心のウエイトもそこにあるのである。したがって、実体的真実発見の目的を強調することは、一見したところ一般受けしやすく、裁判官のパッションにも訴えかけるものがあり、また、いかにも名誉棄損における真実性の証明の要請にも即応するかのごとくであるが、裁判にいささか筋の違う過大な機能を取り込むことになり、裁判の過程を必要以上に重苦しくしてしまうことになりかねない。名誉棄損訴訟における「真実性」も、実際の事件では、摘示されたナマの事実の真否というよりも、むしろ、しっかりとした根拠と調査、確認の下に公表されたかどうかの、報道の根拠と経緯によって決せられる場合が少なくないように見受けられる。

第五節　手続内水平関係の観点

以上、既往の考え方を批判的に点検した。そうして、とくに右の第四節一でみた諸説に共通する疑問点として、なぜ原告の不誠実対応が「請求棄却」という判決にまで至るのかである。そこで、以下、著者なりの見解を述べてみたい。

まず、一般的に「フェアーネス（公正）」の観念の重要性を踏まえて（一）、「事実」と「意見・論評」の峻別がそれほど明確ではあり得ないことを点検した上で（二）、二つの事案の訴訟経過の中で、議論を展開することにする（三）。

一　法における「公正」の視角のクローズ・アップ

もともとわが国やドイツには、「正しさ」、「真理（実）」という観念はあっても、「公正」（フェアーネス）の観念は乏しかった。それは、結果としての一元的正しさでもって社会の秩序を維持・形成できたからであり、行政の定立した基準と指導の下に企業や個人が活動していれば足りたからである。ところが、社会が都市化・流動化しグローバル化するにつれ、価値観が多様化して何が「正しい」かも一元的に決めることができなくなり、ゆるやかではあるが競争社会へと変貌していくにつれ、結果としての一元的正しさにかえて、「過程としてのかかわり（関係のつくり方）の公正さ（フェアーネス）」の価値がクローズ・アップされてくることになる。

ロールズが「正義」の基礎にあるものとして「公正」を説き（ロールズ（田中成明編訳）『公正としての正義』（木鐸社、一九七九年））、刑事訴訟においてデュー・プロセスを重視する理論が説かれたのも（田宮裕『刑事訴訟とデュー・プロセス』（有斐閣、一九七二年））、この脈絡の中にある。会社更生における計画案の認可要件としての

「公正かつ衡平」の基準（会社更生法二三三条一項）が、アメリカ合衆国の連邦破産法の「fair and equitable」の指標をめぐる議論を参考にしつつあらためて見直されているのも（松下淳一「再建計画の認可要件による債権者と株主との利害調整について」民事訴訟雑誌四六号（二〇〇〇年）二四一頁以下）、その証左のひとつである。作家塩野七生は、「利益分配については、公正という文字しか使えない」と言い切っている（「平等」日経新聞一九八九年九月一七日朝刊）。

民法学における「関係的契約論」の最近の動向も、大局的にみればこのような流れの中にあるとみられる。

ドイツにおいても、とくに手続法の領域で、公正（Gerechtigkeit, Fairness）に焦点をあてる学派が有力に胎頭している（紹介・勅使河原和彦・G. Bierbrauer/ W. Gottwald/ B. Birnbreier-Stahlberger（Hrsg.）, Verfahrensgerechtigkeit: Rechtspsychologische Forschungsbeiträge für die Justizpraxis (1995, Verlag Dr. Otto Schmidt, Köln)・民事訴訟雑誌四六号二四七頁以下（二〇〇〇年））。

二　「事実」と「意見」との関係から見た二事件の言辞

1　言語学の領域においても「事実」（fact）と「評価」（comment）との区別は、早くから研究・議論の対象とされてきた。オースティンは、言語を「行為」（Acts）としてとらえ、「事実確認的」（constative）行為と、「行為遂行的」（performative）言語行為とを一応類型化して、前者はその真偽が、後者は「評価」としてのその言語行為の公正さ（fairness）、適切さ（felicitous）が問題になるとしたものの（J. L. Austin, How to Do Things with Words, J. O. Urmson & Sbisa, Oxford Univ. Press. 2nd. ed, 1975, p. 12f.）［坂本百大訳『言語と行為』（大修館書房、一九七八年）二二頁］、いずれも言語を発するものの積極的営みとしての「行為」である以上、両者の峻別は絶対的なものではなく相対的であり、両域にまたがり、両者の性質を兼ね備えた言語行為群が多数存在することを認めざるをえなかった。

オースティンの後継者と目されているサールも同様である（サール（坂本百大ほか訳）『言語行為』（勁草書房、一九八六年））。

2 法律学の領域においても、「事実」と「法」とは、法三段論法としては理論的には明確に区別されても、実質的にはかなりあいまいであり、両者の隔壁は流動的・相対的であることが、多くの法専門家によって自覚されている。たとえば、法規の要件事実は、単純なナマの事実概念でなく多くの場合、さまざまな事象を総合しての評価をともなう性質のものであること、いわゆる証書真否確認の訴え（民訴一三四条）は、事実の確認か法的評価の確認か（通説は前者であるとするに対し、法的評価概念であるとするものとして、谷口安平『口述民事訴訟法』（成文堂、一九八七年）一二三頁、井上『実践民事訴訟法』（有斐閣、二〇〇二年）四頁）、事実の自白と権利関係についての自白の峻別およびその法効果のちがい、等々の議論の経過と状況がその証左である。

3 もともと、「事実」といわれるものも、近時の言語学、認知論によれば、その認識過程は「その人なりの評価」の性質をともなう（間主観性（intersubjectivity）と呼ばれる）。

コミュニケーション学の碩学、鍋倉健悦氏は言う。

「言語とはもともと現実のものではなく、現実を認識的、社会的な意味において反映した記号的形成物にすぎない。そしてこの反映という言葉は、客観的実在を容認するからこそ意味を持つのである。しかし、そもそも実在とは何か。事物とは、本来、見えるがままに存在しているわけではないということが、二〇世紀にはいってからは科学上の経験によって解明されてきてた。このため、認識は、現実を単に写し出す鏡のようなものではなく、現実を主観的に捉える機能を持っているものとして考えられるようになってきた。つまり認識は受動的でなく、能動的な活動なのである。そしてそれゆえに、同一の現実の中に、人間が何をいかに知覚し、認識するのかということは、とうぜん人によって異なってくると考えられる。」（『人間行動としてのコミュニケーション』思索社、一九八七年）

事実と論評（評価）は、本来的にそれほど明確に区別できない性質のものである。

４　二事件における本件被告の言辞は、両者の要素を兼有した「事実的評価」言語行為と言えるが、厳密に解すれば、すでに述べた経緯と理由から、「事実的確認」（constative）ではなく、「評価」（オースティンのいう「行為遂行的」（performative））言語行為の部類に属する（被告の言明は、原告が何時、どのようなルートを使って、いかなる方法で何をどのように偽造工作したのかの具体性は、伴っていない。記録が存在するとすれば、それは原告が埋め込んだのではないか、という性質の言辞である。そうだとすれば、本件言辞を純然たる事実摘示として真実性の立証責任を課すという前提そのものが崩れることになる）。

そうして、意見、評価の性質を持つ言辞であれば、まさに意見表明としてフェアーかどうかの「公正な論評」（フェアーコメント）の法理が妥当するのである。摘示事項の真実性が決定的な重要性を有するわけでもないのである。

三　二つの事案の分析から見た請求棄却の正当化

１　筆者は、既述の二つの事案において、名誉毀損の成立は認められないとして原告の請求を棄却できるし、また棄却すべきであると考える点では、結論は一致する。しかし、その根拠は、報道内容の結果としての真実性につき原告にリスクを負わせて、「真実でないとはいえない」と判断すべきであるからという理由からではなく、訴訟過程における真実性をめぐる当事者間の攻防の観点から、被告はそれ以上の具体的主張・立証を行うことができない反面、原告は証拠を提出したり具体的説明（主張）を行うことができるばかりでなく、それまでの手続経過から手続を前に進めるにはそれを行うことが求められているにもかかわらず、その事案解明義務を尽くさない結果、手続をそれ以上進めることができないリスクを原告が負うべきであるからである、と考える。つまり、事実の真否を実体的に判断した結果ではなく、訴訟手続をそれ以上進めることができないリスクを原告に負担させることが、請求棄却に導くだけである、と見るのである。これは、裁判所が実体的に判断した帰結ではなく、当事者間の公正かつ公平な手続上の役割分担からもたらされる純粋に手続上のリスク分配にすぎない。それは、訴訟手続を一歩一歩前に進めていくにあたっての当事者間の訴訟法上の「公正」の理念から導かれ、正当化される。裁判所は、その事項の真否につき実体判断をしなくても、本案判決ができるのである。したがって、必ずしも請求棄却でなくても、訴え却下の訴訟判決を下してもよい。その事項が唯一の本質的争点であるという場合には、訴訟手続をそこで打ち切るという意味で、むしろ訴え却下のほうがふさわしいともいえる。

2　右の視点を本件でとりあげた二つの事例で、いま少し具体的に検証してみよう。

一の森前首相事件では、被告は原告が大学在学中に売春等取締条例違反で検挙されたことを疑わせるある程度の具体的な主張・立証を行った。そういう事実なかったというなら、その局面までくれば、今度は原告がより具体的な反論・証拠を行わなければならない番である。原告自身であれば、前歴について照会もできれば、なんらかの証明もできる。

ところが、そのような状況にありながら、原告自身が調査嘱託に反対し、自身の供述も行わず、陳述書すら提出しないのである。原告が、事案解明義務を尽くさない結果、前歴の真否については、被告にはそれ以上の手段がなく、この点についての手続（主張・立証）を進めることができないのである。そのリスクは、訴訟上の当事者間の「公正なかかわり」の観点から、被告ではなく原告が負うのが公平である。

本件についての一審判決が、このような経過を踏まえて、「これに基づく不利益を被告らだけに課すのは、訴訟上の信義則に照らして相当でない」としたのも、信義則という一般条項を使ってはいるが、実質的な考慮の中身は、右と同様であるとみられる。

二の記録埋め込み疑惑事件では、原告が記録があると報道した先行行為との関連で、記録の存在についての具体的な主張および証拠提出責任は当初から原告にあると考えられることに加えて、記録の存否およびその内容についての原告の訴訟上の主張そのものがあいまいでかつ変転している。**一**の事件の事案解明義務の歩イントが、「証拠」であるのに対し、**二**の事件では、証拠よりもむしろ「主張」にあるとみられる（「決定的証拠」がなかったとすれば、提出しようにも提出できないので）という違いはあるものの、二事件での原告と被告との関係における原告の事案解明義務違反、不誠実対応の要素は、右一事件以上に大きく、手続をそれ以上前に進めることのできないリスクは、被告ではなく原告が負担すべきであるとの考慮が強くはたらくといってよい。しかし、それはすでに述べたように、真実性の実体判断とは無関係である。また、真実性の立証責任を原告に転換した結果でもない。

そうして、そもそもこの二事件は、すでに第五節**二**で触れたように、「事実」を摘示したといえるか、それとも「評価」を述べたものというべきか、明確に峻別できないところがあるのである。一層、実際的な、「事実」の真否にこだわる必要は乏しく、手続内規範のもたらす帰結である、というべきである。

第六章　補助参加の利益——半世紀の軌跡——

第一節　はじめに

現実の紛争は、訴訟上の当事者である原告・被告以外のさまざまな第三者がかかわりを持ち、利害関係を有している。補助参加の要件は、そのような第三者が訴訟手続にかかわることができる限界を画するものとして、理論的にも実践的にも重要な意味を持っている。それでは、補助参加の利益（要件）をめぐる判例・学説はどのような経緯を辿って、現在どのような状況にあるのか。本章では、筆者なりの立場から問題点を整理して分析を試みてみたい。

第二節　補助参加要件をめぐる近時の理論と実務の展開

わが国における約半世紀余の補助参加の要件をめぐる学説・判例実務・立法の展開を大局的見地から展望すれば、次の**一**〜**四**の四つの節目に整理することができる。

一　兼子理論

昭和二〇年代後半、補助参加の利害関係は、判決主文中で示される訴訟物たる権利または法律関係についてのものでなければならず、それは法律上のもの、すなわち参加人（第三者）の権利義務その他法律上の地位が理論上訴訟物である権利関係の存否を前提にして決せられる関係にある場合でなければならないとする考え方が兼子一博士によって提唱された（後述第四節一参照）。

当事者間の請求についての判断と第三者の実体法上の地位との先決・後決関係を要求するこの兼子説は、最も厳格に参加要件を画する立場であったが、兼子博士の影響力もあって、昭和三〇年代から昭和四〇年代前半にかけて多くの学説によって支持され、実務・判例にも一定の指針を与えた。

二　昭和四〇年代以降の学説・判例の展開

1　しかしながら、昭和四〇年代に入り、学説・判例は新たな展開を見せ、厳格な兼子理論から離反する傾向が顕著となる（後述第三節二参照）。それは、ひとくちで言えば、多様な紛争が裁判に持ち込まれることに伴う、法的利益の拡がりと多様化の反映である。補助参加要件の実質的弾力化であると言ってもよい。それはまた、当事者（原告・被告）にはなっていないが、訴訟手続に関与したいという紛争主体（関係者）にできるだけ主張・立証の機会を保障すべきである、という志向とも符合した。手続の「過程」に手続法学の関心が向けられれば、それに応じて、過程への関わりの機会を保障すべきである、という動向が助長される。

2　そうして、もともと裁判の場を担う側の実践的感覚は、参加の要件を厳格に画する兼子理論とも整合的ではなかったと見られる。

補助参加が申し立てられる例は決して珍しくないが、相手方から異議が出される場合は、それほど多くはない。異議がなければ、様々な関係者が利害関係人として関与しているのが実状である。「異議がある場合にだけ、何故に厳格に関与の途を厳しくしなければならないのか」というのが、むしろ素朴な実務感覚であろう。

古く大審院時代の有名な判例には、住民の一人に対する寄付金請求訴訟において同様の請求を受ける可能性のある他の住民の補助参加を認めたものがあるが（大決昭和八年九月九日民集一二巻二二九四頁）、この裁判例も、実践の感覚からは、決してそれほど違和感はないはずである（後述第五節一参照）。

3　昭和四〇年代以降、裁判例も総体としては、参加の利益を柔軟にとらえる動きが顕著になる（後述第四節参照）。

その中で特に注目されるのは、所在不明の夫を被告として公示送達により進行中の保証債務請求訴訟に、被告の妻が補助参加することを認めた名古屋高決昭和四三年九月三〇日高民二一巻四号四六〇頁、交通事故に基づく損害賠償請求訴訟で共同被告とされた者の一名が、他の共同被告には過失はないとして請求を棄却した判決を不満として、相手方側に補助参加を申し立てて控訴を提起することを認めた最判昭和五一年三月三一日判時八一四号一一二頁などである(1)。その後、相続人間の訴訟に遺言証書を作成した公証人が参加を申し立てたケースにつき、「訴訟物についての判断に利害関係を有しないとの一事をもって補助参加の利益を欠くと断ずるのは相当でない」として、より具体的実質的に参加の利益を検討した裁判例もあらわれた（東京高決平成二年一月一六日判タ七五四号二二〇頁）(2)。

その他にも、福岡地決平成六年二月二二日判時一五一八号一〇二頁は、建物区分所有者の一部Xらが建物敷地所有者Yを相手どって提起した賃借権確認請求訴訟に建物の他の区分所有者ZがX側に補助参加を申し出たケースであるが、XとZの主張する賃借権は相互に独立のものではあるが、紛争の実態としてはYとの関係でX・Zは共通の立場にあり、紛争の柔軟な解決方法を見つけ出す端緒を探る上でZの関与は有効であるとして参加を肯定した。

三　新民事訴訟法による補助参加の門戸の弾力化

このような動向を受けて、平成一〇年一月一日から施行された新民事訴訟法典も、補助参加の門戸を開放する手当を講じた。

すなわち、訴訟が係属していなくても、第三者のイニシャティヴで訴訟を起動させることができる途を開いた。具体的には、民訴法四二条（以下、単に四二条というように記す）は、旧六四条の「訴訟の係属中」という要件をはずすとともに、四五条一項は第三者が再審の訴えを提起するとともに補助参加を申し立てることができる旨を明規したのである（四三条二項も参照）。その契機となったのは、検察官を相手方とした死後認知訴訟の確定認容判決に対し、父親とされた者の子供が再審の訴えを提起した場合に、再審の原告適格を認めず、不適法却下した最判平成元年一一月一〇日民集四三巻一〇号一〇八五頁である。第三者の再審適格を厳格に解する代償として、第三者が補助参加を申し立てることによって実質上再審を行う途を用意したのである。

四　株主代表訴訟における会社の被告側への補助参加をめぐる判例・学説

平成に入っての最近の新たな展開は、株主代表訴訟への会社の補助参加の可否およびこれに先行する住民訴訟における被告職員側への地方公共団体の補助参加の可否をめぐる議論に見られる。

株主代表訴訟についての動向をとりあげよう。詳しくは、後述第五節**三**以下を参照していただきたいが、最近の東京高裁および東京地裁の相次ぐ裁判例の出現により、判例・実務は、補助参加を認める方向にほぼ帰一したと言っても過言ではない。

一部の商法学者をのぞき、手続法学、実務家の大勢も、参加を認めることに肯定的である。

被告取締役側への会社の補助参加が肯定されたことによって、補助参加要件としての利害関係の弾力化は、いよいよ確実にその地歩を固めたと見られる。兼子理論（厳格説）では、この場合の参加の利益を導くことできない。

かくして、補助参加の利益（要件）は、この五〇年余で確実に拡がりを見せ、弾力化の傾向を示している。

五　新たな傾向――濫用的参加申立てへの対応

しかし一方、補助参加がなされる場合が多様化し、拡がりをみせるにともない、被参加人との利害が共通するかに見えて実は紛争の実態においては相反する局面も増え、近時、被参加人の訴訟追行が阻害・攪乱される懸念がある補助参加申立ても散見される。また、補助参加によって争点を必要以上に拡大しようとしたり、相手方を惑乱し、もっぱら訴訟引き延ばしのために参加申立てが利用されているのではないかと疑われるケースも見られる。あるいは、代理人が弁護士費用を得る目的だけで、補助参加を申し立てているのではないかと疑われるケースもないではない。そこで、濫用的な参加申立てに対する手当を講じなければならない新たな必要を生じている（次章第三節**一**参照）。

第三節　補助参加の利益――概論――

第三者が他人間の訴訟に参加できるためには、法的な保護に値する利益を持っていなければならない。利害関係は法律上のものであることを要すると言われる所以であるが、何をもって法律上の利益といえるかは、一般論として明確で画一的な基準は立てにくい(3)。訴えの利益、仮処分における保全の必要性についても同様である。判例においては、結果的に補助参加を認めたケースでは、法律上の利益があると言い、認めなかったケースでは、法律上の利益がないと言う傾向も読みとれる。

一　正当な参加の利益の必要

補助参加申立ては、主たる当事者である被参加人の訴訟追行目的と共同歩調をとる意図に出たもので、客観的にも被参加人の訴訟追行に資するものでなければならない。したがって、一般的類型的には参加の利益が充足される場合であっても、個別紛争の性質や補助参加申立人と被参加人との関係や、補助参加申立人と相手方当事者との関係から、被参加人の訴訟追行が阻害されるおそれが客観的にも予測される場合には、補助参加人として関与する法的利益は認められない。参加申立人と被参加人との間に関連した訴訟が係属していて、既に敵対関係があったり、補助参加申立人が相手方と通じている場合などは、補助参加人の関与によって、被参加人の正当な訴訟追行が牽制・惑乱され、参加人の関与によって、被参加人本来の訴訟追行が阻害されるおそれがある。このような場合には、補助参加申立てに対して、相手方からではなく被参加人から参加に対する異議が申し立てられることになるが、その際は、右の観点から、参加申立てが補助参加制度の本旨に合致し、正当な参加の利益と必要性があるかどうかが慎重に吟味されるべきである。

正当な利益・必要性が認められない場合には、訴権の濫用と同じく、参加申立ての濫用として、参加の利益なきものとして却下される。

このことは、参加申立人が参加してきて、いかなる訴訟活動を行おうとするのか、何を主張・立証できるのかの参加後の見通しまで示されなければ、参加の許否についての判断ができない場合があることを承認することにつながる。

二　補助参加の機能

いかなる場合を「法律上の利益」があるとみるかは、補助参加にいかなる機能をもたせるかに関わる。

訴訟で取り扱う対象は原告の被告に対する実体法上の権利であるから、これに直接的な法的な関係を有する第三者だけに特に訴訟関与を認めれば足りるという考えに立てば、補助参加の範囲は限定的になる。兼子理論に代表されるかつての通説および補助参加を否定した裁判例の基礎にあるのは、このような訴訟観である。

これに対し、二当事者間の権利構成で訴訟主体を画するのは、現実の紛争のなかで様々な関わり合いをもつ主体を訴訟手続の場面で切り落としてしまうことになりかねないという認識のもとに、現実の紛争でそれなりの役割をもっている主体（第三者）に手続関与の機会を与える制度が補助参加であるとみれば、むしろ実体法的な権利構成にとらわれることなく、現実の紛争処理の要請および第三者の弁論要求の実質に即して弾力的に参加の利益を判断する（参加の範囲をそれほど限定的にはみない）立場に連なる。

また、訴訟の結果としての判決によって第三者がどのような権利を害されるか、不利益を受けるかという「結果」を中心にして参加の利益を考えれば、参加の許容範囲はどうしても狭くなるが、訴訟手続過程をそこで紛争行動が展開されている場であるとみて、その手続過程において紛争関係人にどのような主張立証の機会（手続保障）を与えるべきかということを重視すれば、それほど限定的にはならない。

なお、第三者を含めて紛争を一回的に解決するために補助参加を認めるべきであるかどうかの観点に重きを置く議論もあるが、紛争は補助参加で「解決」される必要はなく、第三者と当事者との間のその後の紛争行動を適正に規律する端緒が築かれればそれで十分であるので、右のアプローチはやや筋違いであり、補助参加の許否を決する根拠にはならない。

三　財産権上の利益侵害の要否

法によって保護される利益が、従前のように生命、身体、財産に限定されず、多様化してきている現在、利害関係は、財産権上の関係に限られない。身分法上の関係でもよいし、宗教的活動上の利害、その他保護に価する法的利益に関わるものであればよい。検察官を被告とした死後認知訴訟において、父親と名指された者の妻や子供が被告検察官側に補助参加するなどは、よくみられるケースであるが、仮に、自己の相続分に影響がなくても、親子関係そのものを明確にすることに利益があれば、補助参加を認めてよい。

また、利害関係は、私法上のものに限らず、公法上のものでもよい。当事者の一方が敗訴すれば、その敗訴理由に基づいて刑事上訴追を受けるおそれがある場合も、補助参加を認めてよい（姦通罪が置かれていた旧刑法下の判例であるが、東京高決昭和五年一二月二六日新聞三二三一号一二頁）。あるいは、いわゆる住民訴訟においては、住民は、自己の私法上の地位に影響を受けなくても、地方自治を担う住民としての固有の立場――行政上の資格そのもの――に基づいて、参加の利益が認められる。

四　判決効との関係

第三者に判決効が及ぶ場合には、一般的には第三者の訴訟関与の必要性が高まるといえるが、補助参加の利益は判決効が及ぶ場合には限られないし、また、判決効が及べばそれだけで参加の利益が肯定されるものでもない。その意味では、補助参加の利益は、判決の効力が参加申出人に及ぶかどうかとは直接の関係を有しない。形成判決の効力は一般第三者に及ぶとされているが、だからといって第三者なら誰でも参加できるということにはならない。

五　事実上の利益との関係

もともと、補助参加の要件についても、「法的な」利益と「事実上」の利益との間の明確な隔壁は設けにくいが、補助参加をなすことができるためには、たんに友人や親戚として当事者の一方を助けたいというような感情的なものでは足りないということについては、争いがない。(4) 当事者が敗訴してその一般財産が減少すれば、その当事者から扶養が受けられなくなるとか、当事者の相続人として不利益を受けるというだけでは、補助参加の利益はない。[5]

名古屋高決昭和四三年九月三〇日高民二一巻四号四六〇頁は、所在不明の夫を被告とした、公示送達により進行中の保証債務請求訴訟において、妻が夫を勝訴させるために補助参加を申し立てた事案であるが、本決定は、夫婦協力扶助義務を根拠にしての公平の理念から、補助参加を肯定した。本決定には、賛否両論がみられるが[6]、病気や所在不明などの理由で配偶者の一方の訴訟追行が期待できない場合には、他方の配偶者を事実上の財産管理人とみて、とりあえずの訴訟担当者のような立場で一方に代わって訴訟に関与できる途を認めてよいと解される。

当事者の一方と同様の地位境遇にある第三者の参加が認められるかどうかについては、学説・判例とも区々に分かれて帰一していない状態であるが、これについては次章で改めて採りあげる。

第四節　「利害関係」をめぐる学説の展開

一　「実体法的論理関係の理論」（兼子説）とその限界

1　兼子理論

補助参加要件について、わが国のかつての通説ともいうべき理論を形成した兼子一博士は、「当事者間で争われている訴訟物たる権利または法律関係についての判断によって、第三者の地位が論理上決まってくる場合」に、補助参加の利益が充足されると説いた。[7]そこでは、補助参加の利益は、訴訟物についての判断と第三者の地位との実体法上の先決的な論理関係が要求された。もっとも、判決効が第三者に及ばないのになぜ第三者の地位が論理上であれ影響を受けるのかということがただちに疑問になるが、そこは当事者間の判決が「参考にされるおそれ」があればよい、と説明された。要するに、訴訟物についての判断結果と第三者の実体的地位との論理上の因果法則によって、補助参加要件を画そうとするものであった。

このような理論が提唱され、それが一時期の学説および実務家の支持を集めた背景理由としては、さしあたり、次の五点を挙げることができよう。

(1)　右の兼子理論は、実践的要請からというよりも、講学上の補助参加の典型例とされた、債権者・保証人間の訴訟への主債務者の参加や、買主に対して提起された追奪訴訟への売主の参加を理論的に説明するために立てられたとみられ、論理的な整合性を重視することに重点があった。

(2)　これとの関連で、私人間の権利義務構成で訴訟の構造や性質をとらえる理解の下では、第三者の訴訟関与の根拠についても、当事者間の訴訟物についての権利または法律関係の形成と第三者の法的地位（権利関係）の直接的な因果関係で規律することが、論理整合性をもつとみられたこと。

(3)　社会関係・取引関係がそれほど複雑でなく多様化していない時代状況にあっては、参加の利益を限定的に解しても、それほどの支障・矛盾は露呈しなかったこと。

(4)　第三者の関与に制限的に対応する理論が、第三者が手続に関与して訴訟が複雑化することをあまり歓迎しない実務家（とくに裁判官）の一般的体質に合っていたこと。

(5)　「訴訟の結果についての利害関係」という法文の文言が、訴訟結果＝判決主文にあらわされる訴訟物、という考え方に結びつきやすいこと。また、訴訟物という枠をはずせば、補助参加が際限なく拡大していきそうな危惧もあったと思われること。

2　兼子理論の問題点

一見、論理上の完璧さを誇っているかのようにみえる右の兼子理論も、理論的にも問題を孕み、実際上も多様化した紛争状況の要請に即応できない。それでは、どこに問題があるのか。

(1)　この理論は、当事者間の判決結果がこうなれば、参加人の実体法上の地位はこうなるという論理的な因果法則を参加要件の基軸にしている。しかし、個別紛争は固有の経過をみせるので、画一的な法的論理の因果法則で第三者の地位が決まってくるほど、人間の行動や紛争の展開は単純ではない。

(2) 右の論理上の先決関係がなければなぜ参加できないのかが疑問であることに加えて、逆に、右の論理上の条件関係があればなぜ参加できるのか、突き詰めるとよくわからない。追奪訴訟で売主の参加に例をとれば、第三者たる売主は追奪訴訟で敗訴した買主が後日売主を相手どって追奪担保責任を追求してきた際、前訴判決は第三者たる売主になんらの効果を及ぼさない以上、自己の立場から売買目的物の所有権は自分にあった旨を主張でき、そのような主張については、手続的には白紙の状態から審理が行われるはずである。

(3) 兼子理論は、当事者間の判決が「参考にされるおそれ」があるとするが、因果の関係をつなぐものがその程度のものであるとすれば、論理上の条件関係自体、それほど強固な基盤に支えられているものではないし、「参考にされる」判決部分で決定的に重要なのは、訴訟物についての判断部分よりも、むしろ、売買当時に目的物の所有権が第三者たる売主にあったかどうかの判決理由で問題になる前提事項である。

(4) 訴訟物と第三者の地位との先決関係を要求し、判決理由中で判断されるべき争点を利害関係から切り離してしまうのは、訴訟物と前提問題を必要以上に峻別するものである。

二　その後の学説の展開——参加要件の弾力化

要するに、訴訟物たる権利関係と第三者の地位との論理上の先決関係を要求する兼子理論の問題点の核心は、参加の利益を判決結果によって第三者の地位にいかなる不利益が及ぶかという角度からしかとらえず、しかもそれを実体法上の論理的因果法則で説明しようとしたところにあった、とみられるのである。結果志向にすぎ、実体権的な論理志向に偏りすぎているのである。

また、参加要件についての基本的な姿勢として、一つの統一的な基準を立ててそこから演繹的に個別のケースでの参加の許否を導きだすという手法では、第三者の多様な利害関心状況にもはや対応できない。裁判例にあっても、右の要件基準にあてはまらないにもかかわらず補助参加を認めたものがかなりみられるし（後述第五節一参照）、右の基準に依拠して参加を否定した裁判例にあっても、立ち入って検討してみると、他の考慮要素によって得られた結論を、決定理由の説明としてこの理論を援用しただけではないかと思われるものが少なくない。したがって、実は実務にあっても参加の許否を導く真の基準としては機能しておらず、結論を得た後の説明の論理として使われたにすぎない、といえる。

兼子理論からの離反は、昭和四〇年代以降の学説において顕著となった。先鞭をつけたのは、瀧川叡一論文[8]であったが、より具体的に議論を展開したのは井上治典論文[9]であった。井上説は、それまで参加の利益がないと解されてきた〈当事者と同様の地位境遇にある第三者〉についても、「当事者の一方の敗訴によって訴えられるおそれがあるかぎり、その第二の訴訟で前訴判決の理由中の判断が後訴において事実上の効果をおよぼし、第三者に不利益な認定判断がなされる蓋然性」があれば、参加を認めてよいと説き、加えて、争点ごとに第三者の利益が共通したり、相反したりする不法行為による損害賠償訴訟などの紛争態様について、それぞれの争点かぎりでの補助参加関係を肯定すべきことを提唱した。このような問題提起を受けて、新堂幸司教授が、「その訴訟の主要な争点についての判断を前提にして参加人の権利義務その他法的地位が決められる関係にあることから、被参加人の敗訴が参加人の法的地位を不利に決定するおそれがある」ときには、参加の利益ありとする立場を明らかにした[10]。争点効を提唱した新堂理論にあっては、訴訟物に対する利害関係からの解放は必然のことであったとみられる。その後の学説の展開は、とくに昭和五〇年代に入って、かつての通説から離れて、参加要件をより柔軟かつ弾力的に解する立場が相次ぎ、複数の責任主体が関わる紛争において参加の利益を細密に考察して新しい動向を支持した福永有利教授[11]、共同訴訟人の一方が他方と相手方との訴訟につき相手方側に参加できるかどうかについて、「請求の原因についての判断が、将来参加人の地位を判断するに当って参考とされるおそれがあればよい」と説いた飯倉一郎教授[12]、判決の事実上の効果を「証明効」として理論化し、それを補助参加の要件に結びつけた山木戸克己博士[13]、実践的観点から従来の理論を疑問とし、「原告または被告の主張に従えば、その第三者の法的地位に変動・影響を生じ、これに伴う法的紛争の顕在化が十分予想されることから、その法的関係を未然に明確化し紛争を予防または法的に簡明化することが妥当である」場合に参加を認めてよいとした奈良次郎教授[14]（当時判事）、などをその代表として挙げることができる。その他にも、判例研究や解説などで、佐上喜和教授、鈴木重勝教授、坂口裕英教授が、それぞれニュアンスは違うが、参加の利益を弾力的にとらえる立場を明らかにし[15]、近時の上田徹一郎教授や吉野正三郎教授の教科書[16]も、一定の範囲で新傾向に理解を示していることから、現在ではこのような新しい動向が学説の主流を占めつつあり、もはや学説の勢力分布は完全に入れかわったとみてよい[17]。それはひとくちで言えば、参加の利益を訴訟物についての判断と第三者との地位との実体的論理関係からとらえる考え方からの離反であり、参加の制限志向から弾力化志向への転換である。

第五節　裁判例の状況

裁判例は、かなり緩やかに補助参加を認めるものから兼子理論に従って限定的に解したものまで、相当な幅があるが、判例理論全体に統一的な理論を見いだせるかといえば、否というほかない。便宜、積極、消極の両論に分けて、主立った判例を挙げてみよう。

一　補助参加を認めたもの

理論上もっとも興味深い判例としては、既に引用した所在不明の夫を被告とした金銭請求への妻の参加を認めた名古屋高決、共同不法行為者の一人が相手方側に補助参加することを認めた昭和五一年最高裁判例があるが、その他にも、次のようなものがある。

1　Zが自分が譲り受けたと主張している債権について、Xが自己が譲り受けたと主張して債務者Yにその支払いを求めている訴訟のY側にZが補助参加（大決明治四二年一二月一六日民録一五輯九八一頁）。

2　ある村の大字の出納員Xが、電鉄会社の停留場を設置してもらうために住民が寄附金を負担する決議があったとして、住民の一人であるYに対して寄附金の負担部分を請求した訴訟で、他の住民Zら二二名が、そのような決議は存在しないのにもしYが敗訴すれば、Zらも同一理由をもって寄附金を徴収されるおそれがあるとして、Y側に補助参加を申し立て、法律上の利害関係ありとされた（前掲大決昭和八年九月九日民集一二巻二二九四頁）[18]。

3　債権者（原告）が債務者に代位して第三債務者（被告）に対して提起した仮登記抹消の訴訟において、債務者に対して租税債権を有する国が、被告である第三債務者側に補助参加を申し立てたケースで、「利害関係は、判決主文に直接するものであることを要せず、いやしくも判決主文から法理論的に推知される利害関係であれば、たとえ間接的なものであっても、補助参加の利益があるものと解するのが相当」と判示（仙台高決昭和四二年二月二八日下民一八巻一＝二号一九一頁）。

4　特許権侵害の差止めを求めた仮処分事件において、実施権者および再実施権者の補助参加の利益を肯定（大阪地判昭和三九年一二月二六日判時四二八号七四頁）[19]。

5　ユニオンショップ協定に基づき解雇された労働者から提起された使用者に対する解雇無効確認・賃金支払請求の訴訟において、労働組合が組織強化を理由に被告側に補助参加（東京高決昭和四二年五月四日労民一八巻六号一〇八五頁）。

6　郵便局の副課長に対する不法行為による損害賠償請求訴訟において、国家賠償義務を懸念する国が被告側に補助参加（東京地決昭和五〇年六月二七日訟月二一巻八号一五七四頁）。

7　債権調査期日に異議を述べなかった破産債権者および破産者が、債権確定訴訟の被告である破産管財人側に補助参加（名古屋高決昭和四五年二月一三日高民二三巻一号一四頁）[20]。
8　破産管財人が提起した否認権訴訟に、破産債権者——その届出債権について管財人から異議が出ている——が補助参加（大阪高決昭和五八年一一月二日判時一一〇七号七八頁）[21]。
9　市が原告となって売却した土地の返還を求めている訴訟に、別訴で同内容の請求の住民訴訟を提起している住民の補助参加を肯定（大阪高決平成四年三月三一日判タ七八八号二六五頁）[22]。

二　補助参加を否定したもの

1　入会権侵害排除請求訴訟において、被告が敗訴すれば自分も同様の訴えを提起されて敗訴のおそれがあるとする隣接山林の入会権者の補助参加申立てを「単純なる事実の利害関係」であるとして、却下（大決昭和七年二月一二日民集一一巻一一九頁）[23]。
2　合資会社の社員Xが同社員Yを相手どって、Yには会社に対する利益配当、持分払戻し、残余財産分配を求める権利が存在しないことの確認を求めた訴訟の被告Y側に、Yと同様の地位にある社員Zが参加申立て（東京高決昭和三八年一二月一〇日東高民時報一四巻一二法三二〇頁）。
3　キノホルムを製造・販売したYに対する損害賠償請求の訴えにおいて、別訴で原告からキノホルムの投与を理由として損害賠償を求められているZがY側に参加申立て（東京高決昭和四九・四・一七判時七四八号六一頁）。
4　既掲の肯定例と同様の事案において労働組合の補助参加を否定（名古屋高決昭和四四年六月四日労民二〇巻三号四九八頁）。
5　所有名義がZ→A→Y→Xと移転している土地につき、ZがYに対して所有権は依然としてZにあるとして、所有権移転登記の別訴を提起していた。XがYを相手どってYの債務（本件不動産によって担保されていた）を代位弁済したとして、その求償の訴えを提起したところ、Zが、Y側に補助参加を申し立て、Xの主張が認められるとZ・Y間の別訴に不利益な影響が及ぶと述べた（名古屋高決昭和五〇年一一月六日判時八一一号六六頁）。

6　遺留分の減殺請求をめぐるX_1・X_2のY_1・Y_2・Y_3に対する訴訟において、Y_1がY_2・Y_3側に参加申立て（東京高決昭和五六年一〇月二七日判時一〇二三号六四頁）[24]。

7　戸籍上の父母A・Bは、実は父母でないとして子Xによって検察官に対して提起された親子関係不存在確認の訴えと、Xを原告として検察官を被告とする亡Cが実の父であるとする認知の訴えが係属中であるところ、認知訴訟の被告側に補助参加している亡Cの妻Z_1、養子Z_2、嫡出子Z_3が、親子関係不存在確認訴訟の棄却を求めて被告側に補助参加申立て（東京高決昭和五七年一一月二二日判時一〇六号五八頁）[25]。

8　労働委員会を被告とする救済

命令取消訴訟において、救済命令の申立人となっていない組合員個人は、仮に救済命令で自己への金銭の支払いが命じられている場合であっても、救済命令の名宛人ではないので参加は認められない（東京地決昭和五八年一月七日判時一〇七二号一四五頁）。

三　株主代表訴訟における会社の補助参加

1　原告株主側への補助参加

原告株主側が訴求しているのは、会社の被告役員への損害賠償請求権である以上、会社がその目的を達成するために、原告側に補助参加することは原則として認められる。会社は、原告株主が有しない認識や資料に基づいて主張・立証ができるので、会社の訴訟への関与は有用である。ただし、紛争の実態として被告役員と会社（監査役）との利害が実質的に共通しており、会社が原則的に参加することが原告の訴訟追行目的を阻害すると認められるような場合は、会社の参加申立ては「参加権の濫用」として許容されない。この場合には、原告株主が参加申立てに対する異議（四四条一項）を出すことができる（参加に対する異議は、相手方当事者から出されるのが普通である）。

会社の参加が認められた場合は、参加人勝訴を導くためには被参加人と抵触する訴訟行為ができる（四五条二項の適用はない）。旧法下で解釈論上認められてきたいわゆる共同訴訟的補助参加にあたる。

2　会社の被告役員側への補助参加

会社が被告役員側に補助参加できるか否かについては、判例・学説とも意見が分かれる。実体法上の訴訟物レベルで利害が共通するか相反するかを重視する立場では消極論に傾き、紛争の実質を視野に入れて、主張・立証の必要性という手続（への関与）面を重視する立場では、積極論に赴く。ことがらは、住民訴訟における被告職員側に地方公共団体が補助参加できるかどうかと同質である。

総じて、訴訟追行過程における主張立証の要否を重んじる手続法学者は積極説をとり、実体法上の静止的理論を重んじる商法学者は消極説をとる者が多い[26]。実務家（弁護士）は、実務感覚を反映して、積極説に立つ者が圧倒的に多い[27]。

判例は、地裁レベル、で消極、積極とそれぞれに分かれていたが、積極説が優勢になりつつある。まず、東京地決平成七年一一月三〇日判時一五五六号一三七頁（東商銀事件）と、名古屋地決平成八年三月二九日商事一四二〇号四〇頁（中電事件）がある。いずれの事件でも、参加申立理由として、問題とされた役員の行為は会社又は信用組合自体の意思決定に基づくものであり、その決定が適法であることを主張・立証するためとされているのに対して、東京地裁は参加を肯定し、名古屋地裁はこれを否定した（参加を認めないとする名古屋地裁決定は、抗告審でも維持された。名古屋高判平成八年七月一一日判タ九二三号二八四頁）。しかし、セイコー株式会社事件において、東京地決平成九年五月八日は、参加を肯定し、抗告審もその結論を維持した（東京高決平成九年九月二日判タ九八四号二三四頁）。さらに、日本興業銀行事件においても、東京地決平成一二年四月二五日判時一七〇九号三頁は、株主代表訴訟の紛争の実態を全面に押し出して、訴訟物自体の判断についての利害関係でなくても、重要な争点について会社の立場から主張・立証の必要があれば、参加が認められるべきであるとの判断を示した。抗告がなされたが、抗告審は原決定を維持した。この東京地裁決定が、もっとも鋭く問題の本質をとらえている。

否定説は、河本一郎氏が指摘するように、「あまりにも実態に即さない議論」であるばかりでなく[28]、理論上も、あまりに実体法的な静止的形式思考にすぎ、近時の補助参加の利益の理論動向に逆行している。

参加を肯定すべき理由は、当該訴訟の紛争の実質および争点との関係で、会社の現経営陣が、会社の経営に関わる重大問題について、会社を代表して、被告役員とともに自らの立場で主張・立証を行う機会を保障すべきであるという、手続保障の要請に尽きる[29]。被告役員は、当然には会社の資料を提出できる立場にはないが、会社（現経営陣）ならそれが可能である。原告株主としても、これを拒否すべき立場にはない。そうして、参加の利益が認められるのは、被告役員の行為が取締役会の決議を経ているなどの会社の意思決定に基づく場合に限定されるべきでない。会社の業務慣行や緊急的な対応もありうるからである（この点で、伊藤説もやや形式的にすぎる）。

もっとも、会社の主張・立証の必要性については、補助参加を申し立てた会社が、相手方から異議が出された段階で、争点に即して具体的に疎明しなければならない。なお、最（一小）決平成一三年一月三〇日（民集五五巻一号三〇頁）は、補助参加を肯定することを明確にし、実務上は決着をみた。

四　住民訴訟における地方公共団体の参加

地方自治法二四二条の二第一項四号に基づいて住民が提起する地方公共団体の職員（県知事など）に対する損害賠償請求の訴えにおいて、地方公共団体が被告の側に補助参加できるかどうかについては、議論が分かれる[30]。

まず、否定する立場からは、原告住民は地方公共団体の被告職員に対する損害賠償請求権を代位行使しているのに、その請求権の帰属主体が原告側でなく被告側に補助参加するのは、「原告は被告に補助参加できない」という一般的テーゼに照らして、そもそも参加資格の点で疑問である、という論拠が援用される。(31) けれども、この種の住民訴訟に私法上の債権者代位訴訟と同一の性質づけを与えなければならないかどうかは疑問があり、少なくとも地方公共団体の第三者性は肯定すべきであろう。(32)

次に、参加の利益についても、株主代表訴訟における会社の被告取締役側への参加と同様に解することができる。つまり、議会の議決に基づいて執行した場合など、自治体に自らの財務行為について主張・立証の機会を与えるのが妥当であるからである。(33)

例えば、四号請求訴訟の主要な争点は、問題とされている財務会計上の行為の適否である。職員個人に対する損害賠償請求であっても、実質的には行為主体としての地方公共団体の当該財務行政が違法かどうかが争点となるのが通常である。少なくとも、当該公金支出が議会の意向をも反映した自治体の財務行政の一環としてなされている場合は、そうである。そうだとすれば、地方公共団体が固有の立場からその争点について主張・立証を試みる利益と必要があるかどうかが、当面の参加の利益を考える上で決め手になる。

この点について、地方公共団体としては、被告とされた個人にその旨の主張・立証を委ねるだけでなく、自らも独自の立場から財務行政や政策の正当性を主張・立証する機会が与えられてしかるべきである。証人として資料を提供するだけでは足りないし、被告とされた個人に裏で様々な形で協力したり支援したりするだけでは十分でない場合も少なくないと思われる。自治体の行政のあり方が問われているのに、肝心の自治体が直接的に主体として訴訟に関わることができないというのは、おかしな話である。特に、被告とされた職員個人が当該財務行為の正当性を主張し立証するために、無制限に公文書を入手できるか、あるいは訴訟に顕出できるかを考えると、地方公共団体自体に関与を認めて自ら主張・立証の途を与える方が望ましいし、それによって充実した弁論、審理も期せられる。相手方である原告住民にしても、政策決定主体の関与が認められてその者との間での攻防を展開することになるとしても、それは当然のことであって、格別文句が言える筋合いのものではない。

第六節　小括と展望

一　参加要件の弾力化を志向する近時の新しい潮流に問題がないかといえば、必ずしもそうとはいえない。とりわけ、前訴判決が後訴でもつ事実上の効果（判決の証明効）は、理論上は正当化されにくいのに、そのような効果を参加の利益として基礎づけるのが果たしてどうなのかの問題があるし、判決理由中の主要な争点についての利害関係を参加の要件とみる立場については、参加の時点からみれば将来の不確定な判決理由に他ならないので、そのような要素を補助参加の利益にとり込むことの当否も問題となる。(34) このような疑問はまた、近時の新しい動向も、判決結果と第三者との地位との関係にとらわれすぎており、紛争過程ないし手続過程における第三者の手続関与が何故に必要なのかについての配慮――つまり過程志向としての第三者の主張・立証の機会の保障――が不足しているのではないか、という問題点のあらわれでもある。

二　補助参加の利益について当面の課題は、参加要件の「基準」の確立ではなく参加がどういう場合になぜ許されるのかの「視点」を明らかにすることである（すべての場合にあてはまるような「統一的な基準」の設定はもはや不可能であることをはっきりと認識すべきである）。また当事者の一方が敗訴すれば第三者の地位がどうなるかというような、判決結果を起点にしての有利不利の概念のみで律するのではなく、訴訟手続における第三者と訴訟当事者との関わり方（紛争主体間の行動規範）に重点をおいた思考がとられるべきである。つまり、第三者の弁論要求を認めることが紛争主体間の関わり方からみて公正かつ衡平かという手続的な観点が、補助参加の利益の核心をなすと考えられるのである。つまり、補助参加の利益にとっては、利害関係ある第三者に主張・立証の機会を保障するという観点こそが重要であり、これが原点であることが確認されなければならない。

航空機事故による乗客Aの航空会社Bに対する損害賠償請求訴訟における機体メーカーCの補助参加の利益に例をとれば、補助参加が認められるかどうかは、B・C間の将来の（あるいはすでに現実化している）紛争を念頭に置きつつも、A・B間の訴訟で当面問題になるであろうCの製造した機体の欠陥の有無について、Cに主張・立証の機会を与えるべきであるとの考慮にほかならない。機体の製造過程の問題については、第三者Cは紛争の主体なのであり（A・B間の損害賠償請求権というレベルではそうでなくても）、その者に手続保障を与えることは、紛争処理手続の基本的要請なのである。その意味で、Bの敗訴によってCがどうなるかを睨みながらも、Cが製造した機体の欠陥が問題になっているのに、肝心のCを除外して手続を進めてよいか、という問題なのである。したがって、A・B間の紛争で、AがCの製造した機体の欠陥を主張しているのか、Aが主張していなくてもBがそのような主張を行っているか（あるいは行おうとしているのか）という、紛争の動的な具体的要因が、Cの参加利益にとっては重要なのである。[35] 機体の製造過程上の問題が将来B・C間に、場合によってはA・C間に正面きって顕在化してくることが目に見えているのに、その段階ではじめてCが自分の言い分を述べることができるとするのは、「既に時遅し」になりかねず、公正でないと言えるのである。参加の利益は、将来に向けて、第三者と当事者との関わりをいかにすれば公正なものにできるかに関わる問題である。

あるいは、B病院に雇われているC医師の治療行為のミスを理由として、患者AがB法人に損害賠償請求の訴えを提起したとしよう。仮に、C・B間に、Cの治療行為を理由としてBが患者に責任をとったとしても、BがCに求償などの責任追及することは一切ないという特約が交わされていたとして、Cは、A・B間の訴訟に補助参加できるか。B・C間に後日の訴訟が生じる余地はなくても、自己の治療行為のミスがいま訴訟で争われようとされている限り、自ら主体的にAの主張に反論し、立証活動を展開できるような手続形成の利益をもつと考えられる。証人として、受動的に、また単なる証拠資料を提供する地位を与えられるだけでは足りない。

三　このようなプロセス志向に根ざした関係人関与の手続が、弁論準備手続および口頭弁論の手続として具体的にどのように運営・実施されるべきか。

二当事者対立構造下の現状では、補助参加人は居場所がなく異物の存在になりかねない。この意識を克服するには、関係人（第三者）を巻き込んだ争点整理手続の工夫、証拠調べの工夫が伴わなければならない。プロセス志向が真に浸透していくには、このような手続実践をどのように実現していくか。これが二一世紀の今後の課題である。

（１）　春日偉知郎「補助参加の態様」『百選Ⅱ』（新法対応補正版、一九九八年）三七六頁、およびそこで引用されている諸文献参照。

（２）　判例解説として、高田裕成・リマークス四号（一九九二年）一四八頁、高橋宏志「補助参加について（三）」法教一九六号（一九九七年）七六頁、井上治典「遺言の効力をめぐる相続人間の争いと公証人の補助参加の利益」『多数当事者の訴訟』（信山社、一九九二年）二四二頁、初出：九大法政研究五八巻三号（一九九二年）。

（３）　例えば、高橋宏志「補助参加について（二）」法教一九五号（一九九六年）八九頁は、具体的には、参加申出の時期、異議を提出した者、参加申出の人数、補助参加による被参加人側の訴訟資料・証拠資料の充実の有無等が審査され、当該紛争全体の解決にとって参加が有用であるかどうかが判断の眼目になるのであり、確認の利益の判断と似た弾力的なものであるとする。

（４）　感情上の利害関係が問題となった事案として、大阪高決昭和四七年九月二八日判タ二八八号三二八頁、東京高決昭和五〇年五月一六日判タ三二九号一三二頁。

（５）　不動産仮登記抹消請求訴訟について、原告の相続人の参加を否定したものとして、東京高決昭和三四年三月一六日下民一〇巻三号四九六頁。これに対し、朝鮮高院決昭和九年六月一日評論二三巻民訴五二四頁は、夫の財産に関する訴訟で、その財産を生活の基礎にしている妻の補助参加を肯定した。債権者は、債務者の一般財産が訴訟の結果減少するというだけでは、参加の利益はないが、自己の債権を保全する必要があるときは、債務者の財産に関する訴訟に参加できる（大決明治四一年九月四民録一四輯八八六頁、大決大一一年七月一七民集一巻三九八頁）。

(6)　兼子ほか『条解民事訴訟法』（弘文堂、一九八六年）一七八頁（新堂執筆）、谷口安平「多数当事者訴訟について考える」法教八六号（一九八七年）一〇頁、井上治典「判批」民商六三巻一号（一九七〇年）一六七頁などは肯定的、菊井＝村松『全訂民事訴訟法Ⅰ』（旧版）（日本評論社、一九五七年）三五六頁は批判的。

(7)　兼子一『体系民事訴訟法』（酒井書店、一九五四年）三九九頁、同『判例民事訴訟法』（弘文堂、一九五〇年）三七七頁・三七九頁、同「選定当事者の場合の共同の利益と補助参加の利害関係の差異」『実例法学全集民事訴訟法（上）』（青林書院、一九六三）八六頁。

(8)　瀧川叡一「請求の主観的択一関係と共同訴訟」本井巽＝中村修三『民事実務ノート第二巻』（判例タイムズ社、一九六八年）一〇八頁。特に一一九頁注、初出：判タ二〇〇号（一九六七年）二六頁。

(9)　井上治典「補助参加の利益」『多数当事者訴訟の法理』（弘文堂、一九八一年）六五頁、初出：民訴一六号（一九七〇年）。

(10)　新堂幸司『新民事訴訟法』（弘文堂、一九九八年）六九一頁。

(11)　福永有利「複数賠償責任者と訴訟上の二、三の問題」判タ三九二号（一九七九年）一六三頁、同「複数の責任主体と共同訴訟」法時四九巻一号（一九七七年）四七頁。

(12)　飯倉一郎「共同訴訟人の一人の相手方への補助参加」薬師寺博士米寿『民事法学の諸問題』（総合労働研究所、一九七七）三六一頁。

(13)　山木戸克己「判決の証明効」同『民事訴訟論集』（有斐閣、一九九〇年）一四五頁。

(14)　奈良次郎「参加制度の現状」Law School 四七号（一九八二年）一八頁。

(15)　佐上善和・判評二八一号（一九八二年）三八頁、鈴木重勝「補助参加の態様」『百選』（第二版）八四頁、坂口裕英「補助参加の利益」『民事訴訟法の争点』（旧版）一一八頁。

(16)　上田徹一郎『民事訴訟法』（第二版）（法学書院、一九九七年）五一九頁、吉野正三郎『集中講義民事訴訟法』（第二版）（成文堂、一九九五年）二八三頁。

(17)　詳しくは、なお、伊藤眞「補助参加の利益再考」民訴四一号（一九九五年）一頁、高橋・前掲「補助参加について（二）」法教一九五号（一九九六年）、井上・前掲論文参照。

(18)　兼子・前掲諸論文、染野義信『民事訴訟法判例百選』（一九七五年年）三八頁、菊井＝村松・前掲『全訂民事訴訟法Ⅰ』（旧版）（日本評論社、一九五七年）三五五頁などは批判的。ただし、井上治典・前掲「補助参加の利益」『多数当事者訴訟の法理』（弘文堂、一九八一年）八五頁以下、新堂・前掲民訴六九二頁は肯定的。

(19)　基本的に判旨に賛同するも、再実施権者については批判的な評釈として、染野義信「判批」判評八九号（一九六六）一六七頁。

(20)　評釈として、徳田和幸「判批」民商六六巻三号（一九七二年）五〇六頁、井上治典『倒産判例百選』（一九七六年）一二四頁。

(21)　本件評釈として本間靖規『新倒産判例百選』（一九九〇年）九四頁、松本博之「判批」判評三一〇号（一九八四年）四六頁。

(22)　本件評釈として井上治典・リマークス七号（一九九三年）一二四頁以下。

(23)　賛成評釈として、兼子・前掲『判例民訴』三七七頁。

(24)　なお、紛争の実相に降り立って、参加の利益を認める方向を示唆するものとして、佐上善和「判批」判評二八一号（一九八二年）三八頁。

(25)　参加を否定する判旨に批判的な評釈として、井上治典「親子関係不存在確認訴訟への補助参加の利益」前掲『多数当事者の訴訟』二二〇頁、初出：判評二九四号（一九八三年）。

(26)　民訴学者の積極論として、伊藤眞「コーポレート・ガバナンスと民事訴訟――株主代表訴訟をめぐる諸問題」商事一三六四号（一九九四）一八頁・二一頁、同・前掲民訴四一号二二頁以下、新堂幸司「株主代表訴訟の被告役員への会社の補助参加」自正四七巻一二号（一九九六年）一一四頁、佐藤鉄男「株主代表訴訟における訴訟参加とその形態」ジュリ一〇六二号（一九九五年）六二頁以下、吉野正三郎「株主代表訴訟における会社の訴訟参加（上）（下）」商事一三五七号（一九九四年）一二頁、同一三五八号（一九九四年）二六頁。このうち、新堂論文が最も説得力がある。これらに対し、訴訟法学者であるが、中島弘雅「株主代表訴訟における会社の補助参加」ジュリ一〇九七号（一九九六年）八九頁以下、同「株主代表訴訟制度――民事手続訴訟法上の問題点」ジュリ一〇五〇号（一九九四年）一五三頁・一五六頁は、消極論。商法学者の消極論として、山下友信「取締役の責任・代表訴訟と監査役」商事一三三六号（一九九三）一五頁、岩原紳作「株主代表訴訟の構造と会社の被告側への訴訟参加」竹内昭和夫編『特別講義商法Ⅰ』（有斐閣、一九九五年）二二五頁以下。神田秀樹「株主代表訴訟に関する理論的側面」ジュリ一〇三八号（一九九四年）六九頁も否定説とみるべきか。新谷勝『株主代表訴訟と取締役の責任』（中央経済社、一九九四年）二七一頁も否定説。

(27)　久保利英明＝中村直人『株主代表訴訟と役員の責任』（商事法務研究会、一九九三年）五三頁、中村直人「株主代表訴訟と会社側の対抗措置」ひろば四七巻八号（一九九四年）三三頁、中祖博司「株主代表訴訟判例の整理と若干の考察」判タ八三四号（一九九四年）三三頁、会社訴訟法実務研究会編『役員の責任と株主訴訟の実務』（新日本法規、一九九六年）一〇八五頁以下、米津稜康威雄「株主代表訴訟の問題点と取締役・監査役の心得」奥島孝康編『コーポレートガバナンス』（きんざい、一九九六年）一七二頁。もっとも、実務家はいずれも代表訴訟に対する会社側の対応策として、被告への補助参加を位置づけている。

(28)　座談会「金融取引と株主代表訴訟対策」金法一三七二号（一九九三年）四八頁。

(29)　新堂・前掲「株主代表訴訟の被告役員への会社の補助参加」自正四七巻一二号（一九九六年）。

(30)　肯定する裁判例として、東京高決昭和五六年七月八日判時一〇一一号六二頁、仙台高決平成二年一月二六日判時七〇号一〇頁。否定するものとして、東京高決昭和五八年九月三〇日判時一一〇一号四〇頁、広島地決平成元年九月一一日判時一三四六号八五頁。

(31)　例えば、畑郁夫「地方自治法二四二条の二第一項四号の訴訟と地方公共団体の訴訟参加」仲江利政編『住民訴訟の実務と判例』（一九八八年）一五〇頁、長谷善仁「自治体の補助参加」仲江編・前掲書四二二頁など。
(32)　井上治典「住民訴訟への地方公共団体の補助参加の利益」同前掲『多数当事者の訴訟』二二九頁（初出：判評三八一号（一九九〇年）、田中信義「補助参加」大藤敏編『裁判住民訴訟法』（一九八八年）三三八頁。
(33)　これに対し、山村恒年「判批」判自七九号（一九九一年）一頁以下は、議会の意思と執行機関の意思とが異なる場合など、執行機関の意思決定と地方公共団体の利害とは必ずしも一致しない点に着目して、執行機関としての県知事が参加するのであればともかく、地方公共団体自体には原則として参加の利益はないとする。
(34)　井上治典「補助参加の利益」争点（新版一九八八年）一三六頁。また、飯倉・前掲論文「共同訴訟人の一人の相手方への補助参加」は、「判決理由中の判断」ではなく、「請求原因」についての利害関係で説明すべきであると説く。
(35)　井上治典「第三者の参加、引込み」民訴二七号（一九八一年）一六八頁。

第七章　ある相続事件における補助参加の許否をめぐる攻防

――意見書と決定――

第一節　はじめに

補助参加の申立てがなされた場合、当事者（通常は、相手方。稀に被参加人）から参加に対する異議が出されなければ、そのまま補助参加が認められる。異議が出されたときに、参加が許されるかどうかの裁判（決定）がなされるが、その参加許否の裁判はどのような審理構造を呈するのか。

事件によっては、「法律上の利害関係ではないので、異議を述べる」程度の簡単な異議申出もあれば、詳細に異議の理由が示されて、これに対する参加申立人の反論（補助参加の利益を基礎づける主張）がなされ、異議申立人からさらに再反論がなされるなどして、本案をしのぐばかりの議論と攻防が展開される場合もある。

本章で紹介するのは、後者の攻防の一事例である。

第二節　事件の内容

一　紛争当事者・関係者（すべて仮名）

原田敏子は夫原田茂男（昭和五九年八月二五日死亡）から土地建物を相続によって取得した後、平成二年一月二日に死亡した。茂男夫婦には子がなく、敏子の遺産を承継すべき相続人も存在しなかった。なお、茂男には兄弟がおり、本件訴訟について補助参加を申立てている高山幸枝は茂男の兄茂道の娘（茂男の姪）であり、その訴訟の原告原田正道は茂道の息子（茂男の甥）である。

高山幸枝は昭和二〇年に金沢で出生し、高卒後に上京就職し、茂男、敏子夫婦の下で暮らして来た。昭和四三年に夫晃と婚姻した後、昭和五三年までは同夫婦の下を離れて生活していたが、夫婦ともども茂男、敏子夫婦とは交際があった。

茂男は昭和四七年七月、本件土地上に建物を建築したが、昭和五二年頃から高山夫婦に同居を勧めるようになり、翌五三年高山晃は本件地上に区分所有建物を建築し、茂男、敏子と同じ敷地内に住んできた。

二　原田恵美による第一次訴訟の提起

敏子の死亡後、幸枝はその遺産について相続財産管理人の選任を東京家庭裁判所に申し立てた。平成二年四月に選任の審判および相続人捜索の公告が出された。高山幸枝、晃はそれぞれ特別縁故者として財産分与を申し立て（平成三年七月二二日）、原田正道、恵美も同様に申立てをしている。

恵美は平成二年一二月に右原田敏子相続財産法人および高山晃を被告として訴訟を提起した（第一次訴訟）。その請求の趣旨は以下の通りである。

1　相続財産法人に対する請求は、本件土地建物が自己の所有に属することの確認と、各不動産の所有権移転登記ならびにその明渡を求めることであり、請求原因は右各不動産について同女が生前の茂男から死因贈与されていたとの内容であった。

2　高山晃に対する請求は①の請求を前提として建物の収去、土地明渡しを求めるものであった。

右訴訟について高山幸枝は特別縁故者として財産分与を申し立てており、訴訟の帰趨が申立てに重大な影響を及ぼすことを理由として相続財産法人を補助するために参加の申立てをした。原告原田恵美はこの申立てについて異議を述べなかった。

原田恵美の請求は第一審・第二審を通じてすべて棄却され、平成八年一〇月二八日最高裁で上告棄却により確定した。

三　原田正道による第二次訴訟（本件訴訟）の提起と高山幸枝・晃夫婦による補助参加の申立て

平成九年三月一四日、前記原田正道は右相続財産法人のみを被告として本件の不動産について正道の所有に属することの確認、所有権移転登記手続の請求、ならびに明渡しの訴訟を提起してきた。その請求を基礎づける理由は、右不動産を茂男が取得する際にその資金を右同人が出し、茂男との間で同人の所有とするとの合意が成立していたとするものである。ただ、これらの主張はすでに第一次事件の際にも死因贈与の合意が成立する際の事情として提出されたが、各判決で認められなかったところである。

第二次事件の提起を知った高山幸枝は第一次事件と同様に相続財産法人を補助するために参加を申立して、晃も同様に申立てをした。幸枝の申立ての理由は、この訴訟の帰趨が相続財産の範囲を確定することになり、財産分与の申立てに重大な影響を及ぼすことになること、原告（正道）は訴状で幸枝夫婦と茂男夫婦との関係について特別縁故者に該当しない趣旨の様々なことを述べており、この訴訟での事実認定・判断が財産分与の当否の判断に影響を及ぼすことが考えられることの二点から同申立てが訴訟の結果について利害関係を持つことに該当する、というものである。また晃は、第一次訴訟において、原告恵美は右の事実を否認して晃の土地使用関係は使用貸借であると主張し、相続財産法人はこれについて何も認否しなかった。第二次訴訟で晃は参加の理由として、特別縁故者の利益の他に、恵美の父である原告正道もこの使用関係を賃貸借契約として認めていないことを挙げ、土地使用関係が賃貸借契約か、使用貸借であるかは土地使用者の利害として重大であることを主張している。

第三節　補助参加申立てをめぐる攻防

一　高山幸枝の申立てに対する異議とそれに対する反論

1　高山幸枝の補助参加申立てに対する原告からの異議

原告（正道）は、高山幸枝の補助参加申立てに対して、民法九五八条の三第一項は家庭裁判所が分与の申立てに対して相当か否かの裁量によって相続財産の全部又は一部を分与することを許しただけの規定であり、財産分与申立人について「財産分与請求権」を権利として認めた趣旨ではないこと、幸枝が特別縁故者に該当しない旨の種々の主張も事情にすぎず、判決の判示事項に当たるものではなく、したがって民事訴訟法の訴訟の結果につき利害関係を有する第三者ではないとの異議を述べた。

2　申立ての補充（幸枝側）

以上の異議に対し、幸枝は次のような主張の補充をした。

(1)　当参加人は申立書で既述したとおり、前訴（確定事件）においても補助参加人として訴訟行為を追行してきた。これは前訴裁判所が当申立人の本件申立てと同趣旨の申立てについて（旧）民訴法六四条（現行四二条）が規定する「訴訟ノ結果ニ付利害関係」があると判断したからに他ならない。そして、右事件の原告原田恵美の代理人であった宮崎富哉弁護士も裁判所のその判断を承認していたのである。同じ代理人が右訴訟の蒸し返しとも言うべき本件訴訟における、当参加申立人の参加申立てに対して異議を述べるのかが合点がいかない。

⑵　原告は、当申立人が特別縁故者として財産分与の申立てをしたことについて、以下のようなことから当申立人は特別縁故者に該当しないと主張する。

①　当申立人は、審判によって本件不動産が自己に分与されることを期待して、森管理人に接していることが容易に推測できること。

②　当申立人は亡敏子と生計を同じくしていた者でも、同女と仲睦まじく暮らしていた者でもないこと。

③　亡敏子の入院から死亡に至るまでに当申立人が行った看護もその期間が比較的短いだけでなく、もともと同女はもっぱら看護婦の手で集中看護を受けていたのであるから手を貸す余地のなかったものであり、当申立人の看護は見せかけの実績を残すためであったこと。

④　当申立人は敏子が死亡する前に五、〇〇〇万円を超える銀行預金を、払戻請求書を偽造行使して引き出すという犯罪的な行為をした者であり、敏子はこれを許すはずのないこと。

⑶　民法九五八条の三に基づく申立てにおいて、当該申立人がこの条項が規定する「被相続人と生計を同じくしていた者」であるか、その「療養看護に努めた者」であるか、「その他被相続人と特別の縁故があった者」であるか、あるいはそれに該当しないのかの判断は法律上の判断であり、当該申立人の重大な利益に関わっている。原告が本件訴訟事件で勝訴し、その勝訴判決において右の主張についてこれを肯定する判断がなされている場合には、その判断が当申立人が特別縁故者として財産分与の申立てをしている東京家庭裁判所の審判官に何らかの影響を及ぼすおそれなしとしないと考えられるところである。

⑷　民法九五八条の三第一項に基づく申立てがなされた場合、同条所定の要件がある者に対し、家庭裁判所が全く財産を分与しないという裁判をすることは許されないのであって、家庭裁判所の裁量行為はその範囲で一定

の限界があり、その限度で、特別縁故者は一種の財産上の期待権としての私権を有するものと認められるからである。

3　補助参加申立てに対する異議申立書の補完（原告の再反論）

高山幸枝による上記申立理由の補充に対して、原告は以下のように再反論した。

前記⑴について前訴（確定事件）での原告原田恵美が、補助参加申立人高山幸枝の補助参加申立てに異議を述べなかったのは、原告原田恵美の訴訟代理人であった弊職が不注意のため、異議を述べずに弁論をしてしまったため異議権を喪失してしまったことによるものであることは既に述べたとおりである。前訴での原告原田恵美が、右のような理由で、補助参加申立人の補助参加に異議を述べなかったとしても、原告が本訴で補助参加申立人の補助参加申立てに異議を述べることができない理由はない。

前記⑶⑷について

訴状請求原因三六項は、本訴請求の主要事実には勿論、間接事実にも該当しないところの単なる事情の主張にすぎないから、本訴の受訴裁判所が亡敏子に対する補助参加申立人高山幸枝の特別縁故者性につき判決で判示することはあり得ない。右特別縁故者性の有無の認定は、家庭裁判所の専権事項であるから、この点よりしても、右同様のことが言える。

それゆえ、本訴の判決で、亡敏子に対する補助参加申立人の特別縁故者性の有無につき判示される場合のあることを前提とした補助参加申立人の主張は、前提において失当なものであって排斥を免れない。

二　高山晃の申立てに対する異議とその反論

高山晃の申立てをめぐる攻防は、以下に述べるように展開された。

1　高山晃の補助参加申立てに対する原告からの異議

原告（正道）は、この補助参加申立に対して、民法九五八条の三第一項は家庭裁判所が分与の申立に対して相当か否かの裁量によって相続財産の全部又は一部を分与することを許しただけの規定であり、財産分与申立人について「財産分与請求権」を権利として認めた趣旨ではないこと、及び、晃と茂男が合意した土地貸借契約（賃貸借契約であるとは認めていない。）については認めているので、晃には本訴訟の結果について何等の損害は発生せず、補助参加の利益も無いとの異議を述べた。

2　異議に対する参加申立人高山晃の反論

この異議申立てに対し、晃は次のように申立理由の補充・反論をなした。

⑴　補助参加人高山晃は、亡原田敏子の特別縁故者として、東京家庭裁判所に財産分与を求める申立てをしており、本件訴訟の結果について利害関係を有することは言うまでもない。

⑵　原告は、特別縁故者は、家庭裁判所の裁量によって認められるものだから、権利はなく、利害関係はないと主張するが失当である。

すなわち、民法九五八条の三第一項に基づく申立てがなされた場合、同条所定の要件がある者に対し、家庭裁判所が全く財産を分与しないという裁判をすることは許されないのであって、家庭裁判所の裁量行為はその範囲に一定の限界があり、その限度で、特別縁故者は一種の財産上の期待権としての私権を有するものと認められるからである。

⑶　また、原告は、補助参加人晃が土地に貸借契約があるので、土地の所有者が誰であろうと、損害を蒙らないので利害関係がないと主張するが、東京地方裁判所平成二年（ワ）第一六三三七号事件において原告の子である原田恵美が参加人晃に対し建物収去土地明渡請求訴訟を提起したことからも明らかなように、原告の主張は、すでに底が割れていると言わざるを得ないのであって、主張自体は失当である。

⑷　土地の所有者は、亡原田敏子であって原告ではなく、土地の所有者の確定に参加人晃が、利害関係を有す

るのは当然のことである。

3　異議の補完

申立人による申立ての補充を受けて、原告は、さらに次のように反論した。

(1)　東京地方裁判所平成二年（ワ）第一六三三七号事件で原告であった原田恵美が補助参加申立人高山晃を被告として提起した建物収去明渡請求（控訴審で建物明渡請求に変更）は、原田恵美が亡茂男から土地、建物の死因贈与を受けたことによるその所有権に基づき、その占拠者である補助参加人高山晃に対してしたもの（控訴審では、建物の区分所有等に関する法律第一〇条所定の権利を同人に対して行使したことによるもの）であって、本訴における原告の請求とは法律構成を異にしていたものであるから、前掲事件で原田恵美が右のような請求訴訟を提起したものであるから、前掲事件で原田恵美が右のような請求訴訟を提起した事実があるからといって、原田恵美とは別人の原告が法律構成を異にする本訴において「補助参加申立人高山晃には、その所有建物の在る土地についての貸借契約があるから、本訴の結果によって損害を被ることはあり得ない。」と主張することが妨げられるいわれは全くない。

(2)　補助参加申立人は、「土地の所有者は、亡原田敏子であって、原告ではなく、土地の所有者の確定に参加人晃が、利害関係を有するのは当然である。」と主張しているが、本訴の結果、原告が土地所有者と確定したとしても、補助参加申立人は、現に有している土地使用貸借による権利を失わないのであるから、本件訴訟の結果について利害関係を有するとは言えないのは当然であって、補助参加申立人の右主張は失当である。

(3)　補助参加申立人は、「原告は、特別縁故者は、家庭裁判所の裁量によって認められるものだから、権利はなく、利害関係はないと主張するが失当である。」と主張しているが、原告は、特別縁故者は家庭裁判所の裁量によって認められるものだなどという主張はしていない。家庭裁判所に、民法九五八条の三第一項の規定によるものとして、相続財産分与の申立てがあった場合、家庭裁判所は、「相当と認めるとき」に当たるか否かか被相続人と特別の縁故があった者」に該当する者か否か（特別縁故者該当性の問題）を専権的に判断し、相当性も特別縁故者性も共に肯定できるときに、その申立人に「相続財産の全部又は市場卯を与えることができる。」というのが民法第九五八条の三第一項の趣旨である。申立人の特別縁故者該当性の有無については申立人の主張に基づき（家事審判規則一一九条の二）証拠によって事実認定すべきは当然であるが（家事審判法七条、非訟事件手続法一〇条）、前述の相当性の問題についての判断はもとより、その申立人に相続財産の全部または一部を与えるか否かの判断は家庭裁判所の裁量に任されているのであって、家庭裁判所は、その裁量を誤ってはならないだけである。右のとおりであるから、仮に、特別縁故者に該当する者であるとしても、当然に相続財産についての権利を有する者とは言えないし、いわんや、補助参加申立人のように、何ら特別縁故者に該当しないような者が相続財産についての権利を有すると言えないことは言うまでもない。

4　参加申立人晃の再反論

この異議の補完に対し、参加申立人晃は、特に当該土地をめぐる賃借契約について、以下のように再反論した。

(1)　原告は、「参加人晃が土地に貸借契約があるので、土地の所有者が誰であろうと、損害を蒙らないので利害関係がない」と主張するが、失当である。

(2)　原告は、参加人晃の使用権限を使用貸借契約と主張しているが、以下に述べるとおり、賃貸借契約である。すなわち、参加人晃は、故原田茂男との間で、昭和五五年当時、参加人晃所有の建物（参加入廷物という）の所有を目的に、一年あたり金五万円を本件土地の賃料とする旨合意し、年間金五万円の賃料を支払っていたのであり（以下本件賃貸借契約という）、原田茂男の相続人である原田敏子は、本件賃貸借契約を承認し、一年間金五万円の賃料を受領していたのである。

また、参加人晃は、被告相続財産に対して、年間金五万円の賃料を支払っており、被告相続財産もこれを受領している。

(3)　原告と参加人晃との間にはなんら契約関係はないので、本件訴訟において、原告が本件賃貸借契約が存在していることを認めたとしても、原告が別訴において、参加人晃の本件土地の使用権限を認める主張をするとは限らない。

原告の「参加人晃が土地に貸借契約があるので、土地の所有者が誰であろうと、損害を蒙らないので利害関係がない」という主張は曖昧であり、法的に明確な主張ではないからである。

原告の子である原田恵美が、被告相続財産ないし参加人晃を被告として提起した別件訴訟が敗訴した後、原告は、別件訴訟と矛盾する本件訴訟を提起したのであり、その訴訟態度から、仮に、原告が、本件訴訟で勝訴した場合、原告が、土地所有権に基づいて、参加人の建物の収去及び土地明渡訴訟（以下明渡訴訟という）を提起することは十分予想されることであり、また、右明渡訴訟を提起することは可能である。

(4)　以上のような明渡訴訟が提起された場合、参加人晃は、請求原因事実である原告の土地所有権を争うことになるのは当然である。

原告主張のように、明渡訴訟において、請求原因事実（土地所有権の有無）に争いがあっても、原告が、明渡訴訟における抗弁を予め認めている場合には（前記したように、これすら判然としないし、右主張が維持されるとは限らない。）参加人晃には、本件訴訟に補助参加する利益がないと判断することは許されないと解する。

訴訟においては、請求原因、抗弁、再抗弁、再々抗弁などの主張があり得るのであり、本件においては、もともと請求原因事実に争いがあるのであって、その請求原因事実を省略し、抗弁の段階でのみ、補助参加の利益についての判断をなすべき理由がないからである。

(5)　補助参加の制度は、補助参加人が自己の利益を守る手段を保障することを目的とする制度であるが、それが当事者の一方を補助し勝訴させることによって実現されることに特色があるとされる。

参加人晃は、本件訴訟の結果、すなわち、「被告相続財産が本件土地の所有権者であり、原告に所有権がないことを認める判決」がなされれば、原告から、本件土地の所有権に基づく建物収去土地明渡請求訴訟を提起される可能性がなくなり、紛争を一挙に解決することができるのであって、参加人晃が、本件訴訟において、原告の土地所有権を争っている被告相続財産に補助参加する法律上の利益があることは明らかである。

補助参加の利益は、原告の主観的な主張に拘泥すべきではなく、被告相続財産ないし補助参加人の立場に立って、客観的に判断されるべきだからである。

(6)　被告相続財産ないし補助参加人は、被告相続財産が本件土地の所有者であり、原告が所有権を有していないと主張しているのであって、もともと、原告が主張する「貸借契約があること」（明渡訴訟における抗弁の趣旨か）以前に問題があるのである。

また、前述したように、原告は、別件訴訟と矛盾する本件訴訟を提起しているのであって、その訴訟態度をにわかに信用することはできない。

5　原告からの再々反論

晃からの再反論を受け、原告は次のような再々反論を展開した。

補助参加申立人（晃）の右一九九七年九月二四日付準備書面による主張によれば（前記４における再反論）、原告は、原告が本件訴訟で勝訴した場合でも、補助参加申立人が原告に対して、本件土地の貸借契約による本件土地の使用権原を有することを認めてはいるが、原告は、本件訴訟で勝訴した後、本件土地所有権に基づいて補助参加申立人に対して建物の収去及び土地明渡訴訟を提起することが十分予想され、右明渡訴訟を提起することは可能であるから、補助参加申立人は、本件訴訟において被告の為に補助参加申立てをする法律上の利益があるというに在る如くである。

しかしながら、原告は、仮に、本件訴訟で勝訴したとしても、補助参加申立人が本件土地につき賃貸借契約による使用権原を有するものである以上、補助参加申立人に対して、その主張のような建物収去、土地明渡訴訟を提起することなどは全く考えていない。補助参加申立人の右主張は、杞憂に過ぎない。

（旧）民事訴訟法六四条にいう「訴訟ノ結果ニ付利害関係ヲ有スル」者とは、訴訟の結果即ち判決の主文のいかんによって、私法上又は公法上の権利関係に法律上影響を受けるという法律的な利害関係を有するものでなければならないこと言うまでもないから、右のような杞憂を抱くにすぎない補助参加申立人がそれに当たらないことは明らかであり、従って補助参加申立人の右主張は失当である。

第四節　筆者の意見書

筆者は、補助参加申立人らから、参加の利益の存否について意見書の作成を求められ、これに応じて提出した。その骨子をつぎに掲げる。

一　「訴訟物利害関係説」と「実質的利害関係説」

私見によれば補助参加の利益をめぐる対立軸をあえてスローガン的にあらわせば、補助参加の利益を厳格にかつ請求レベルで形式的に考える「訴訟物利害関係説」と、個別紛争の諸要因をとり込みながらやや柔軟に考える「実質的利害関係説」との争いであると要約できる。株主代表訴訟における会社の参加でも、前者の立場では原告株主が会社の損害賠償請求権を行使しているのに、会社が被告側に参加してそれを否定することに加担するのは、請求レベルで参加人と被参加人の利害が相反し、論理矛盾であり許されないとなりがちであるに反し、紛争を請求レベルだけでなくより実質的にとらえ、訴訟過程における攻撃防御活動の実質的必要性や審理の充実の要素まで視野に入れる後者の立場では、肯定論に傾く。

ところで、この「厳格説」と「実質説」との関係は、前者が参加にやや厳しい立場を採り、後者がやや柔軟に参加を認める点で、スタンスのちがいがあることは事実であるが、理論上はそれぞれ相まじわるところがないというほどに距離があるものではなく、視点の置き方に多少の広狭の差があるという程度のものである。というのは、実質説といえども、訴訟物についての判決結果によって参加人の地位がどういう影響を受けるかの要素を全く考慮に入れる必要はないとは考えていないのであって、それが重要な考慮要因の一つであることは承認しつつ、なおそれだけでは参加を認めるかどうかの指標としては足りず、紛争の実相を踏まえて他の種々の要因をも考慮に入れて判断されるべきではないかと説くものであるからである。仮処分にたとえれば、厳格説は「被保全権利」の有無だけで仮処分を出すかどうかを決めようとするのに対し、実質説は、「保全の必要性」こそが大事なのでは、と説くに似ているのである。

また、訴訟物への利害関係を要件とする厳格説も、その訴訟物についての判断結果によってただちに必然的に第三者（参加申出人）の地位が決まってくるかといえば、既判力が及ばない以上、そうはならないことも自認している。兼子一博士は、「訴訟物についての判決結果が、第三者の地位を決するにあたって参考にされるおそれがあればよい」と説いているのである。他人間訴訟の判決結果と第三者の地位との因果系列が、「参考にされるおそれ」という程度のものであれば、第三者の地位への影響の程度はかなり緩やかであると言えるし、「参考にされるおそれ」は必ずしも判決主文である訴訟物についての判断には限られず、判決理由や事実認定レベルまで及んでもおかしくはない。厳格説自体、すでに実質法的考慮を内包しているのである。

二　本件についての分析視点

本件参加申立てについては、高山幸枝と高山晃とに共通の問題と高山晃固有の問題とがある。亡原田敏子の特別縁故者として財産分与の申立てをしていることについては、幸枝と晃とで共通であり、原告が所有であると主張する土地上に建物を所有し、土地について土地所有者との間に賃貸関係があるという点は、晃に固有の問題である。考察の順序として、まず、両者に共通の問題からとりあげる。

本件についての分析視点を次のように設定する。

1　本件で、参加の利益の存否を判断するポイントは何か。

2　相続財産について特別縁故者として財産分与の審判を申し立てた者は、相続財産の帰属をめぐる紛争にどのような地位をもつか。

3　別件確定訴訟への関与の実績は、参加の利益に何らかの影響、意味をもつか。

4　被告が相続財産法人であり、訴訟追行の充実度がどの程度であるかは、参加の利益にとって考慮すべき要素になるか。

5　本件土地が原告の所有であるか被告法人の所有であるかによって、高山晃の貸借上の地位にどのような影響をもたらすか。

6　「厳格説」（訴訟物利害関係説）によれば、補助参加の利益は否定されるか。

三　参加申立人の利害関係の核心

参加申立人高山幸枝、高山晃は、参加申立ての理由の中で、「申立人と茂男、敏子夫妻との従前の交際関係から原告の本件訴訟での主張については疑問がある」と述べている。その趣旨は、いま一つ明らかでないが、もし幸枝と晃の茂男・敏子夫妻とのかかわりが具体的実質的にみて薄いという原告の認識と主張が採用されるようなことがあれば、参加申立人らが特別縁故者として申し立てている東京家庭裁判所に係属中の財産分与審判に影響を与えるという程度のものであるとすれば、それ自体は参加を基礎づける理由としては、いささか間接的であって不十分であると考える。幸枝と晃とが特別縁故者としてどのような割合で財産分与を受けるべきかを基礎づける事実問題は、本件訴訟でのテーマでも争点でもないので、別件として係属中の審判手続で審理されれば足りる事項であるからである。かりに、本件訴訟でその点に関係する主張、立証がなされ、何らかの認定・判断がなされたとしても、別件審判手続ではそれに影響されることなく、白紙の状態から審判されるのが筋である。

むしろ、本件参加申立ての利害関係の核心は、名義、占有とも相続財産法人の下にあり、相続財産の主要部分を構成する不動産について、原告原田正道が相続財産法人を相手取って自己の所有（または共有）であると主張して提起している訴訟で、亡茂男、敏子夫妻と資料からうかがうことができるようなかかわりを持ってきた申立人らが、原告の請求およびそれを基礎づける主張に対して、被告相続財産法人の側に参加して、原告に対抗する攻撃防御を行う利益と必要性が認められるかどうかである。つまり、本件不動産の帰属と明渡しをめぐる訴訟に、財産分与を申し立てている参加申立人らが、被告を補助するという形態での訴訟関与を基礎づけるだけの利害関係を有するかどうか、これがポイントである。

四　特別縁故者として財産分与審判が開始されている者の補助参加の利益

１　原告適格についての先例との関係

(1)　最判昭和六三年三月一日民集四二巻三号一五七頁は、亡ＡＢを養親としY_1・Y_2夫婦を養子とした養子縁組につき、相続人がいなければ特別縁故者として財産分与を申し立てる可能性のあるＸが、その養子縁組は無効であるとして、Y_1・Y_2を相手どって提起した訴訟につき、「特別縁故者として家庭裁判所の審判により養親のＡの相続財産の分与を受ける可能性があるとしても、本件養子縁組が無効であることによりＸの身分関係に関する地位が直接影響を受けるものということはできない」ことをもって、原告としての適格はないとした。

(2)　最判平成六年一〇月一三日判時一五五八号二七頁は、相続財産分与の審判前に特別縁故者にあると主張する者が提起した遺言無効確認の訴えにつき、「特別縁故者として相続財産の分与を受ける権利は、家庭裁判所における審判によって形成される権利にすぎず、原告は、右の審判前に相続財産に対し私法上の権利を有するものではなく、本件遺言の無効確認を求める法律上の利益を有するとはいえない」として、原告適格ありとした原判決の判断を覆した。

これらの先例と本件参加申立てとはどのような位置関係にあるだろうか。まず、最判(1)は、相続財産の主体たる個人の行った養子縁組の効力を養子縁組の当事者以外の第三者が争う資格を有するかにかかわるケースであり、しかも、その第三者は、特別縁故者として財産分与の審判を申し立てる可能性がある、というにとどまる。このような第三者が個人の身分行為の効力まで否定できる地位にあるかどうかは、確かに問題であり、原告適格を否定した判旨もひとつの考え方として理解できる。これに比して、本件の幸枝および晃の参加申立ては、(イ)被相続人の身分行為の効力を争うものではなく、相続財産の帰属をめぐる実質的には特別縁故者同士の争いであり、(ロ)すでに財産分与の審判の申立てをした者の申立てであり、(ハ)しかも、原告として訴訟を開始させる申立てではなく、すでに他人間に係属している訴訟への補助参加の申立てである。したがって、(1)の裁判例から、本件補助参加の申立てが認められないという帰結は、当然には導き出せない。

(2)の先例との関係は、やや微妙である。「審判前には相続財産に対しては権利はない」という考え方には、すでに批判的な議論があり、後にあらためてとりあげることとして、ここでは、次の点を指摘しておきたい。一つは、(2)の訴訟の対象は、相続財産に関係するとはいえ、直接的には故人が行った行為としての遺言の効力を争うものであって、特別縁故者（と主張する者）がいかなる問題にかかわっていこうとするのかの点で、遺産の帰属性を争う本件とは性質を異にする面があるとみられることである。他の一つは、(1)との関係でもみたように、原告適格と補助参加資格とは、やはり若干の距離があり、かりに原告適格は認められない審判申立人であるとしても、他人間訴訟への補助参加の利益は認められてよいと思われる場合が十分にありうる、という点である。

かくして、⑴、⑵の先例の存在にもかかわらず、これによって本件補助参加の利益を否定的に解さなければならない直接的な根拠にはならないと考える。

2　審判による権利の「形成」について

先に挙げた⑵の平成六年最判によれば、特別縁故者として財産分与を受ける「権利」は審判によって形成されるものであって、審判前には相続財産に対し私法上の権利はない、との考えを示している。しかし、これは遺言無効の訴えの利益を肯定するまでの地位を有しないことを理由づけるために用いた表現であって、それ自体に絶対的な意味があると受け止めるべきかどうかは、権利の形成と言われる財産分与の審判にあっても、多分に問題である。もともと形成判決と確認判決との区別はかなり流動的である（たとえば、株主総会決議無効確認は、形成の訴えであるといわれている）。財産分与の審判にあっても全くの無から有が生まれるはずはないのである。ただ、特別縁故者に対する相続財産の分与については、その資格が必ずしも明確でないのであらかじめ要件化しにくく、相手方の存在も予定していないので、裁判所の分与を相当とする判断にゆだねているにとどまるのである。その意味では、確かに権利としての性格は弱いのであるが、しかしもともと「権利」なるものは一定の法的地位を普遍性をもつコトバで表現した概念であり、言語学的にいえば、権利はメタファー（約束ごととしての記号）であって、それ自体実体のあるものではない。通常の民事事件での権利紛争にあっても、権利者なるものは権利を「主張している」にとどまり、結果的に権利を否定されることになっても、訴訟において争う資格は奪われないのである。

「権利」というもの、およびその「形成」なるものの本質が、右にみたようなものであるとすれば、特別縁故者として財産分与を申し立てている者には、審判前に一切の争訟上の地位が認められないと言うことはできない。個別紛争の特性に応じて、財産分与審判を申し立てているその具体的人間にふさわしい争訟上の地位が与えられてしかるべきである。そうして、この観点からはつぎの二点が重要であると考える。

第一は、参加の利益の存否にとっては、特別縁故者という概念が重要なのではなく、また財産分与申立人という一般的地位から補助参加の利益が導き出されるものではなく、具体的にどのような関係、経緯から相続財産の分与を申し立て、それとの関連で相手方（原告）の本件訴訟にいかなる利害関係の中でどのようなコミットメントを認めるべきか、の実質面を抜きにしては決められないということである。この点を判断する材料として、別件訴訟の判決をはじめとする記録にあらわれた具体的な事情および紛争経過が有用となる。

第二は、右の具体的経過と茂男・敏子夫妻との関係を背景にして、幸枝、晃が財産分与の審判を申し立てて手続が開始されている、という事実と実績が、参加の利益を根拠づける一つのファクターになる、と考えられる点である。ある一定の手続をとったことにより法的地位が生ずる場合を、仮差押え、仮処分の民事保全に例をとって説明してみたい。いま、債権者Aが債務者Bの建物を仮差押えしたところ、Cがその建物を取り壊そうとしている。仮差押債権者AがCに取り壊しの禁止を求める仮処分を申請してきたとして、認められるか。認められる場合があって然るべきであろう。それでは、その根拠――被保全権利――は何か。AがBの建物に仮差押えをしたという手続上の地位から、その建物を取り壊そうとするCに対してそれを止めさせる仮処分をする権限が生じると考えられる。差押債権者が、債務者の財産の帰属をめぐる訴訟に一定の要件の下で独立当事者参加まで認められるとされてきているのも同様である。

そうだとすれば、幸枝、晃が財産分与審判の申立てを行いその手続を開始させたというプロセスそのものが、その財産の帰属をめぐる訴訟に関与する利益を生む一つの要因になると考えることができる。

五　紛争の実相と訴訟関与の効果

本件訴訟は、相続財産法人を被告としての正道（原告）の権利主張の形をとっているが、紛争の実質は正道・恵美父子と正道の姉幸枝夫婦との間の亡敏子の相続財産としての本件不動産をめぐる紛争である。平成九年九月二四日付の申立てで追加された競売を求める第二次予備的請求からも、「なんとしても、補助参加申立人らをこの不動産に住まわせたくない」という原告の執念が伝わってくる。形式上の被告は相続財産法人であっても、実質上の被告は参加申立人であるといってよい（そのような例は、使用者が地方労働委員会を被告として提起した救済命令取消訴訟と補助参加人としての労働組合、検察官を被告として提起された死後認知の訴訟と被告検察官側に補助参加した亡父の親族などにもみられる）。このような例では、被告とされた者は、職務上はともかく、実質的には利害関係はないし、事実関係にも詳しくないので、訴訟活動の実質を補助参加人にゆだねているのが実状である。本件別件訴訟でも、そのような形跡がうかがえる。もちろん、補助参加以外でも、補助参加申立人（代理人）との緊密な連携のうえで相続財産管理人が訴訟活動を行うという方途はある。しかし、裏方でのサポートが必要で事実上行われるのであれば、堂々と表に出てきていいはずであるし、表立っての参加による訴訟活動に比べれば、裏方にとどまりつづけるのは利害関係人への手続権の保障としては、やはり不十分であることは否めない。

かくして、参加申立人の訴訟関与によってより充実した審理（弁論および証拠調べ）が達成されることが期待できるし、原告としても幸枝、晃の参加によって格別訴訟追行上困惑するということにもならないはずである。むしろ、原告としては、死因贈与を受けたとする主張を対立する利害関係人の批判、反論にさらして、その関門をくぐりぬけてこそ、その主張に確たる基盤が与えられるのであるから、あえてその機会を回避しなければならないほどの合理的な理由もないと言える。

原告の主張と請求に対して対立する利害関係人である幸枝、晃にも、攻撃防御活動の機会を与えることは、当事者間の衡平の思想に合致するばかりでなく、将来の両者間の紛争調整の指針づくりのためにも役立つ。参加を認めないよりも、認めたほうが、本件訴訟の紛争調整機能をより効果的に発揮することになると思われるのである。

六　晃の賃貸借契約上の地位との関係

晃の主張によれば、参加人建物の所有のために昭和五五年当時、晃と故茂男との間で本件土地の賃貸借契約が成立し、以後年間金五万円の賃料を払ってきたとのことである。この場合、もし原告の主張するように本件土地が原告の所有であるとすれば、晃の賃貸借上の地位はどうなるかをまず確認しておこう。もし、原告の所有権取得原因事実が別件確定訴訟と同じく茂男との死因贈与であれば、茂男の死亡より前に賃貸借の合意がなされていたのであるから、原告は賃貸借契約関係を承継することになる。これに反し、もし本件で原告が別件確定訴訟とは異なった所有権取得原因事実を主張し、その取得原因が賃貸借契約より前であれば、茂男・晃間の賃貸借は他人の物の賃貸借となり、理論上は晃は権限なく使用していることになり、原告の追認だけで足りるか、という問題を残す。

この点について釈然としないのは、原告の所有権取得原因事実の主張がいまひとつあいまいではっきりしないことであり、原告が「貸借関係」と言っているところからみると、晃の右賃貸借契約の存在そのものを認めていないのではないか（使用貸借は認めても）、と思われる点である。

そこで、晃としては原告の請求が認められる事態を想定して、原告との間で右の賃貸借契約関係の確認を求める訴えの利益を有することは異論のないところかと思われるが、それ以前の問題として、継続的な契約関係としての賃貸借においては、貸借人にとっては誰が所有者で賃貸人であるかは、それ自体きわめて重要なことである。亡茂男の所有地と信じて同人と賃貸借契約を結び、相続財産法人を貸主としてこれに賃料を払ってきた参加申立人晃にとっては、その土地は自分のものだと主張する第三者が出てきた場合、少なくとも被告の補助参加人としてその第三者の所有権を争う利益が認められるのは当然のことではないだろうか。ましてや、当該土地は第三者の所有でなければ相続財産に帰属し、晃は財産分与の審判を申し立てている者でもあるのである。

また、その土地の競売を求める請求が追加された現状においては、競売がなされれば一方的に競落人との関係に切り換えられ、しかも賃借人としての地位が確保される保証もないのであるから、なおいっそう、原告の所有権取得原因事実を争ってその所有権主張に対抗する訴訟活動を行う利益は認められて然るべきであろう。

七　幸枝および晃の補助参加の利益

1　本件土地が亡敏子相続財産に帰属するかどうかをめぐる本件訴訟において、亡茂男・敏子夫妻と資料からうかがわれるようなかかわりを持ち、特別縁故者として財産分与の審判を申し立てている幸枝、晃には、原告の所有権取得原因事実を争うために被告側に補助参加する利益が認められる。

2　本件のような補助参加申立ては、利害関係人に手続関与の機会を与えるための補助参加制度の趣旨からみれば、別件確定訴訟の実績もあるように、ごく当たり前の参加例であり、近時の学説はもとより、これまでの裁判例の中にあっても許容範囲内にあると解される。実質説によればもちろん、厳格に解する訴訟物利害関係説にあっても、本件訴訟の帰趨によって財産分与審判の前提が決まってくる以上、訴訟の結果に対し利害関係を有するとされるであろう。

3　晃には、土地貸借上の地位への影響が加わるので、利害関係はより切実となる。

4　特別縁故者として財産を分与すべきかどうかは、別件係属中の審判手続で判断される事項であるとしても、補助参加の利益を充足するかどうかを判定するための前提として、幸枝・晃夫妻と茂男・敏子との生前のかかわりをある程度具体的に明らかにしておくことは、参加に対して異議を申し立てている原告に異なった評価が存する以上、必要であろう。この点の疎明責任は、参加申立人にある。

5　最後に、平成一〇年一月一日から施行された（新）民事訴訟法との関連に言及しておきたい。

新民訴法は、補助参加に関しては現行の「訴訟の係属中」という要件をはずして若干参加の門を広くしたにとどまるが、独立当事者参加については当事者の一方のみを相手どった参加をも認め、選定当事者についても訴訟中に第三者からも選定できる途をひらいた。また、「準当事者」への釈明処分（二五一条一項二号）も導入された。実務では、建築専門家や医療専門家の関与のもとでの説明会方式の弁論の準備手続も試みられている。かつての狭い「当事者」という枠組だけで手続を行うだけでは足りず、必要な範囲で第三者にも手続を開いていかなければならない時代を迎えつつあるのである。民事訴訟法学でも、すでに昭和四〇年代から、「当事者」という概念の拡散化が始まっていた。

このような潮流のなかで、本件のような関係人の参加申立てにどのようなスタンスをとるべきか。この問題に関心を寄せてきたものの一人として、このようなマクロの状況をにらみつつ、適切な判断がなされることを期待し、見守りたい。

第五節　裁判所の判断

意見書提出を含めた右に見たような攻防、議論を経て、裁判所は、晃の補助参加申立てを認め、幸枝の補助参加申立てを却下する決定を下した。以下、その決定要旨を掲げる。

東京地方裁判所平成九年一二月二六日決定（裁判官　井上繁規）

一　(旧)民訴法六四条に基づく補助参加が許されるための要件について

(旧)民訴法六四条に基づく補助参加が許されるためには、補助参加人が「訴訟ノ結果ニ付利害関係ヲ有スル第三者」であることが必要であり、右「利害関係」は、事実上の利害関係では足りず、法律上の利害関係でなければならないものと解される。

ところで、補助参加の趣旨及び目的は、補助参加人が被参加人を補助して訴訟活動を行うことにより被参加人の勝訴を助け、そのことを通じて補助参加人自身の利益を守るところにある。すなわち、補助参加は、不利益な判決の既判力が自己に及ぶことを避けるためではなく、被参加人の敗訴判決がされることによって補助参加人の私法上の法的地位若しくは法的利益に事実上の不利益な影響が及ぶことを防止するための制度であると考えられるから、補助参加人が右のような影響を受ける関係にある場合には、法律上の利害関係を有するものということができる。

そして、右のような補助参加の趣旨及び目的に照らせば、被参加人の敗訴判決により補助参加人の受ける事実上の不利益な影響が、判決主文中の訴訟物についての判断によってもたらされるものか、判決理由中の争点についての判断によってもたらされるものかの区別は必ずしも重要ではないと考えられる。

したがって、補助参加人が、判決主文中の訴訟物についての判断又は判決理由中の争点についての判断によって、私法上の法的地位若しくは法的利益に事実上の不利益な影響を受ける関係にある場合には、補助参加を許可すべきものと解するのが相当である。

二　補助参加人幸枝の参加の理由及び補助参加人晃の参加の理由二（二）（特別縁故者として相続財産の分与を求める旨の家事審判の申立てをしたこと）に基づく補助参加の許否について民法九五八条の三第一項に基づき特別縁故者として相続財産の分与を受ける権利は、家庭裁判所における審判によって形成される権利にすぎないから、右の分与の申立てをした者は、右の審判前に相続財産に対して私法上の権利を有するものではない。

ところで、被告が基本事件において敗訴した場合には、補助参加人らのした敏子の特別縁故者としての相続財産の分与を求める旨の家事審判の申立ては、いずれもその前提に欠けるものとして却下される可能性が生じることは否定できない。

しかしながら、補助参加人らが特別縁故者として相続財産の分与を受ける権利が前記のような性質のものであることに照らせば、補助参加人らは、基本事件における被告の敗訴判決によって、その私法上の法的地位若しくは法的利益に対する不利益を受ける関係にはないものというべきである。

したがって、補助参加人幸枝の参加の理由及び補助参加人晃の参加の理由二（二）日に基づく補助参加の申出は、いずれも失当というべきである。

三　補助参加人晃の参加の理由二（三）（本件各土地に対する賃借権の基礎となる茂男ひいては被告の本件各土地所有権の存否に関する判断ついての利害関係を有すること）に基づく補助参加の許否について

晃は、「昭和五五年ころ、茂男との間で、本件各土地について、本件B建物の所有を目的とする本件貫貸借実約を締結し、その後茂男及び敏子が死亡したことにより、現在、本件賃貸契約における賃貸人たる地位は被告へと承継されている。晃は、本件各土地について賃借権を有する。」旨を主張している。

これに対し、原告は、「晃が、茂男との間で、本件A土地について本件B建物の所有を目的とする使用貸借契約を締結したことが推定される。」旨を主張するにとどまり、本件賃貸借兵約の存在が認められるか否か及びその内容がいかなるものであるかについては、明確な主張をしていない。

右一及び二のような事情に照らせば、晃については、仮に被告が基本事件において敗訴した場合には、原告から、原告が昭和四五年当時から本件各土地の所有者であったことを前提として、晃の本件各土地についての利用権の不存在又は右利用権の消滅等の事由に基づき、晃が本件各土地についての利用権を有しないことの確認請求訴訟、本件B建物の区分所有権の売渡請求訴訟（建物の区分所有等に関する法律一〇条参照）、その他右利用権の内容等をめぐる訴訟などを提起され、これによって事実上の著しい不利益を被る結果となる可能性を否定することができない。

そして、晃が右のような訴訟を提起される可能性の有無は、専ら原告と茂男ひいては被告のいずれが本件各土地の所有権を有するかという点に係るものであって、右訴訟においても、基本事件の訴訟物の一つである右の権利関係についての判断が、晃の本件各土地についての利用権の存否を決定するための前提となり、最も重要な争点の一つとなることが明らかである。

これによれば、晃は、基本事件において被告敗訴の判決がされる場合には、基本事件における本件各土地の所有権確認請求についての判決主文中の訴訟物についての判断又は判決理由中の争点についての判断により、その私法上の法的地位若しくは法的利益に事実上の著しい不利益な影響を受ける関係にあり、基本事件の判決の結果について法律上の利害関係を有するものということができる。

したがって、補助参加人晃の参加の理由二（四）に基づく補助参加の申出は、理由がある。

四　結　論

よって、補助参加人幸枝の補助参加の申出は理由がないからこれを却下し、補助参加人晃の補助参加の申出は理由があるからこれを許可することとし、補助参加の申出に対する異議によって生じた訴訟費用の負担につき（旧）民訴法九四条（現行六六条）、八九条（現行六一条）を適用して、主文のとおり決定する。

第六節　本決定に対する評価

補助参加申立てについては、一勝一敗という結論になった。意見書がどのような効用を果たしたのかは、定かではない。参加申立人代理人の言によれば、裁判官は当初から補助参加は難しいとの感触であったので、一者でも参加が認められたということは、あるいはそれなりの効用があったのかもしれない。右決定についての筆者の論評は、意見書に尽きているので、ここでは繰り返さないが、次の点だけを指摘しておきたい。

１　補助参加の許否の裁判は、参加に対する異議によって左右されるが、そのことは、異議が出された場合でも、参加の許否は、異議を述べた側と参加申立人との参加の許否をめぐる攻防の結果――つまり、どちらに軍配を挙げるか――の問題であると考えてよい。

２　参加の許否は、本案とは別個の問題であるとするのが建前であるが、現実の事件ではそうとも割り切れない。本件でも、幸枝の補助参加申立てが却下されているが、晃と幸枝との関係から、一者が認められれば、補助参加申立人側の目的は達せられたと受け止められていること、幸枝の参加が認められなくても、本案においては同人の目的は達せられるという状況にあり、裁判所もそのことを考慮に入れて参加許否の裁判をした節がうかがわれる。

３　しかしながら、とくに、株主代表訴訟の被告取締役側に会社が補助参加することを許容した、最（一小）決平成一三年一月三〇日民集五五巻一号三〇頁の趣旨から見ても、幸枝の補助参加申立てを却下したのは、利害関係人の関与にやや厳し過ぎるのではないかとの念は、筆者としては依然として禁じえない。

第八章　控訴審における補助参加申立て却下の記録

第一節　紛争の経過と補助参加申立ての趣旨

一　事案の概容と第一審における争点

本件は、ある宗教法人の会長の地位をめぐる紛争である。被告宗教法人Y_1（霊友会）の創始者の実子であるX_1（久保継成）は、父の死後第二代の会長に就任した。X_1は、平成五年一一月、長老支配による会の運営を打破すべく集団合議制による運営を示し、会長制を廃止してX_1の内部規則（宗教法人法一二条一項によって制定が必要的であるとされる宗教法人の内部規範）にない役職である理事長に就任すると表明した。平成八年一月一日、Y_1において集団合議制を標榜する新しい規範（Y_1が自主的に定めた内部規範）が施行され、X_1は同月一二日、新体制を立ち上げるために理事長を辞職し、同年三月に退職金として約五億円を受領した。しかしながら、その後にX_1は、自らとその妻Z_1をY_1から排除する動きがあるとして主張して同年六月九日に会長に復帰する旨の宣言をした。これに対して、規則上会長選任権限をもつ教務役員会の構成員であるY_2（濱口八重）、Y_3（増永正）らは、X_1の会長復帰を認めず、Y_2を第三代の会長に選任した。

この会長選任に対し、X_1が自らの会長としての地位の確認を求めたのが甲事件（本訴）であり、この甲事件の中心的な争点は、Y_1の会長がX_1であるかY_2（および、Y_2の死後に会長に就任したA）であるかという点であったが、これを詳述すると次のようにまとめられる。

1　会長を辞任することは、会長の任期は終身である規定する「規則」六条三項前段に反しないか。
2　X_1の会長辞任又は理事長辞任の表明は、会長を辞任する意思表示であると評価できるか。
3　会長辞任の意思表示を撤回することは可能か。
4　「先代会長による次代会長の指名がないときは、教務役員の議決によって会長を定める」と規定される「規則」六条三項後段は、先代会長が生前に辞任した場合でも適用があるのか。
5　会長も教務役員会の構成員とされているが、辞任した会長に招集通知をすることなく行った会長選任のための教務役員会決議は有効である。

なお、X_2、X_3の地位については、原告らの主張によると、原告X_1が現在でも当該宗教法人Y_1の会長の地位にあるとの前提において、X_1が、Y_1の内部規則に定める会長の権限に基づき、Y_1の役員として原告X_2を総務理事・代表役員、原告X_3を常務理事・地方支部運営委員長にそれぞれ任命したというものであり、X_1、Y_2のいずれかがY_1の会長の地位にあるかに左右される争点である。

さらに、右の甲事件に加えて、甲事件に対する反訴が提起され、被告Y_1がX_1らを相手取り、X_1に対して宗教法人Y_1会長、X_2に対してY_1の総務理事または代表役員、X_3に対してY_1の常務理事または第二五支部運営委員長の役員名称の使用禁止を求めるとともに、原告らに対し宗教法人Y_1の名称を用いての宗教活動の禁止すること等を求めた（乙事件）。この反訴にはX_1がX_1を支持する会員から納入された会費相当分を損害賠償として支払いを求める金銭請求も含まれている。X_1が自らが宗教法人Y_1の会長であることを前提として提起していたY_1の有する建物等施設の引き渡し請求事件である丙事件とが、併合審理されたものが、本件基本事件である。

なお、本件基本事件について、第一審である東京地方裁判所は、甲ないし丙事件の中、損害賠償の反訴請求は棄却したが、他の請求については、X_1ら敗訴の判決を言い渡した[(1)]。原告らはこの第一審判決に対して控訴し、平成一二年七月、東京高等裁判所に事件が係属した。(2) なお、Y_1らが敗訴した不法行為に基づく損害賠償請求については、Y_1らは提訴しなかった。

二　控訴審における争点の変化

控訴審の審理においては、第一審判決を受け原告らの訴訟戦略に大きな変化がみられた。具体的にこれを表しているのが、原告らによって控訴審において申し立てられた請求の変更および追加である。この請求の変更および追加後の原告らからの請求は、以下の通りである。

1　原告X_1が被告Y_1の会長であることの確認。

2　訴外A（Y_2死亡後に会長職に選任された者）が被告Y_1の会長でないことの確認。

3　原告X_2が被告Y_1の代表役員であることの確認。

4　原告X_1のY_1会長としての活動に際し、Y_1に属する建物・施設等への同人の立ち入りの拒否、Y_1の各種会合への同人の出席の阻止、同人の行為を誹謗・中傷する文書の配布、同人を支持するY_1所属の会員に対する強制電話・面談強要、その他活動の障害となる一切の行為の禁止を被告らに求める差止請求。

5　原告X_3の被告Y_1第二五支部運営委員長としての活動に際し、Y_1に属する建物・施設（特に二五支部講堂）等への同人の立ち入りの妨害、Y_1の各種会合への同人の出席の阻止、同人の行為を誹謗・中傷する文書の配布、同人を支持するY_1所属の会員に対する強制電話・面談強要、その他活動の障害となる一切の行為の禁止を求める差止請求。

6　原告らと被告らとの間において、被告Y_1の規則が有効であることの確認。

7　被告らは、一部の会員をして、他の同会会員に対し、文書・電話・面談等により、原告X_1の個人として生活および人格につき、虚言・妄言を流布させてはならないとの差止請求。

原告らは基本事件第一審判決を受け、X_1とY_2（およびその後を継いだA）のいずれかがY_1の正当な会長であるかという争点から、本件紛争後、原告側、被告側双方に分派しながら、２、７が控訴審で追加、変更された請求である。互いの宗教活動を繰り広げていくなかで、その地位・活動の保障をいかにして取り付けるかというより現実的な争点へ移行させようとしていた（紛争の落としどころの模索・態度の柔軟化といってもよい）のである。

三　本件補助参加の申出

平成一二年一一月から一二月にかけての口頭弁論期日に、右の請求の変更および追加申立てとあわせるようにして、計一一名の利害関係人が原告らを被参加人として本件に補助参加の申出を行った。これが本件補助参加申出事件である。これら補助参加申出人とその者らの主張する補助参加の利益は、その趣旨をまとめると次のようになる。

1　X_1の妻であり、且つ、X_1と共にY_1の指導的立場を担ってきた者であるが、平成八年四月にY_1によって参加申出人宗教法人Y_1の実権が被告側に移ったことにより理事を解任されたことは不当であり、理事としての活動にだけでなく、自身の宗教活動も阻害されていると主張する者（Z_1（平成一二年一一月一四日申出））。

2　Y_1の会員であり、同時に職員（常任役員）であった者であるが、X_1を正統な会長とする宗教法人Y_1の元に勤務する旨の宣言をしたことによる懲戒解雇は不当であり、また、本件紛争の過程を直に目の当たりにしてきた者として、本件紛争の本質・経緯を正しく主張したいとする者（Z_2（平成一二年一一月一四日補助参加申出））。

3　Y_1の会員であり、その幹部（第一期運営会議副議長）である者で、Y_1から除名され、同時にその幹部の職からも解任されたが、それは一方的かつ、不当なものであり、被告らの主張に対し主張・立証を尽くしたいとする者（Z_3（平成一二年一一月一四日補助参加申出））。

4　Y_1の会員であったが、不当な除名を受けたことにより宗教活動が著しく阻害されていると主張する者（Z_4

（平成一二年一一月一四日補助参加申出）。

5　申出人が支部長として指導する支部および申出人自身の宗教活動が、被告らの指導により阻害・妨害されていると主張する当該宗教法人Y_1地方支部の幹部（Z_5・Z_6（平成二年一一月一四日補助参加申出））。

6　Y_1の会員であったが、Y_1から不当な除名通知を受け、さらには丙事件の対象となるY_1所有の施設（講堂）への立ち入りを拒絶され続け、宗教活動が阻害されていると主張する者（Z_7（平成一二年一一月一四日補助参加申出））。

7　Y_1の会員であったが、不当な除名通知を受け、また、相手方らの指示により同会の施設への参詣も認められず、宗教活動が阻害されていると主張する者（X_3の妻）（Z_8（平成一二年一二月五日補助参加申出））。

8　Y_1外国支部の幹部で、当該外国支部を維持して宗教法人の布教活動を続けるためには、X_1がY_1の会長でなければならないと主張する者（Z_9（平成一二年一二月五日補助参加申出））。

9　仮に被告Y_2が当該宗教法人Y_1の代表であっても、申立人およびその同士らが宗教活動を行う際には、Y_1の名称を使用することができるよう求めている原告支持の一般信者（Z_{10}・Z_{11}（平成一二年一二月一四日補助参加申出））。

本件補助参加申出の目的は、控訴審における原告らの請求の変更および請求の追加との関係から明らかになる。既に述べたように、控訴審において原告側は、本件紛争後、原告側、被告側双方に分派しながらも、互いの宗教活動を繰り広げていくなかで、その地位・活動の保障をいかにして取り付けるかという本件紛争の着地点を模索し始めており、このような狙いの中で、本件補助参加申出は、原告側にとっては、この新たな争点の具体相をより鮮明に明らかにする上で必要不可欠なものであり（原告誘導による補助参加申出）、補助参加申出人側からしても、Y_1が現実的に原告側・被告側双方に分派して宗教活動を行う以上、本件基本事件のような紛争類型では、宗教団体の長および役員の帰趨は、このような分裂・抗争の中にあって、その団体の中枢を担う参加申出人らにとっても自らの地位をかけた問題に直接的に関係するものであり、補助参加人としてでも自らのイニシアティブにおいて訴訟活動を展開することに大きな意義を有するといえる(3)。

本件補助参加申出は、右のような狙いに基づいて申し出られたものであるが、補助参加申出人らによる具体的な訴訟活動については、次章において詳述することとする。

第二節　参加許否の裁判に至るまでの訴訟活動

本件訴参加申出に対しては、被告ら（被控訴人）から異議が出された。そこで、補助参加が評されるかどうかの裁判（決定）がなされることとなった。

補助参加の許否の決定がなされるまでの間であっても、補助参加申出人は本案についての主張および立証の訴訟行為をなすことができる（民訴法四五条三項）。

補助参加申出人は、Z_1らに補助参加の利益があることを理由づける主張を行うとともに、Z_5、Z_6、Z_7は、被告らが原告らおよび原告ら会員の宗教活動を妨害していること、およびそれが違法であることを具体的に主張する準備書面（二通）およびそれを根拠づける書証（陳述書等）を提出した。

しかし、裁判所は、Z_5らの主張書面は陳述させず、証拠資料も提出を認めないとの措置をとった。参加を認めるとの決定がない以上、参加申出人には訴訟活動を許さないとの趣旨であった。

後でわかったことであるが、これは、参加についての許否の決定があるまでの間、補助参加申出人は訴訟行為ができるということを控訴審裁判官が知らなかったことによるものであった。

これにより、補助参加人が提出した主張、証拠は、つぎに述べる補助参加却下の決定後、被参加人であるX_1らが援用することができず（陳述、証拠提出がない以上）、X_1らにおいてあらためて提出し直すことを余儀なくされたのであった。裁判官が一般に、この種の複数（雑）主体が関与する手続法の問題にいかに弱いかを露呈する好例となった。

第三節　東京高裁における却下決定

一　却下決定とその理由

右の本件補助参加申出に対し、東京高等裁判所は、以下の理由で一一名全ての補助参加申立てを却下した。(4)

「民事訴訟法四二条にいう『訴訟の結果について利害関係を有する第三者』とは、訴訟の結果、すなわち訴訟上の請求について判決主文によって示される裁判所の判断の結果を論理的な前提として、具体的な権利又は法的地位に法律上影響を受けるという法律的な利害関係を有する第三者であることが必要であり、事実上の利害関係を有するにすぎない者や単に訴訟の結果につき反射的利益を有するにすぎない者はこれに該当しないというべきである。

ところで、本件訴訟において判決主文によって示される裁判所の判断は、本件訴訟の当事者において既判力、執行力等の効力を有するが、その裁判所の判断結果いかんにより、これを論理的な前提として、当然に訴訟当事者でない補助参加申出人らについて、除名、解任、懲戒解雇等の効力が失われ、その地位が回復されるとか、宗教活動に対する阻害、混乱が除去され、霊友会を名乗って宗教活動ができるようになるとかいうことはできず、補助参加申出人らの主張する事実は、いずれも本件訴訟の結果について、事実上の利害関係ないし反射的利益を有することの根拠にとどまるものというほかない。この点につき、補助参加申出人らは、同人が置かれている状況は、控訴人X_1の相手方Y_1会長としての地位が認められるかどうか、Aを会長とする相手方Y_3らの相手方Y支配が司法の場において認められるかどうかと密接不可分に連動すると主張するが、その主張に係る密接不可分な連動とは、事実上の利害関係を基礎づける主張の域を超えるものではない。」

二　東京高裁決定の問題点

本件補助参加申出を考察するにあたっては、本件補助参加申出が以下の特殊な事情を有する事案であることに留意する必要がある。

１　原告側の誘導による補助参加申出であることが容易に推定されうる申出であったこと（訴訟戦略の一環としての補助参加申出に対する評価）。

２　１の事情があるにもかかわらず、控訴審に入ってからの補助参加申出であること（第一審手続において補助参加申出しなかった（できなかった）ことへの評価）。

３　一一名におよぶ多数の利害関係人による補助参加申出であったこと。

まず１については、本件補助参加申出が、原告側の訴訟戦略と密接に連動しているものであると推定されることから（本件補助参加申出の特徴１）、補助参加申出人の立場からの主張・立証は本件補助参加申出を許可せずとも、原告側から充分に主張・立証されうるであろうという裁判所の判断、すなわち本件補助参加申出の（全てを）却下という結論に結びついたのではなかろうか。特にこの点は、一一名におよぶ本件申出の許否を個々に審理するというよりも、その全てを一つの申出であるかのように対処（一つの決定理由で却下）した裁判所の対応に現れている。

次に２の点は、本件補助参加申出の適時性が問われうるものである。ここで、民訴法の規定を確認してみると、訴訟のどの時期における参加であるかという点につき、それがいかなる効果をもたらすかについて、直接の規定が存在しない。すなわち訴訟のどの時期における参加であれ、ひとたび参加が許されるとその類型内の全ての行為が当然になしうる規定になっている。ただし、このように民訴法の規定が参加申出の時期を問わない立場を示していることそれ自体が、訴外利害関係人からの補助参加申出を訴訟審理を煩雑化させる招かれざるものとして厳しい立場をとる傾向のある裁判所サイドの対応をより硬直化させているようにも思われる。[5] 特に本件の場合には控訴審時点での申出であることに加えて、1、3の事情があり、さらに強く裁判所側の判断を申出却下に導いた形となったのでなかろうか。

たしかに、現実的な問題として、審級の利益等の事情を考慮して、訴訟参加という手段よりも直接的に別訴で争わせた方が、実際上も参加申出の利益保護につながることが明白な場合には、申出人のために参加を否定すべきような場合もありうる。[6] 特に本件の場合には、宗教法人の役員・幹部の地位にせよ、自己の良心に基づく自由な宗教活動の保護という法益にせよ、いずれもが参加申出人自身が当事者となってその利益を訴求できるものであること（補助参加で現実化する利益としては重すぎる）が、裁判所側からみたときに、この申出を消極的に処理ならしめたのではなかろうか。[7] いずれにせよ、これら本件申出が抱える特質は申出人にとって不利益に作用したものであるということができる。[8]

本件東京高裁決定は以上の背景理由に基づいて下されたものであると推察されるが、それを考慮に入れてもなお問題が存在する。

本件東京高裁決定は、いわゆる訴訟物限定説の立場から、補助参加申出人らが主張した利益を、参加人の法的地位が判決主文の判断とは論理上の因果関係にないこと理由に本件補助参加申出を却下している。ここで伝統的な訴訟物限定説を主張する兼子一博士の説を確認すれば、「訴訟の結果とは、その勝敗即ち本案判決の主文で示される訴訟物たる権利又は法律関係の存否をさす。単に判決理由中で判断される事実や法律関係の存否についての利害関係では足りない。したがって、同一の事実又は法律上の原因に基づき、相手方に対して当事者の一方と同様な立場境遇にあるというだけでは、参加は認められない。」、「訴訟の判決の効力が直接に参加人及び参加人がこれに拘束される場合でなくともよい。参加人の地位が、論理上訴訟物たる権利関係の存否に係っている関係上、判決がその地位の決定に参考となるおそれがあればよい」とされる。[9] これを本件に照らし合わせてみれば、本件紛争を原因としてY_1の役職を解任、もしくはY_1から除名処分を受けた者である、Z_1、Z_2、Z_3、Z_4、Z_8に関しては、この地位について自らが別に訴訟を提起してその確認等を求める場合に本件基本事件で下されるX_1、A（Y_2）のいずれがY_1の会長であるかについて判断が参考とされる可能性が十分にあり補助参加の利益を認める余地があったのではないのだろうか。[10]

また、この東京高裁決定において特に問題となるのがZ_8の申出に対する取扱いである。Z_8は、請求の趣旨第五項（前述の変更・追加後の請求趣旨(e)）との関係で本件基本事件に関連し先行して行われた保全処分事件の申立債権者の一人でもあり、これが本案訴訟になれば当然に当事者適格までもが認められ得る地位に立つ者である。[11] 一般的な解釈として、当該訴訟の当事者としての地位よりも補助参加人としての地位を狭く画する解釈は、現行民事訴訟法の法理からして、予定されていないことは当然である。

このように東京高裁の決定理由が乱雑なのは、「補助参加人が主張する利害関係が「事実上の利益」であるとか「反射的利益」にすぎないことが申出を却下した真の理由ではないことを意味する。[12] そもそも利害関係が多岐にわたる本件補助参加の申出に対し、裁判所が全ての申出を同じ理由（一つの決定）で却下していることそれ自体が不自然なのである。また本件申出を却下した真の理由が決定の理由中にあらわれていないということが事実であるのならば、そのような不意打ち的な決定が裁判所の裁量行為として許されうるものであるか否かが問われなければならない。

第四節　許可抗告と最高裁の決定

一　許可抗告の申立て

以上の却下決定に対し、補助参加申出人らは、東京高裁決定（以下、原決定とする）は、これまでの判例・学説によって構築されてきた補助参加の要件（民訴法四二条）の解釈・運用の大勢に反し、不当かつ違法な決定であるとして、東京高等裁判所に許可抗告を申し立てた。(13) 許可抗告申立理由書における補助参加人らの主張は次のようにまとめられる。

１　本件紛争の本質が宗教法人Y_1をめぐっての原告側と被告側との対立にあること。

２　参加申出人らは、原告派の宗教活動を担う中心的存在として活動してきた者、現在も活動する者であって、単なる末端の会員にとどまる者ではない。それ故にこそ被告派により除名、解任、懲戒解雇などの通告を受けたのであるし、また一般会員のためにも原告派の宗教活動に対する妨害を排除する責務を負う者であること。

３　本件基本事件のような紛争類型では、宗教団体の長および役員の帰趨は、このような分裂・抗争の中にあって、その団体の中枢を担う参加申出人らにとっても自身の地位をかけた問題であるので、原告らだけの問題としてではなく、その周辺当事者を含めたものの争いであると把握するべきであること。

４　参加申出人らの主張は、原告らの請求の趣旨と不可分一体の地位・関係にあること。

許可抗告申立てを受けた本件高裁は、抗告を許可した。

二　最高裁審理中の経過と最高裁決定

最高裁での審理における参加申出人（広告人）らの主張は、右で述べた申立理由書の内容と変わらない。この最高裁での審理期間中における大きな動きとしては、平成一三年六月二三日に、Z_8を含むY_1二五支部の支部長のクラスの者が、Y_1を被告に相手取り、次のような請求を求める大阪地方裁判所に提起したことである。

１　Z_8を含む当該訴訟の原告ら及び選定者らと被告Y_1らとの間で、原告らおよび選定者らがいずれもY_1の会員で

あることの確認

2　Y_1による原告らおよび選定者らに対する除名処分が無効であることの確認

3　原告らに選定者らがY_1の教えに従う者、Y_1会員として活動する際に、Y_1の施設・建物等に立ち入ることをY_1が妨害することの差し止め等。

右のような参加人からの主張、参加人らを取り巻く紛争の経過の下で、平成一三年九月一四日に最高裁判所第二小法廷によって下された決定は次のとおりである。(14)

主文

本件抗告を棄却する。

抗告費用は抗告人らの負担とする。

理由

抗告代理人の抗告理由について

本件の事実関係の下においては、抗告人らの補助参加申し出を却下した原審の判断は、是認することができる。論旨は、結論に影響しない部分について不服をいうものであり、採用することができない。

よって、裁判官全員一致の意見で、主文のとおり決定する。

第五節　小　括

補助参加申立人が本件訴訟につき補助参加の利益を有するか否かについては、消極、積極の両論があり得るところであろう。控訴審、抗告審（最高裁）の判断にもかかわらず、近時の判例・学説の動向からすれば、Z_1ら一一名全員かどうかはともかく、少なくとも一部の者については、参加の利益が肯定されて然るべきであるようにも思われる。

ただし、本件でZ_1らの補助参加の利益が否定されたのは、理論上の問題よりも、政策的判断が強く働いた結果ではないかと推察される。それは、本件参加申出が控訴審において、それも控訴提起直後ではなく、控訴提起から五か月くらい経過していること、補助参加申出人が一一名にのぼり、個別の利害をそれぞれに判定するのは容易なことではないこと、そうして、本件許可抗告が許可されて最高裁に係属中に、補助参加申立人らが原告として被告らを相手どって、会員たる地位確認等の新訴を提起したことによって、補助参加申立人らが自己の立場から訴訟活動を行う途をみずから別に設定したこと、これとの関連で、補助参加人らの参加を認めて主張立証が行われれば、争点が、会長がX_1かどうかから、拡がりを見せるおそれがあることが裁判所から嫌われたこと、などがこれである。

学説は、これまで、一般的に実体的な観点から補助参加の利害関係を論じるのみで、訴訟経過のダイナミズムの中での参加の利益を政策的に考えることは、ほとんどしてこなかった。しかし、控訴審の争点形成との関連で参加の利益をどうみるかが、本件で参加の利益が否定された核心であるとすれば、そのような手続的動態的な考慮を参加の利益判定の要素にとり込んで議論しなければならないはずである。決定理由にも、正面から堂々と必要な具体的要因（事情）が掲げられるべきである。

本件は、今後そのような方向で理論を展開していくための具体的な素材を提供するものである。

（1）東京地方裁判所平成一二年五月一八日判決（裁判長裁判官：菅原雄二、裁判官：小林久起・松山昇平）。なお、基本事件第一審判決の詳細については、判時一七三八号五六頁を参照。

（2）東京高等裁判所平成一二年（ネ）第三一六八号事件。

（3）より具体的には、本件紛争の具体相を原告以外の（一般の）会員の主張として訴訟に顕出させることにより、本件基本事件が会長争いだけにとどまるものではないことを裁判所側にアピールすることが、直接的な狙いであったと思われる。

(4)　東京高等裁判所平成一三年一月一五日決定（裁判長裁判官：石垣君雄、裁判官：芝田俊文・橋本昌純）。

(5)　高橋宏志「各種参加類型相互の関係」『講座民訴③』二六一頁注（8）および二七〇頁注（16）参照。

(6)　新堂幸司『新民事訴訟法』（弘文堂、二〇〇一年）六九二頁参照。

(7)　本件補助参加申出は、申出自体に内在される事情の特殊性から、控訴審の途中における請求の変更・追加という被参加人（原告）らの訴訟行為との関係が大きな問題となることは言うまでもない。すなわち、本件補助参加申出の許否がこの新争点作出行為に対する裁判所の心証・評価に大きくかかわるものであることは否定し得ない。結局のところ、裁判所は、一環してX_1およびAのいずれがY_1の正当な会長であるかという点を本件基本事件における争点として念頭においており、その他の争点（請求の趣旨）はこの争点が反射的に作用していくものに過ぎないという理解をしていたのではなかろうか。そのように考えれば、裁判所側として、本件補助参加申出を消極的に扱うことはそう不自然なことではない。ただ、裁判所のこのような対応が裁判所の裁量行為として許されうるものであるかについては、検討の必要があるように思われる。

(8)　高橋宏志「補助参加について（二）」法学教室一九五号（一九九六年）八九頁は、補助参加の許否判断は、参加申出の時期、異議を提出したのが被参加人であるか相手方当事者であるか、参加申出人の人数、補助参加がなされること被参加人側の訴訟資料・証拠資料が充実するか否か、逆に補助参加によって訴訟が手続面でも資料面でも複雑になりすぎないかどうか、補助参加人が併行して自分自身の別訴を追行しておりそこで独自に裁判所の判断を得られるかといった要素を総合的に考慮して決せられるものであると指摘する。

(9)　兼子一『新修民事訴訟法体系（増訂版）』（酒井書店、一九六五年）三九九頁、四〇〇頁。

(10)　「参考にされる」判決部分で決定的に重要なのは、訴訟物についての判断部分（請求の趣旨）よりも、むしろ、判決理由で問題になる前提事項（請求の理由）であることは、既に拙稿「補助参加の利益」『多数当事者訴訟の法理』（弘文堂、一九八一年（初出、一九七〇年））八頁が指摘するとおりである。その意味でこの東京高裁決定は制限説が従来から抱える理論的な矛盾を何ら克服するものではない。なお、制限説に対する批判の詳細については、拙稿「補助参加の利益・再論」一七四頁、特に一七六頁以下を参照のこと。

(11) 本件に先行して、Z_7、X_3夫婦が当該支部の有力者として指導的な立場に立つY_1第二五支部の建物・施設等の使用妨害禁止を求める仮処分申請が既に申し立てられており、中立債権者の申立てを認める旨の決定が言い渡されている。

(12) 本件に限らず、裁判所は補助参加を認めるものについては「補助参加の利益あり」、却下するものについては「補助参加の利益なし」であるとか「事実上の利益にすぎない」であるとして、一般的に補助参加の利益の有無が裁判所の決定を正当化するものとして用いられる傾向がある。拙稿「補助参加の利益」『多数当事者訴訟の法理』六八頁、参照のこと。

(13) 従来の学説・判例の流れについては、拙稿「補助参加の利益・半世紀の軌跡」判例タイムズ一〇四七号(二〇〇一年)四頁以下を参照のこと。

(14) 最高裁判所(二小)平成一三年九月一四日決定(裁判長裁判官：福田博、裁判官：河合伸一・北川弘治・亀山継夫・梶谷玄)。

第九章　両立しうる請求についての独立当事者参加の適否

第一節　権利主張参加の要件についての最（三小）判平成六年九月二七日

一　独立当事者参加の要件

民訴法四七条後段の参加がいかなる第三者に認められるか。旧法下から議論がある問題であるが、一般に、参加人の請求と本訴原告の請求が、請求の趣旨レベルで論理的に両立しない関係にある場合か、(1) 参加人の請求およびそれを理由づける権利主張が本訴の請求またはそれを理由づける権利主張と論理的に両立しない関係にある場合に、(2) その要件を充たすと言われてきた。独立当事者参加を三面訴訟として、〈同一の権利関係につき三者が互に相争う紛争を一挙に矛盾なく解決する〉訴訟形態であるとみる判例（最大判昭四二・九・二七民集二一・七・一九二五）および通説からは、右の参加要件はすんなりと導き出される。もっとも、請求を理由づける主張レベルに矛盾・非両立関係があれがよいとする後者の立場にあっては、多少なりとも七一条参加の要件を緩和し拡げようという意図があることを看過すべきではない。

現行民事訴訟法は、参加人が一方当事者のみを相手方とする片面参加を肯定したが、議論の構造は、現行法下においても旧法下とかわるところはない。

二　最（三小）判平成六年九月二七日の事案と判旨

それでは、XのYに対する売買による所有権移転登記請求と、ZのYに対する仮登記に基づく所有権移転の本登記手続およびZのXに対する右本登記手続の承諾請求による参加のケースは、どうか。最（三小）判平成六年九月二七日（判時一五一三号一一一頁）は、原審が独立当事者参加として適法としたのに対し、上告審である本件最高裁はこれを不適法として破棄した。Xの請求も、Zの請求も、いずれも両立しうるのであり、Z→X請求も、本登記手続の承諾請求であるから、X→Y請求と両立する関係にあり三者間の矛盾する請求（紛争）を処理する七一条参加に親しまない、というのがその理由である。

事実関係と判旨を整理して掲げる。

〔事実〕　XはYに対し、本件土地（一）、（二）につき昭和四二年一二月九日の売買契約に基づく所有権移転登記手続を求めて訴えを提起した（昭和五〇年、京都地方裁判所）。一審は、売買契約の成立を認め、Xの右請求を認容した（昭和六〇年一二月一三日）。Yの控訴に基づく控訴審において、Zは民訴法七一条（旧法）による独立当事者参加の申出をし（平成二年三月二日）、Yに対しては本件土地（一）、（二）につき所有権移転請求権保全の仮登記に基づく本登記手続を求め、Xに対しては右本登記手続の承諾を求める請求を立てた。Zの主張は、概要つぎのとおりであった。

すなわち、①訴外AはYへの貸付の担保として本件土地（一）につき代物弁済予約をなし、昭和四一年四月一三日、所有権移転請求権保全の仮登記を経由した。②ZはAに対して、Yの残債務を支払い、Aより貸金債権および仮登記担保権の譲渡を受け、昭和五〇年八月一四日、右仮登記の移転付記登記を経由した。③ZはYとの間で、昭和四二年一〇月二六日、本件土地（一）（二）の売買の一方の予約をし、昭和四九年一一月三日、本件土地（二）につき所有権移転請求権保全の仮登記を経由した。④ZはYに対し、昭和五六年六月二四日、本件土地（一）につき代物弁済予約完結の意思表示をし、本件土地（二）につき売買予約完結の意思表示をした。⑤Zは、XおよびYに対し、本件参加申出書（平成二年三月二日）により本件土地（一）につき清算金がない旨の通知をした。⑥Xは、昭和五一年三月二三日、本件土地（一）（二）につき処分禁止の仮処分登記を経由した。

　これに対し、Xは、Zの参加申出は七一条の要件を欠くものであるとして争い、また③の売買の一方の予約は通謀虚偽表示であるなどとしてZの主張を争った。

　原審は、本件参加の申出は、本件土地（一）（二）の所有権をめぐる紛争をXとYとの間およびZとX・Yとの間で同時に矛盾なく解決するためのものであり、（旧）民訴法七一条後段の要件を満たすものであるとした。そのうえで、右のZの主張事実は認められ、Xの通謀虚偽表示の主張事実は認められないとして、ZのX・Yに対する請求を認容した。そうしてXのYに対する本訴請求は、（旧）民訴法七一条に基づく参加訴訟の形態および目的からの制約を受け、Zに対して所有権を主張できない立場にあるXは、Yに対しても所有権を前提とする請求をすることができなくなるとして、Xの主張事実について判断するまでもなく、その請求を棄却すべきものであるとした。

　この控訴審判決に対しXは、上告した。その上告理由は、本件ではZの請求は、Z↓Y間では仮登記に基づく本登記手続であり、Z・X間では右承諾を求めているにすぎず、Z↓X間に所有権確認請求はなされていないのであるから、そのかぎりで審理・判断をすれば足り、実質的には所有権紛争とみてZの登記請求が認められればXのYに対する売買を原因とする所有権移転登記請求について審理・判断するまでもなく請求を棄却すべしとしたのは、仮登記担保法五条、一二条の解釈を誤り、民訴法一八六条に反して当事者が求めない事項につき判断した違法がある、というものであった。


〔判旨〕一部破棄差戻、一部破棄自判。

「XのYに対する売買契約に基づく所有権移転登記手続を求める本訴につき、Zが、Yに対し代物弁済の予約又は売買の一方の予約による各予約完結の意思表示をしたことを理由とする所有権移転請求権保全の仮登記に基づく本登記手続を求め、かつ、右仮登記後にされた処分禁止の仮処分登記の名義人であるXに対し右本登記手続の承諾を求めてした本件参加の申出は、(旧)民訴法七一条の要件を満たすものと解することはできない。けだし、同条の参加の制度は、同一の権利関係について、原告、被告及び参加人の三者が互いに相争う紛争を一の訴訟手続によって、一挙に矛盾なく解決しようとする訴訟形態であって、一の判決により訴訟の目的となった権利関係を全員につき合一に確定することを目的とするものであるところ(最高裁昭和四二年九月二七日大法廷判決・民集二一巻七号一九二五頁)、Zの本件参加の申出は、本件土地(一)、(二)の所有権の所在の確定を求める申立てを含むものではないので、X、Y及びZの間において右各所有権の帰属が一の判決によって合一に確定されることはなく、また、他に合一に確定されるべき権利関係が訴訟の目的とはなっていないからである。」

「以上の次第で、本件参加の申出は、民訴法七一条の参加の申出ではなく、その実質は新訴の提起と解すべきであるから、原審としては、Zの参加請求に係る部分を管轄を有する京都地方裁判所に移送し、Yの控訴に基づき第一審判決の当否について審理判断すべきであった」として、原判決を破棄し、Xの本訴請求の部分を原審に差し戻し、Zの参加請求の部分を管轄地方裁判所に移送した。

第二節　筆者の考えと論評

一　右最判に対する結論的評価

XのYに対する本訴請求棄却判決を破棄して差し戻した点は賛成であるが、Zの参加を不適法として切り離し、一審に移送した点は、疑問である。原審判決に即して言えば、Zの独立当事者参加を適法として認めたのはあえて違法として取り消す必要はないが、Zの請求が認められるからといってXの請求を実質審理するまでもなく棄却するべきであるとしたのは行きすぎであり、その限度で上告を容れれば足りた、というのが評者の意見である。

二　不動産の二重譲渡と独立当事者参加

不動産の二重譲渡の場合に、買主（原告）の売主（被告）に対する所有権移転登記手続を求める訴訟に、他の買主が独立当事者参加できるかどうかについては、かねてから議論があった。実体法上は両買主とも売主（被告）に所有権移転登記手続への協力を求めることができるので、原告の請求と参加（申出）人の請求は両立でき、したがって原則的には独立当事者参加は許されないという立場が吉野衛判事によって表明された。(3) この考え方は、権利主張参加は両立しえない請求（理由づけとしての主張レベルでとらえても）についてのみ認められるとする前提を不動の法理とみるかぎり、きわめて論理的であり、筋が通っている。論理の上では吉野説に軍配を上げざるをえないはずなのに、多くの学説および地裁、高裁の裁判例の一部は、このような二重譲渡のケースについても独立当事者参加を認めてきた。(4) それは、なぜなのか。参加人から原告に所有権確認の請求が立てられていれば、両請求は両立しないことになるので参加要件をクリアーできるというのは、いささか皮相的な見方である。紛争の実相は変わらないのに、所有権確認の請求が立てられているかどうかだけで独立当事者参加による併合審判が許されたり許されなかったりするというのは、あまりにも「請求」という形式にとらわれすぎた考え方である。

多数の学説およびかなりの裁判例が、二重譲渡のケースで独立当事者参加を認めてきたのは、それなりに実践感覚に裏づけられたものであり、十分な理由があると考えるものである。それでは、その実質的理由は何か。これまでの学説は、結論として認められると説くのみであるが、筆者はその理由はつぎの諸点に求められると考える。

第一に売主（被告）の単一不動産に対して二人の買主が競合して登記手続請求を求める紛争は、社会的実体としては一つの物に対していずれがそれを自己の支配下に置くことができるかをめぐる紛争であり、最終的にはいずれもが所有者として所有権移転登記を受けるということはあり得ない。訴訟および参加申出は、そのような紛争プロセスの一環として使われているのである。そこで、そのような紛争プロセスの中で他の買主が自己への移転登記を求めてその訴訟に介入して、本訴当事者間の訴訟活動を索制しつつ自己の立場から主張・立証を行うということは、たとえ結果的に原告の請求、参加人の請求ともに認められることになったとしても、訴訟から出た後の同一物をめぐる原告・参加人間の紛争行動に一里塚を築くものであり、それなりに意味があるのである。独立当事者参加の訴訟自体で三者間の紛争を抜本的に一挙に解決することにはならなくても、その訴訟の役割は果たされている。独立当事者参加は、三者間の紛争を自己完結的に一挙に解決しなければならないという前提・通念そのものが疑問なのであり、現実に訴訟が果たしている、あるいは果たすべき機能からすれば、過度の機能を背負わされている、とみられるのである。訴訟は——独立当事者参加にあっても——訴訟から出た後に当事者間に対等な関係をつくり出すことでその役目は尽くされているのである。七一条参加が申し立てられ、それを認めてきたのが通説・有力な実務であるという現実は、そのような平凡なことが肌身で感じとられ、実践されてきただけのことなのである。

第二に、参加申出人としては、参加の時点では、原告被告間の訴訟の展開について確たる見通しも立たず、本訴原告としても、参加人の主張・立証によって訴訟がどのように展開していくのか読みにくいというのが実際であろう。これから先が見えにくい混沌とした中で手探りで一歩一歩手続を進めていかざるをえないという状況にあっては、裁判所としても、参加人が同一人物に対して所有権移転登記を求めて参加を申し出ている以上、とりあえずその関与を認めて、以後どのような展開になるか見まもりたい、という対応をとるのもごく自然のことのように思われる。参加人の攻撃防御活動によって、本訴原告の買受けが否定されることもありうるし、逆に、原告の反撃にあって参加人の主張がつぶれることもありうる。そうして、こうして参加申出を認めて参加人の関与の実績が築かれた以上、結果的に原告の請求と参加人の請求とがともに成り立つことになったとしても、そのことをもって遡って参加申出を不適法としてしまうのは妥当でない。二重譲渡のケースで独立当事者参加を認めた大阪高判昭和四三年五月一六日（判時五五四号四七頁）が、「しかしながら、右は本案審理の結果言えることであって、後段の参加の要件としての権利の非両立性は、参加の理由によってのみ判断すれば足りるというべく、右のように実体法上同一の権利関係が相対的に帰属するため請求が両立し得ることを理由に、かかる参加を不適法とすることはできないと解すべきであろう。」としたのも、手続の流動的・発展的性質に照らして、至極当然のことを述べているとみられる。ただ、参加申出者の中で、両立しないことを述べておけばよい、述べていなければ認められないと割り切ることができるかどうかは、疑問である。

第三に、このような紛争で、第三者（参加申出人）が自己の要求内容について審判を求めつつ、原告・被告間の訴訟についても必要に応じて関与していく手続上の地位を認めるべきであると思われるが、そのような併合審判を求める途が用意されていない点が問題である。補助参加では足りないし、主参加（旧民訴六〇）では、併合審判の保障はない。第三者が途中で共同原告に加わって、追加的に共同訴訟をもたらすことも、実務の壁は厚く認められていない。独立当事者参加は、このような現状の中で、唯一の選択肢としてとられるのである。もちろん、別訴の提起が可能であるし、弁論の併合の方法もある、というのが制度設営サイドの言い分であろうが、利用者からは自己のイニシャティヴで直接的に併合審理の要請に応える途を選びたい、というのが実情であろう。それに、別訴提起・弁論の併合だと、第三者は原告・被告間の訴訟には関与できない。

三　権利主張参加を「両立しない請求または権利主張」に限定する必要はない

1

かくみてくると、権利主張参加を「請求が両立しない場合」、「請求を理由づける権利主張が両立しない場合」に限定することに、そもそもそれほどの必然性があるのかどうかの問題に行きあたる。ある一定の要件基準を設定して、それぞれの事件についてその一般的要件をあてはめて判定していくというのが法律学の一般的な手法ではあるが、社会関係が複雑化し紛争も多様なものとなるに応じて、そのような手法が限界を迎えていることも事実である。とくに、「両立しない請求（または権利主張）」という要件は、三者間の矛盾・対立する紛争を一挙に合一的に解決するという独立当事者参加の構造論、性質論と不即不離の関係にあるが、先に述べたようにこの前提そのものがゆらいでいる。とくに、片面的対立に即した請求定立を認める現行法下ではそうである。合一確定といっても、本質的合一確定の要請に根ざすものではなく、たまたま併合審判に付されただけだとすれば、上訴との関係でどうなのか、二者間の和解はできないのかなど、近時活発な議論がみられる問題である。[5] それに、同じく独立当事者参加といっても、四七条前段の「権利を害される」第三者の参加があり、この場合は実質的には請求が両立する場合があるし、いわゆる「参加承継」にあっては、原告と譲受人参加人との間では少なくとも請求を理由づける主張は矛盾しないのが普通である。

このようにみてくると、「請求（またはそれを理由づける権利主張）が両立しない場合」というのは、独立当事者参加ないしは権利主張参加が認められるコアーとしての典型的要件を言っているだけであって、厳格な意味でそれにあたらなくても参加が許される場合がありうる、と考えられる。それは、原則の例外ではなく、独立当事者参加はもともとそのような場合を含むものである。本件を含めて、昭和四二年大法廷判決以後、判例理論は独立当事者参加を特殊視しすぎており、硬直で限定的な枠をはめすぎている。

2　本件においても二重譲渡に類似したケースとして、独立当事者参加が認められるだけの基盤はあると考えるが、本件について気になるのは、Ｚが所有権移転登記請求権保全の仮登記を経た者であるので、ＺはＸＹ訴訟がどのようななりゆきになろうとＹに対し本登記請求、Ｘに対してもその承諾を求める請求ができるので（不動産登記法一〇五条）、ＺがＸＹ間訴訟に関与して牽制的な攻撃防御活動を行う利益、必要性があるのかどうかである。請求が両立できないという要件にはこだわらないとしても、参加申出人が本訴原告・被告間の訴訟に関与するだけの利益がなければ独立当事者参加はやはり認めにくい。本件上告審がＺの独立当事者参加を不適法と判示したのも、実質的にはこの点にあったのではないかと憶測される。本件原審でZがどのような主張・立証を行ったのか、具体的経過がわからないのでなんとも言えないが、一般論としては、ZにはたとえばXの主張するXY間の売買の成立を争い、その無効・取得事由を主張するなどの利益は肯定してよいと考えられるし、それほど熱心な訴訟活動を親得できないYに代わって攻撃防御活動を行う地位（訴訟担当者的な関与）を認める余地があると解される。現に、XY間訴訟が馴合いの懸念があれば、詐害防止参加としての独立当事者前段の参加は認められるであろう。独立当事者参加について前段の参加と同条後段の参加とは、実際上は理論が考えてきたほどの距離はなく、両者の隔壁はかなり流動的であいまいである(6)。

また、本件では、Zの参加請求に対して、Xは「YZ間の売買の一方の予約は通謀虚偽表示であるから無効」である旨の主張を展開している。ということは、Zの本登記請求および承諾請求について、少くともXの側からの反論、対立はあるのであり、このZX間の紛争とXY間本訴請求とを併合審判に付し、ZにいつでもXY間訴訟に関与できる途を用意しておくことは、むしろ望ましいことではないだろうか。別訴が可能であることはそのとおりであるとしても、別訴ができるから独立当事者参加はできないということにはならない（典型的な権利主張参加でも別訴は可能である）。選択肢を増やすことは歓迎すべきである。

3　とくに本件の場合は、原審がすでにZの参加を適法なものとみて実質的な審理判断を遂げてZの請求を認容しており、Xの上告理由も参加の適法性そのものをもはや争っているのではなく、ただ、Zの請求が認められるからといってXの請求を実質審理をするまでもなく棄却してしまうのはおかしいではないか、と言っているだけである。このような経緯の中で、上告審があえてZの参加を不適法として、この訴訟部分を切り離し、わざわざ一審からやり直させる必要があるのであろうか。Xの審級の利益の問題はたしかにあるが、しかし控訴審でも参加できるので、それ自体は決定打にはなりえない。本訴提起からすでに二〇年を経過し、Zの参加の時点からみても四年半を経ているのに、一つの論理を通すためにいままでの審理を白紙に戻すというのは、いかがなものであろうか。しかも、上告審の論理自体も、一つの仮設であって、既述のように異なった考え方をとる余地は十分にある。建前としてはたしかに独立当事者参加の許否は訴訟要件として職権調査事項であり、上告審はいつでもそれを問題にできることになってはいるが、紛争当事者あっての裁判であり、当面の紛争当事者に不利益・犠牲を強いて実務一般の統一をはかるという発想は、今日では時代遅れのはずである。(7)

4　もっとも、原審がZの請求が認められるからといってXの請求について実質審理をしないまま請求棄却にしてしまったのは、上告理由のいうように踏み込みすぎている。XY請求をなぜ棄却にしてしまったのか、いまひとつ計りかねるところがあるが、最終的にはXはZの本登記（承諾）請求を阻止しえないという考慮が働いたとすれば、それは実体法の約束ごとを超えた処理を独立当事者参加である故をもって行ったことになる。そうだとすれば、原審もまた、独立当事者参加である以上、この訴訟の中で紛争を全面的に解決しなければならないという意識が強すぎた、と推測される。したがって、〈三者間の紛争の一挙的解決〉をはかるのが独立当事者参加であるという認識では、じつは上告審も原審も同根のものがあるのである。(8)

(1)　兼子一・民事訴訟法体系四一四頁。

(2)　三ケ月章・民事訴訟法（全集）二二六頁、新堂幸司『新民事訴訟法（第二版）』七一六頁、兼子＝松浦＝新堂＝竹下『条解民事訴訟法』一九八頁（新堂）。

(3)　吉野「不動産の二重譲渡と独立当時者参加の許否」判タ一五二号二頁〔近藤＝浅沼編『民事法の諸問題Ⅱ』三〇八号〕。

(4)　学説として、兼子・前掲、新堂・前掲、兼子＝松浦＝新堂＝竹下・前掲、斉藤＝小室＝西村＝林屋編『注解民事訴訟法⑵〔第二版〕』二五七頁〔小室直人＝東孝行〕、井上治典「独立当事者参加」同『多数当事者の訴訟』三三頁、上田＝井上編『注釈民事訴訟法⑵』一九六頁〔河野正憲〕など。裁判例として、福岡高判昭和三〇年一〇月一〇日下民集六巻二〇号二一〇二頁、東京高判昭和三六年二月二八日下民集一二巻二号三九三頁、大阪高判昭和四三年五月一六日判時五五四号四七頁、など。

(5)　議論の状況については、上田＝井上編『注釈民事訴訟法(2)』一七六頁以下〔河野〕ほか、井上・前掲。とくに和解の可能性についての細密な議論として、中野貞一郎「独立当事者参加訴訟における二当事者間の和解」同『民事訴訟法の論点Ⅰ』一七二頁以下。

(6)　井上治典「参加形態論の機能とその限界」同『多数当事者訴訟の法理』三八二頁以下、高橋宏志「各種参加類型相互の関係」『講座民事訴訟三巻』一二七頁。

(7)　すでに、三〇年近くも前に新堂教授がそのような最高裁の姿勢を厳しく批判した。新堂幸司「民事訴訟法理論はだれのためにあるか」判タ二二一号二三頁。

(7)　独立当事者参加を特殊例外的なものとみることの問題点については、井上治典「独立当事者参加論の位相」多数当事者訴訟の法理二六七頁、同「参加形態論の機能とその限界」同書三〇七頁以下。

第一〇章　裁判と裁判外制度との関係——峻別論を超えて——

第一節　裁判と裁判外制度との隔壁の流動化と手続への着目

一　裁判頂点型思考とその問題点

小島武司教授は、裁判と裁判外制度との関係につき、かつて図のようなシステムを構想した。紛争解決のあり方（基準）が裁判から裁判外に波及していく面と、裁判外から裁判に汲上げられていく面とを裁判を中心に説明したものである（小島武司「紛争処理制度の全体構造」『講座民事訴訟①』（一九八四年）三六〇頁）。この思考方法の

特徴は、紛争処理システムの全体を裁判を中心（あるいは頂点）に考えていること、解決の結果を生み出す「基準」に着目していること、訴訟を法的基準による裁断として、他の方式とは異質のものとみることに連ること、などにあるとみられる。筆者は、この「解決基準を基軸としての裁判中心の見方」に批判的な意見を表明し、基準よりも手続を重視すべきであり、裁判をピラミットの頂点に位置するという特別視思想を捨てて諸々の紛争処理方式の中の一つであるという考え方に立つべきではないか、と述べた（井上治典「裁判手続の手軽な利用のために」『民事手続論』（一九九三年）七二頁、同『講＆Q紛争と手続き』（一九九

九五年）八三頁）。この批判に対しては、小島教授からさらに反論が示され（小島武司「正義の総合システム再考」法曹時報四一巻七号一頁）、法哲学の田中成明教授からは、この議論に対する中庸を得た論評もいただいた（田中成明『法の考え方と用い方』（一九九〇年））。

二　裁判との関係

裁判は貧しいがＡＤＲは豊かで充実している社会はないし、裁判だけが豊かでＡＤＲは貧しいという社会もない。裁判もＡＤＲも、その時代、その地域の人々のかかわりの実情を映し出したものとして、緊密な連動関係にある。

この面からみて、かつてのわが国は、裁判も重苦しくて使いにくく、ＡＤＲも未成熟でその手続も整序されたものとは言い難い、という状況があった。裁判もＡＤＲも、どちらも使いにくく、いわばいずれも貧しいという連動関係が続いていたのである。

ところが、一九八〇年代後半から一九九〇年代にかけて、裁判についてはさまざまな場で審理のあり方についての議論と試みが展開されて、利用しやすい手続への脱皮が目指されるとともに、ＡＤＲについても、制度面でも理論面でも人々の関心が集り、未だ十分とは言えないものの、量的にもかなりのものが生れ、制度運用の質の点でも、さまざまな工夫が重ねられてきている。こうした中で、裁判はコストがかかる重厚な裁断型、ＡＤＲは安くて早い合意型というような単純な区分け論はもはや妥当しがたく、紛争類型に応じた裁判とＡＤＲとの振分け論でも足りない。裁判とＡＤＲとの間の壁は流動化してきているし、ＡＤＲにも多様なものがありうるので、ＡＤＲをひとまとめにして裁判との対比・関係を論じるという手法にも限界がある。

もちろん、後にもみるように裁判には裁判としての特徴があることは否定できないが、時代の要請は、裁判手続が本質的に有している諸価値を裁判外手続にとり入れ、裁判外手続にみられるメリットや手続運営の工夫を裁判にも生かしていくという、それぞれの隔壁を流動化したうえでの相互交流と共存共栄のスタンスのなかで、普遍的な紛争調整の手続のあり方が模索されなければならない状況にあると考えられる。

三　手続に着目する必要

このような状況把握の中で、いま必要なことは、裁判とＡＤＲとの固定的な峻別論を超えて、トータルな視点から紛争調整のあり方を考究するというスタンスである。そうして、そのスタンスの定め方としては、解決結果や解決基準にウエイトを置くことよりも、調整のプロセスとしての手続のつくり方が要をなすと言える。関係者の手続におけるかかわりをいかにすれば、納得できるリアリティーある実効的なものにすることができるか、これこそがポイントであると考えられる。

本稿では以下、民事裁判における「裁断から合意へ」というかつての動向が何に起因するものかを整理し、「裁断、合意よりも手続へ」という近時の関心を見さだめたうえで、それではその手続のエッセンスと具体像はどのようなものが望ましいかを検証しつつ、今後のＡＤＲの手続づくりの方向を展望し、最後に、裁判とＡＤＲとの関係および相互連携のあり方に言及してみることにする。

第二節　裁断から合意へ、そして手続へ

一　裁断から合意への流れとその理由

紛争処理の場面で、一九七〇年代から「裁断から合意へ」の流れが顕著になった。裁判における和解の多用、和解兼弁論という審理方式の自然発生的な登場がそれを象徴しており、一九八〇年代後半から九〇年代にかけてのＡＤＲへの関心も、大きな目ではその波動の一つであると言えるかもしれない。

それでは、裁断から合意への流れは、何に起因するのであろうか。それは、権利義務関係を軸にした画一的な実定法規範によって、もっぱら過去の事実関係を明らかにして、法的請求についてオール・オア・ナッシングの帰結を導き出すという裁断型のモットーとされてきた手法が、個々の具体的な事件と当事者・関係者のニーズに十分には応えられない場合が多くなり、当事者の合意・了解をもとに、個々の具体的状況に即応した多様な調整の必要性が高まった、ということに求められるであろう。つまり、裁断型調整の特徴として、法規範という一つの価値観を指導標としつつ、社会的紛争を二当事者間の権利義務関係の請求として主体・客体面でシェイプアップしていわば「孤立化」させ、法専門家の判断によって結論を出して、あとは裁断から出た後の社会による調整にまかせるという構造を呈するが、これは、価値観の一元化による法規範への信頼、法専門家への信頼と依存志向、裁判後の再調整についての社会メカニズムの機能発揮、という条件の下ではじめてその本来のはたらきが期待できる。ところが、一九八〇年代以降、裁断型調整が十分に機能を発揮する条件が、つぎつぎに崩れてきた。価値観が多様化して法規範の絶対的統率力が弱まり、専門家の威信がはぎとられ、少々寸法に合わない裁断結果でも社会の自律的メカニズムの中で再調整するという機能が、都市化した社会の人間関係の希薄化の中で衰退して行ったのである。画一的規範による法専門家の裁断よりも、法規範を介し、他の諸々の規範をも使いながら、将来に向けた調整を前面に出した納得のいく自前の調整を、という志向が、裁断から合意への流れを加速したと思われるのである。

二　合意型調整の限界と問題点

ところが、その合意型調整も、決してバラ色のものではなく、そこにはさまざまな問題点とともに限界があることにも、多くの人が気づきはじめた。

まず、これだけ利害が多様化して対立も厳しくなり人間関係が希薄化した時代には、合意の調達もそう簡単にできるものではない、という現実がある。

つぎに、「合意」なるものは、一部の理論家によって考えられてきたような「理性的個人による自由な意思に基づく合理的な選択と最終決断」という性質のものではなく、むしろ実態は、迷える人間が暗中模索の中でつぎに進むためのとりあえずの協定であり、自己をとりまくさまざまな条件の中で半ば強制されたものであったり、本格的な検討を先送りするにあたっての「とりあえずのもの」、他の問題を生かすための「留保」であったりする。要するに、かつての合意観の基礎をなすカント的人間像から、「等身大のふつうの人間像」によって合意を見直す芽が生れ、近時の民法学における契約論の動きにもみられるように、一回的な意思を意思との合致によって当事者間の将来の関係が最終的に決まってくる、という合意観も深刻な反省を迫られるに至っているのである。そうだとすれば、紛争調整の場面でも、合意が調達されればそれで最終的なものとしてすべてが正当化される、というわけにもいかない。

さらに、紛争調整の場面では、合意調達のプロセスのあり方、法専門家のかかわり方が問われなければならない。裁判における和解に典型的にみられるように、合意の調達は、関係者は入ることができない密室で、当事者が交互に呼ばれて、整序された話し合いのルールもないところで行われ、しばしば心証や判決の予測、オール・オア・ナッシングの帰結のリスクなどをちらつかせた形で行われる。これでは、裁判所の手続としては、きわめて不整序であり、不公正・不透明であって、「裁断」の可能性を当事者を落すための「脅し」に使う、と言われても仕方のない状況があると言ってよい。紛争調整における合意は、必ずしもバラ色のものではなく、ある種の「うさんくささ」を拭い去ることができないのである。

三　そして「手続」へ

裁断も限界があり、かといって合意も問題があるとなれば、むしろ結果としての「裁断」、「合意」よりも、関係者がそこでやりとりを行う手続そのものに重点を置いて、その手続のあり方を考えていくことが正道ではないか、ということに気づく。当事者本人が納得できて、法専門家は専門家としての役割をしっかりと担い、公正でメリハリのきいた生き生きしたかかわりを実現するにはどうすればよいか、ということに実務家と理論家が経験と知恵を傾けて、運用の指針と理論を考究していかなければならない時代を迎えている。近時の裁判所におけるＮコート方式の試み、本人参加型のモデルになると思われる宮崎地裁における試み、さらには第二東京弁護士会などによる仲裁センターの試みなどは、実務側の実験的挑戦の一つであり、井上正三＝髙橋宏志＝井上治典編『対話型審理——人間の顔の見える民事裁判』（一九九六年）は、理論の側のワンステップである。

このような関心動向は、既述の裁判型、合意型に即して言えば、プロセスとしての手続が充実したものとして活性化するものになれば、結果が判決で終ろうが和解（合意）であろうが、それは本質的な問題ではないし、そもそも両者の間にそれほどの距離はない、という認識に導く。文字どおり、結果志向ではなく、プロセス志向なのである。

第三節　紛争調整の手続としての指導理念

紛争調整の手続といっても、現実に行われることは、個々の制度や方式が置かれている枠組や物的・人的な条件によって左右され、手続に差異が生じるのは避けられないところであり、そうであるからこそそれぞれの特徴を生かした競争と連携にもとづく共存共栄がはかられる必要がある。ここでは、このことは前提にして踏まえつつ、およそ紛争処理手続一般に通じる共通理念を「関係者がかかわりをつくり出す手続」を基点として拾い上げていくことにする。

一　当事者の自律の重視と専門家の支援

紛争は当事者のものであり、当事者は自己が選択した調整手続の出口を後にしてからも、自分の問題としてかかえ込みながら歩いていかなければならないので、当事者がみずから調整手続に関与していくことは、当然といえば当然のことである。ただ、本人はしばしば自分の問題を客体視することができず、冷静な判断を誤りがちなことにくわえて、法的思考や法的手続についての知識や経験が乏しいので、どうしても法専門家のサポートが必要である。本人の真の自律と適切な判断行動を大事にするが故にこそ、法専門家のケースと状況に即応した態様の支援が望まれるのである。支援の態様は、本人が置かれている資質や条件と手続の節々で問題になる事項に応じて、後方支援や側面支援にとどまる場合から、全面代行を必要とする場合まで、さまざまでありうるが、いずれにせよ、本人と法専門家がそれぞれの役割を担ってのパートナーシップのなかで、手続内および手続外の紛争行動が展開されることが望ましい。

二　整序された相互疎通とフェアーネス

1　紛争として持ち込まれる問題は、当事者の生活空間、社会的関係レベルでは、相当な根の深さと拡がりをもち、さまざまな問題とリンケージを持っているのが通常である。紛争調整手続としては、このような拡がり、リンケージを視野に入れてある程度「ふくらみ」のある手続を実施する必要はあるが、日常空間レベルの問題をそのまま丸ごととり込んで際限のない井戸端会議のようになることは避けなければならない。はじめからか、途中からかは別として、少なくとも手続のある段階からは、特定の法的問題に焦点を絞り込んで、メリハリのきいた調整を行い、それを契機として当事者が手続から出た後に全空間レベルで自分たちの手で新たな関係（かかわり）をつくり出す途が切り開かれれば足りるのである。

2　調整手続は、当事者、関係人と調整担当者がその場に居合せて、五感作用をフルに活用させての口頭によ

ならない。

とっては、ノンヴァーバルな部分としてのコトバ以外の要素が持つ意味が想像以上に大きいことも忘れられてはならない。

（前ページより続く）

る直接対話の方法によることが望ましい。裁判の対審としての、対席方式、口頭主義、直接主義による口頭弁論の必要性の原則は、このあらわれである。もちろん、口頭による対論を活性化するために、必要な範囲で書面を使うことはあってよいし、むしろそれは有用な場合が多い。ただ、対席・同席方式による口頭によるやりとりにとっては、ノンヴァーバルな部分としてのコトバ以外の要素が持つ意味が想像以上に大きいことも忘れられてはならない。

3　当事者が言いたいことを言う機会と場が与えられなければならないのは、当然である。しかし、相互疎通が整序されたものとして展開していくためには、言いたいことを言う機会が与えられるだけでは不十分である。比喩的に言えば、ある局面で当事者の一方が言いたくないこと、出したくない資料であっても、言わなければならない、出さなければならないことであれば、調整者がその旨をはっきりさせて、相互疎通を淡々と前に進めていく必要がある。つまり、整序された手続を実施するには、手続の具体的局面でどちらの当事者がどのような役割・負担を負って相互疎通を行っていくかを明確にしたうえで（もしその点について意見の調整の必要があれば、進行についての協議の場を設けて）、それぞれの役割のなかでクールにコミュニケーションが展開されていかなければならない。訴訟における主張責任、立証責任の原則は、そのような思想のあらわれのはずであり、否認、抗弁、再抗弁、再々抗弁という観念も、ややギクシャクしているが、そのような役割分担を意味している。現行民事訴訟法の相手方からの「理由説明要求」とそれへの対応（民訴法一五六条、一六七条）も、当事者間のコミュニケーションの作法の一形態である。手続保障とは、当事者間の水平の関係での役割分担の中での手続内関係のあり方を意味するのであり、決して言いたいことを言うというレベルにとどまらないのである。

4　調整手続の指導理念である「公正」（フェアーネス）（民訴法二条参照）とは、手続の公開、透明性を含む広い概念であるが、中心は右の**2**、**3**で述べた内容のものである。

三　相手方の出席確保への配慮

相手方は、申立人が選択した手続につきあわさせられるので、感情面を含めて反撥があるのが一般である。そのような相手方に、まずは手続にのってきてもらえなければ話にならないが、そのためには、それなりの心配りが必要である。裁判所の手続は、権力を背景にした威嚇で反強制的に一片の書状で相手方を呼び出し、それに応じなければ擬制自白などのルールで手続を前に進める仕組みになっているが、民間型のＡＤＲはもとより、行政型の紛争処理手続にあっても、裁判手続のような強制力はないので、そのような北風型の手法ではうまくいかない。申立書とあわせて、事務局から電話連絡などで手続の趣旨を説明して、出席を要請し、初回手続に用意するものなどの心づもりを与えるなどのキメ細かな配慮と工夫が求められる。申立書にいきなり申立人の要求を訴状のように掲げることの当否も、問題になる（弁護士会による仲裁センターの経験などを参照されたい）。

四　自己変容のための諸手段の活用

調整手続のプロセスは、当事者からすれば自己の主張や要求の正しさを相手方に認めさせるという一方的説得のプロセスであるというよりも、他者とのかかわりのなかで自己のイメージをたえず変容させつつ認知作用をくり返していく過程である。紛争イメージのリアリティー化、流動的な形成過程である、と言ってもよい。

そのためには、それぞれの認識やイメージを自己から切り離して相対化、客観化していくための手当てが必要である。「話す」という営みは、「放す」ことに通じて、それ自体にそのような作用があり、「相談」のもつ意味もこの「自己客観化」にこそあると考えられる。しかし、変容過程としての認知作用をより効果的に行うには、他者の発言に虚心に耳を傾けるという場と条件づくりにくわえて、自己の相対化、客体化のための工夫が要求される。人と問題を切り離し、原則に立脚して議論せよという「ハーバード流交渉術」の提言は、その工夫の一つと受け止められよう。

規範の活用の意味もここにある。ただ、価値観がこれほどまでに多様化した現代、規範にも実定法規範から社会規範、当事者間の固有の規範、人間的な条理・共感までさまざまなものがあることを承認しなければならないし、規範を答を導き出すための固定化された絶対的な源とみるのではなく、その時々の相手方との対応の中で状況関係的に意味をもち、その役割も変容・消失するというような、流動的、相関的な機能しか有しない、と見るべきである。まさに、規範はそれぞれの状況の中で活用されればよいのである。そうして、活用の手段としては、規範のほかにも、計算数字や統計データ、将来的な取引・活動の見通し、医師や建築家の専門的な識見や知恵など、他にもさまざまなものがある。

五　過去へのこだわりと将来志向

過去を抜きにした紛争調整は、もちろんありえない。当事者も過去にこだわっているのがふつうであるから、そこをおろそかにすることはできない。

しかし、当事者にとってもっとも大事なのは、現在を含めてこれから先どういう関係をつくり出すかである。将来（といっても、とりあえずであるが）のために必要なかぎりで過去を問題にする、というスタンスが紛争調整の本旨であろう。

しばしば、たとえば裁判の目的は真実発見にあるという言い方がなされるが、これはむしろ緊張感のあるリアリティある手続をきちんと行うということを「真実」「真相」という概念でもって一言で語っている、と受け止めるべきであろう。真相解明というのは、当事者間のよりよき関係づけのための手段・道程にとどまり、必ずしもそれ自体が最終目標ではないのみならず、「認識」というのは客観的に存在するものを写し出すというような受動的なものではなく、それぞれの能動的な営みである以上、それぞれの置かれた立場によって認識が異ってくるのは、むしろ当然のこととも言えるのである。したがって、認識を一つに統一しなければならないと考えるよりも、認識のちがいをもたらした要因を探究して調整のあり方に反映させるほうが生産的であるとも言える。

六　手続を「ひらく」ことと第三者の巻き込み

ここで手続を「ひらく」という意味は、通常にいう開始するという意味ではない。当事者間のやりとりを関係者としての第三者にオープンにするという趣旨である。裁判用語では、「公開」がこれにあたる。オープン・セッションの目的は、一般的に国民大衆によって裁判官、弁護士などの法専門家をモニターすることによって、その恣意を牽制するというニュアンスで語られているが（オーディエンス効果を含め）、決してこれにとどまらない。むしろ、バーの内側にいる当事者たちと傍聴席にいる関係者との間のネットワークを開いて活性化するという意味があるのである。「紛争ネットワーク活性化」論と名づけられている。

紛争は、二当事者間の当面の請求についての当否という形で手続に持ち込まれても、社会的レベルでみれば、決してそれほど「孤立化」されたものではありえない。人間は（法人であっても）、孤立した存在ではなく、常に他者とのかかわりの中で生き、営みを続けていかなければならない存在である。あたかも、樹木にたとえれば、地上の幹は一本であっても、地上にあらわれない根はあちこちに張りめぐらされて樹木を支えているように、当事者間の紛争も、さまざまな関係人との間のネットワークの中にある。紛争調整をその手続の中だけでなく、社会的レベルにまで拡げてそのあり方を考えれば、その紛争にさまざまな形でコミットしている第三者とのかかわりを念頭において、手続をつくっていくことが望ましい。当事者間の手続をひらきつつ、適宜、第三者を巻き込むことによる紛争ネットワークの動的活性化が望まれるのである。

七　暫定志向と再調整の場の保障

紛争は、最終的・抜本的に解決されなければならないと考える必要はない。

当事者間の行きづまりの現状を一歩打開して、手続から出た後に当事者たちが自分の手で将来を切り開いていくことができる状況をつくり出すことができれば、それで十分である。遠い将来は不確定であり、何よりも当事者はみずから問題に立ち向い、相手方との関係をつくり出していくほかないのである。将来志向の調整が望ましいといっても、それは近未来であり、しかもとりあえずの措置を構じて、自前による調整が困難な問題が生じれば、また調整の場に持ち込むことをゆるやかに容認すべきである。暫定志向と再調整、まさに紛争は続くことに寛容でありたいし、「くり返しの中に正義がある」という法哲学者の名言に傾聴したい。

第四節　裁判とADRとの関係

一　裁判とADRの特長

第三節で見た紛争処理手続の理念に即して言えば、裁判とADRとの隔壁が流動化してきているとはいえ、一般論としては、裁判では、**二**の手続の整序と公正さ、**五**に関連して、過去への事案解明の充実、**六**のオープン・セッション、**七**に関連して、再調整の方法としての上訴や異議制度の完備など、制度の枠組としてはADRよりも整っている。逆に、ADRは、右の諸要素では裁判に一歩譲るものの、手続が重装備でない点をはじめとして、**一**の当事者の自律性と四の自己変容のための諸手段の活用、**三**の相手方の出席確保への工夫配慮、**五**、**七**に関連して、暫定的な将来志向の正面からの取り込み、などの点で一日の長がある。もちろん、右の対比はあくまでも一般論としてであり、ADRにもさまざまなものがあり、裁判手続も和解手続などを含めればかなりの幅があり、現実の運用も多様でありうるので、具体的につきつめていくことはそれほど単純ではないことも確かである。

二　棲み分け論からメリット移入による共存へ

かつては、裁判の特長を判決を中心にして手続としても重装備を不動のものととらえ、それにふさわしい紛争は裁判へ、そうでない軽微な日常的紛争はADRへという、両者の差異をきわだたせての「棲み分け論」が一般的であった。しかし、このような峻別論を前提にした棲み分けの思想では、裁判、ADRいずれもやせ細るばかりであり、豊かな発展は期待できない。これでは、利用者からは、裁判も使いにくいし、ADRもいい加減で利用に耐えないとして敬遠され、事件屋より不透明な場に持ち込まれるだけである。

そこで、裁判手続もこれまでの裁判の固定的イメージから自らを解放して、ADRのメリットをとり入れるべきところはとり入れて、わかりやすく使いやすいものにする必要があるとともに、ADRも、自らメリットをもっと伸ばしつつ、とくに裁判の特長である整序された公正な手続の理念を学びとって、そのデメリットを克服する努力をしていくことが望まれる。棲み分けの思想から、裁判とADRとの、あるいは、ADR相互間のゆるやかな競争による共存共栄の時代に入ってきたのである。民事裁判における少額手続の特則、仲裁センターなどはその例である。いずれを利用するかは、利用者にゆだねられる。

三　手続相互の連携

かくして、積極的な意味での裁判のADR化と、ADRの手続面での充実化がはかられることになるが、それでもそれぞれの制度の構造面からの、あるいは現実の諸条件下での制約と限界があることも、否定しがたいところである。

たとえば、調停的、あっせん的な手続では、概して踏み込んだ証拠調べは行われにくいし、裁判手続では、当事者の自律的な自己変容過程に徹底してつき合うことにはなりにくいし、特殊専門的領域の紛争への対応も、その専門機能に比べれば一歩劣ることになりかねない。

そこで、裁判とＡＤＲとの、あるいはＡＤＲ相互間の連携がはかられることが望ましい。裁判と調停との間では、相互移行にみられるようにすでに制度上その連携がはかられているが、裁判とＡＤＲとの間でも、あるいはＡＤＲと調停、ＡＤＲ相互間でも、互いに連携をはかることができれば、それに越したことはない。たとえば、公害紛争が裁判に持ち込まれた場合に、当事者の了解を得て、必要なところだけ公害等調整委員会にゆだねたり、交通事故紛争処理センターに持ち込まれた紛争で、どうしても証拠調べが必要になった場合、その部分だけを裁判手続を活用するというような相互連携である。私的整備が行われているときに破産の申立てがなされた場合でも、私的整理に足りないところを破産手続で補完する、あるいは債権者委員会（長）を破産管財人に任命してそれまでの私的整理の実績を生かしながら整理を行っていく、などの有機的な連携の工夫があってよい。

ゆるやかな競争と連携、それは現時の大学が置かれている状況にもあてはまる。

四　弁護士、司法書士の支援と事務所のチームワークづくり

さて、裁判はもとよりＡＤＲを活性化し、真に利用しやすい充実したものにしていくには、法律家、とくに弁護士、司法書士の知恵の活用とさまざまな形の支援がやはり必要である。ＡＤＲであっても、本人だけでは足りない場合が多い。

そのためには、弁護士、司法書士の事務処理体制の見直し（事務局を巻き込んでのチームワーク体制）が必要である。法専門家の執務体制基盤の建て直しなくしては、裁判手続の活性化とＡＤＲの真の発展はありえないと考えているが、この問題に深入りすることは、本稿の課題をはみ出すことになるので、稿を改めて論じることにする。

第二部　倒産・民事保全についての論考

第一章　債権者平等について

第一節　はじめに

一　債権者平等は、債権者間の利害調整の理念として、一般に当然のこととして観念されている。しかし、この場合の「平等」とは、はたして何であろうか。真の意味の「平等」はありうるのであろうか。

民法学では、これについて深く論じたものは、管見のかぎりではあまり見あたらないが、[1]教科書類では、債権者平等の内容としては、⑴物権のような先に対抗要件を備えたものが優越し、他を排除することなく、債権者成立の時間的前後を問わず平等の効力をもって並存し、互いに他の債権に優越することがない点、および⑵同質の債権については、債務者の財産の売却代金が総債権を満足させるにたりない場合には、各債権者の債権額の割合に応じて配分されること、の二点が念頭に置かれている。[2]しかし、右のうち、⑴は、債権の一般的性質論にとどまり、債務者の自由選択、債権者の自由競争の原理をあらわしただけであって、とりたてて参考になるものではないし、⑵については、何が同質の債権かの前提が問題であることにくわえて、債権額に応じた按分配分がはたして実質的平等に資するといえるかどうかが、問われなければならない。

また、とかく実体法学では、債権の存在、額、優先順位などを自明の所与のものとして、議論をスタートさせている傾向がうかがえるが、多数の債権者が自己の利害をぎりぎりまで追求しようとし、債務者も破綻状態のなかで混乱の極にある現実の事件にあっては、債権の存在や額も決して所与のものとして明確に決まっているわけではない。これにくわえて、民法学の議論は、もっぱら債権の性質や額という客体面からの発想にとどまりがちであり、具体的な顔をもった人間の行動への配慮が不足しているように思われる。(3)

二　債権者の「平等」と「公正・衡平」との関係については、つぎのような考え方も妥当している。つまり、法が債権の性質類型に応じて優先順位を設けている場合は、法の精神としてのこのプライオリティー（優先序列）をまもることが「公正・衡平」であり、「平等」は、同質の権利またはランク付けの枠内で差等をつけないという概念である、と。つまり、異質の権利者間の問題が公正衡平であり、同質の権利者間の権利変更の原理が平等である、とされるのである。(4) これは、会社更生法の更生計画の内容をめぐってアメリカ法の企業再建の法理の影響を受けて生まれた概念区分であるが、この区分が更生計画での議論を離れてどこまで普通性をもつかは、疑問に思う。筆者は、利益分配の局面では、結果の完全な平等はありえず、債権者・債務者間の、あるいは債権者相互間のかかわり方のフェアーネス（履行過程および問題が生じた場合の利害調整の場面での）、つまり、プロセスの衡平、公正しかありえないのではないかと考えるが、この立場からは、法が予定しているプライオリティーをそのまま妥当させたり、順位を崩さないことが「公正、衡平」であるというのは、固定的な基準にとらわれすぎており、それぞれの債権の固有の事情と特性をとり込んでの、関係者間の関係形成の手続としてのプロセス面が軽視されている。「公正衡平」と「平等」を権利の性質の枠組によって区別する立場は、とることができない。(5)

三　このような問題意識から、多数の債権者の利害がもっとも熾烈にぶつかりあい、その調整のあり方が恒常的に問題になる執行や倒産の場面を中心に、まず、結果的平等の限界を明らかにしたうえで、法制度の試みや実践の多様性を概観しつつ、内容的平等にかえて、利害関係人の関係形成の公正衡平というわば手続面――プロセスのフェアーネス——に重点を置いた私見を展開してみたい。

第二節　結果としての平等のジレンマと限界

利益配分という結果の面で、法の理論として債権者平等を追求していくかぎり、深刻なジレンマに立たされる。ジレンマには、二つの要素がある。

一つは、人間の活動を生き生きとしなければならないという、誰も疑わないであろう要請と、平等の理念とのジレンマである。

一　「平等」のジレンマ

たとえば、いまかりに、Sが事業の拡張をはかるためにAから一〇〇〇万円を借り入れたが、経営が当初の思惑どおりに行かず、一年後に町の金融業者B_1、かB_2らそれぞれ三〇〇万円、四〇〇万円を借り入れて、経営を維持し、これ以上の悪化を防ぐためにAとの関係を保持することが必要と考えて、Aに七〇〇万円を返済したとしよう。その後、Sの経営が悪化した段階で、Sは取引先Cから三〇〇万円分の材料を買い入れてこれを転売して取立ての厳しいB_1に三〇〇万円を弁済した。その後、Sの経営がいよいよ行き詰まり、債権者たちによる整理が開始されたとして、Sの乏しい現有財産の分配について、A、B_1、B_2、Cの間でどのような利益調整が行われれば、実質的な平等がもたらされるか。

それぞれの債権者の債権がどのような原因で生じたのか、その後の債権者と債務者とのかかわりと債権の変遷などの経緯を捨象して、現時点での債権額だけを指標にして、形式的な平等をはかるとすれば、債権者の中にはむしろ「不平等」と感じる者が出てくるにちがいない。たとえば、B_1、B_2、とAとの関係でみれば、B_1らは自分の貸付金でAへの返済がなされているので、自分たちの資金でAが七〇〇万円の満足を受けておきながら、Aの残額とB_1、B_2の債権が同一のスタートラインに立つというのはおかしいと感じるであろうし、CとB_2との関係、とその関係についても、現時点での名目上の債権額だけを問題にするだけでは、それぞれC、B_2にとっては収まらないところであろう。また、Sの経営状態をよく知りながら融資した債権者と、いわば騙されたに等しい形で動産を売却させられて債権者になった者（C）との間の対等な取扱いはいかなるものであるのかの問題も残る。

かといって、二年前のSからAへの七〇〇万円の弁済、一年半前のSからB_1への三〇〇万円の弁済を無条件にすべてなかったものにして、同一のスタートラインに立たせるとすれば、今度は、別の面で問題が生じる。機械的に債権額に応じて按分弁済することが、はたして実質的に平等かという問題は別としても、一連の経過の中での債権者と債務者とのかかわりは、それぞれにそれなりの意味と必然性を持っていたはずなのに、それをすべて白紙に戻すというのでは、積極的行動をとった債権者にはかえって不平等と感じるかもしれないし、そのようなことが容易に一般的に認められれば、人は誰も努力しなくなるであろう。リスクとうまみのなかで、人はギリギリの活動や折衝や葛藤を試みるからこそ、活性化した社会の秩序が形成され、世の中が面白く動いていくのである。こうして、平等は、下手をすると、座して待つという不活動人間の育成に手を貸しかねないのである。

かくして、利益分配の局面で結果としての平等を達成することは、困難であるというよりも、不可能に近いということになる。(6)

債権額に比例した按分という手法は、結果としての平等を達成することは不可能とあきらめて、他に有効な方法がなければやむをえない手法として行われている、とも受け止めることができる。(7)

第二のジレンマというか、問題点は、債権者間の対等、衡平な関係形成は、トータルな社会関係の中で考えられるはずであるのに、法的処理となると、金銭を中心とした財産的価値だけに限定されることになる、という点である。本来は、債権者とのこれからの取引面、生活面を含めての関係形成、個々の債権者が置かれた状況、経緯のなかでの怒りや悔しさなどの感情面を含めた、トータルな社会関係の中で、あらためての債権者間の関係づけが行われなければならないのに、法の論理や法制度の対応は、そのような要素を切り落としたところで成り立っている。もっとも、それが本来的な法の限界なのかどうかは問題であり、実践の場面では（たとえば私的整理）、案外そのような要素をとり込んだ案づくりが行われているということが、部分的にせよ認められるかもしれないので、法の枠組をそのような面までふくらませることによって、克服できる問題点であるとも言えよう。

二　実定法上のプライオリティーとその限界

法制上この問題に対応しようとする場合、債権の性質から一般的類型的な序列を設け、これによって公平を達成しようとする試みが考えられる。現にわが国でも、債務者の特定の財産から優先的に満足を受けることができる債権、債務者の一般財産からの弁済につき優先的地位が与えられる債権、一般債権に劣後する債権などの序列を設けている。たしかに、約定の担保権などは、それが取引慣行上定着していれば、その債権者もそのような期待を有するし、他の債権者もそういうものだと納得するかもしれない。しかし他面、他の債権者が大きな犠牲を負うのに、担保権者だけが無傷で自己の債権を目的物から回収できるというのも、債権者間に不公平感を残すことになるかもしれないし、担保権者の中には、動産売買の先取特権のように、その優先的地位の根拠がそれほど強固でない者もある。租税債権も、破産では、財団債権として別枠の優先的地位が与えられてはいても、これについては批判も強く、そのプライオリティーの実質的理由は乏しい。また、民法および個別立法で各種の特別の先取特権が認められていても、それら相互の関係については不明瞭な点が多い(8)。

より根本的な問題は、債権の一般的性質から序列化をはかり、その同一ランクの中では形式的平等で対応するということでは、それぞれ固有の顔をもつ個別ケースには十分には対応できないであろう、ということである。たとえば、一般的優先債権とされる従業員の賃金債権といっても、会社の経営を直接的にになって経営悪化の原因を与えた従業員の賃金債権とその指揮命令下で仕事に従事したにすぎない賃金債権とは、同列でよいであろうか（豊田商事のケースを想起されたい）。あるいは、事件によっては、事業体の不法行為によって損害を受けた者の損害賠償債権は、実体法上はなんらプライオリティーが与えられていなくても、他の債権者よりも優位な地位を与えてもよいとみられるケースがあるにちがいないし、債務者の経営が必ずしも順調とはいえない状況のなかで、あえて協力を惜しまず、債務の取立行為に出ないばかりか、あらたな融資に応じた債権者と、冷ややかな対応をとってむしろ債務者に一部弁済を強い、残債務について債務者にその唯一の不動産に担保権を設定させた債権者とを較べた場合、後者が前者より優先すべきとも限らないであろう。

要するに、個別ケースの具体的状況を捨象した一般的な序列論では、〈法はこうなっている〉という強制的な説得の道具にはなりうるかもしれないが、目が粗すぎて実情を反映できないのである。それは、一般的類型論の限界でもある。

第三節　手続および実践の多様な対応

右に見た結果的平等の限界が意識されているのであろうか、債権者間の利害調整の法制度と実践は、生身の人間の相互作用が介在するだけに、また、手続の枠組やその理論が独自のコントロール機能をもつことも加わって、実体法学の建前がかなりの変容をみることになる。つまり、制度上処理は、もう少し多様で、動態的で、状況関係的である。

一　民事執行における取扱い

１　民事執手続においても、配当要求の制度が用意され、差押えの競合も認められていて、配当要求や差押えの競合があった場合には、たとえば債権執行では第三債務者に供託が義務づけられており（民執一五条二項）、一応は平等な配当が保障されてはいる（同一六六条）。しかし、配当要求には原則として債務名義が要求され（同一五四条一項）不動産執行においては債務名義を有してしても配当要求の経期までに配当要求をしなければ配当を受けられない（同八七条一項）。とくに債権執行においては、取立債権者は取り立てた金銭を自己への弁済に充当できるし（同一五五条二項）、転付命令を得れば、事実上優先的弁済を受けたと等しい結果を達成できる。

また、執行手続において配当期日で配当表の記載について債権者から異議が出された場合、異議者は配当異議の訴えを提起しなければならないが（民執九〇条一項）、異議が認められた場合の配当額の再配分は、原告である債権者と被告債権者との間でだけ行われ、他の債権者の配当額には影響を及ぼさない（配当表の相対的変更）。ここにも、結果的な実体的平等よりも、債権者間のかかわりを通じてそれぞれの地位が形成されていく例を見ることができる。

2　民事執行の領域で債権者が競合して配当を行う場合、動産執行においては、「債権者間に協議が調ったときは、執行官はその協議に従い配当を実施する」こととされ（民執一三九条二項）、執行裁判所の配当手続によらなくてもよい途が用意されている。実際上も、執行官がこれによって配当を行うケースが多いといわれる。(9)また、売却財産が不動産である場合でも、「配当期日においてすべての債権者間に合意が成立した場合にはその合意により」配当する旨を定めている（同八五条五項）。不動産執行では、これによる合意が成立することは少ないかもしれないが、少なくとも法制度上は、執行対象財産が動産か不動産かを問わず、実質的平等を確保するために、債権者間の交渉を通じて具体案を形成していく途をひらいているといえる。

二　倒産手続における取扱い

1　倒産処理の手続においてはもちろん、民事執行の手続においても、はじめから確たる債権が所与の不動のものとして存在していると取り扱われるわけではない。たとえば、破産にあっては、届け出られた債権について管財人が調査して、調査期日で管財人、他の債権者、債務者が異議を述べることができ、異議があった場合には、公平な起訴責任の分配にもとづく債権確定訴訟などで決着をつけるという仕組みになっている。実際には、届け出られた債権について、管財人が調査期日が実施される前に届出債権者と折衝して譲歩、修正を迫る（調査期日の異議権を武器にして）ことも行われる。つまり、債権者と関係人とのかかわり——議論交渉——を通じて、債権の存在や額が形成されていくのである。民事執行にあっても、債務名義があるからそれを前提に一直線に執行が進んでいくと考えられがちであるが、請求異議や執行文付与をめぐる訴えや手続、さらには執行異議、執行抗告などの不服申立方法を通じて、債権者と債務者の実体関係があらためて問題にされる余地が残されている。要するに、換言すれば、債権者の地位も、このような関係人の相互作用によっていかようにもつくられていく、と言ってもよい。

2　倒産法制には、債権者平等を定めたとみられる規定がそれぞれにみられる。たとえば、破産法は、「同一順位において弁済すべき債権はそれぞれその債権額に応じて弁済する」旨を定めているし（破四〇条）、会社更生法でも、更生計画の条件は「同じ性質の権制を有する者の間では平等でなければならない」ことを原則としている（会更二二九条）。また、和議手続にあっても、和議条件は平等であることを要する、と定めている（破三〇四条本文、和議四九条二項）。しかし、これらの規定からただちに具体的な取扱いの帰結が得られるものではない。というのは、これらの規定は、「同一順位、同じ性質の債権」については平等に扱わなければならないと定めているだけであって、何が同一順位か、同性質の権利かについては、具体的には何も示していないからである。したがって、倒産法制は、〈平等に扱うべきものは平等に〉という当り前のことを言っているだけであって、これはトートロジーであって、(10) あまり意味はない。

むしろ、会社更生手続では、下請中小企業の連鎖倒産防止のために、下請債権者の債権の一部または全部を他の債権に先立って弁済でき、少額債権も、他の債権者に先立って弁済できる旨を定めていることや（会更一一二条ノ二)、抵当権などの担保権の実行も制限されていること(同一二四、二〇五条)、債権取立の面で最も優位にある租税債権ですら、会社更生法は限られた範囲でしか共益債権として認めていないこと(同一一九条)、などが注目されてよい。また、衡平を害しない範囲で差等をつけることが認められているので(同二二九条但書)、親会社や商社、金融機関の大口債権者については、債権の切捨て幅を多くし、弁済年限を長くする等の措置がとられることが多く、右の下請企業や労働者の債権の早期弁済や労働債権、社内預金等の共益債権化とあいまって、今日の社会にマッチした富の再配分が行われている、と解される。(11)

和議条件についても、実質的な平等がはかられれば、形式的に一律である必要はなく、たとえば少額債権は即時に弁済したり、ある時期から後の利率を一様に減らすなどの内容の条件は、平等原則に反しないし、(12)実際上も、債務者とのかかわりや寄与の実績、債権の性質、将来的な関係づけの必要性などによって、形式的に債権額に応じて一律でなくても、実質的に妥当と思われる案が作成され、債権者たちの了解の下に、それが認可されているのが実情である。

また、特定の債権者が不利益を承認していれば、その者について不利な条件を付すことは許されているが、倒産企業の役員や保証人となる債権者などは、一般に不利な条件を承認している、と言われる。(13)

3　倒産手続の正式の機関ともいうべき破産管財人、更生管財人、整理委員などの活動態様も、その事実に応じた実質的平等を達成するために、柔軟で状況関係的であり、制度上もそのような弾力的な対応が認知されている。すでに述べた、届け出られるべき債権について債権調査期日や債権者集会に先立って管財人が行う調査の段階での管財人と債権者の折衝による届出債権の補正・変更、危機時機での特定の債権者への利益供与について、何をどの限度で否認するかに関しての管財人の裁量的判断とそれを背景にしての交渉、債権者との他の法律関係についてどのように決着・調整をはかるかとからめての問題処理など、実質的衡平をはかるためのアドホックな、状況的対応が試みられているのが、現実である。(14)実体法上のプライオリティーをそのまま墨守して、その枠内で幾械的に分配するというような対応はとられていないのである。動産競売の先取特権債権者については、管財人は被担保債権額の六割を支払うことで和解するのが相場であるといわれているし[15]、担保権についても、実態に応じたさまざまな調整もなされている。豊田商事のケースにみられるように、租税債権であっても交渉の対象になることもある。

4　(1)　企業倒産の場面では、抵当権を有する取引銀行であっても、すんなりとは債権を回収できず、なんらかの譲歩が求められるケースも多い。倒産企業の従業員は、給料や退職金については法律上は優先権が与えられているといっても、現実には無弁済状態におかれがちであり、このような窮状を克服しようとして労働組合が試みたのが、組合または従業員が取引銀行に折衝し、その譲歩を求めて退職金の原資をかちとる方法である。著名な例としては、石居工業破産に関しての全金と静岡銀行との協定、大映破産に関しての組合と別除権者である埼玉銀行との協定などがある。抵当権は金融資本の根本をなすのかもしれないが、労働運動や中・小・下請等の弱小債権者の結束によって、交渉の中で譲歩・修正を余儀なくされているのも現実である[16]。担保権者であるからといって、その建前どおりには被担保債権を回収できてはいないのである。譲歩を余儀なくされる理由は、必ずしも力の行使という面だけでなく、取引銀行がすべて企業の重要資産を抵当制度の下で掌握しているというスタート時の不公平状況をその後の議論交渉によって修正したにとどまる、という側面もある。

(2)　倒産に至る企業は、担保力以上の担保権の設定をして資金調達をしている場合も多い。後順位の担保権者は、担保権の設定登記はあるが、実質的には無担保債権に等しい者もある。そこで、担保物件の評価額または予想売却額からはみ出した担保権者に対して、どのように対応するかが問題になる。

会社更生手続では、評価額をはみ出した担保権は、更生担保権としては認められず、一般更生債権に移行して認めることになるので、担保権の届出をした債権者と管財人との間で、担保物件の評価額・評価方法について熾烈な折衝がくり広げられる。破産や私的整理にあっても、担保権者は別除権者であるといっても、現実には担保権者による担保権の実行手続はとられないことが多いので、管財人や整理担当者との交渉による任意弁済にゆだねられる領域の事柄である（管財人としても、すべての抵当権登記を消さなければ、自己の手で売却できないので、ハンコ代プラスアルファで妥協せざるをえない）。

したがって、担保権者として優遇されるかどうかは、担保物の評価方法、評価額の設定や、それを起点にしての債権者と管財人との間の折衝によって状況関係的に決まってくる性質の問題であり、事態は不確定な流動的要素をもち、決して所与の前提として担保権がある、という取扱いにはならないのである。

三　債権者取消訴訟と和解

詐害行為取消訴訟で、たとえば乙からその債権者丙に支払われた金員について乙の債権者甲が丙を相手どってその返還を求める場合、現在の通説および判例理論によれば、甲の取消の主張が認められれば、丙は甲に金銭を交付しなければならず、甲は結果的に自己の債権額の範囲でそのまま手中にできる。ここでは、いわば遅い者勝ちとなり、甲は詐害行為取消訴訟を提起して「努力した」債権者であるとはいえ、甲が丙を排してその全員を独占できるという結果は、必ずしも甲と丙との間の、さらには他の債権者との間の衡平、平等をもたらすとは言えない。近時、丙に供託を命じる判決をしてはどうかとか、返還請求権を、この甲なり他の債権者が差し押さえて、債権執行の方法で換価してはどうか、[17]などの理論が提唱されているところである。前者は、供託を命じる理論上の根拠に乏しく、後者の方法は、やや迂遠にすぎるし、他の債権者が差押え、転付命令を得て独占してしまう危険もある。そこで、実務的には、甲丙間の詐害行為取消訴訟で実質的に妥当とする額を丙が甲に支払うことで和解する試みが、ひんぱんに行われる。また、訴訟外で和解が進められ、訴えが取り下げられるケースもある。これによって、丙と甲が利益を分け合うことになるのである。

それぞれの債権者の具体的事情を反映した調整案が、裁判所の関与の下に当事者間の話し合いを通じてつくり出される、というわけである。ちなみに、民法学においても、星野英一教授は、丙に「少なくとも取消訴訟における按分額の支払いの拒絶は認めるべきではないか。さらに、取消債権者は供託請求権しかないと解することはできないだろうか」と説いている[18]。

第四節　関係形成の公正衡平

一　基本的視座

かくして、債権者間の利益調整の局面にあっては、結果としての平等はありえず、実体権を所与の枠組としてシンボル化することなく、主体間のかかわりの中から個別事案に応じた具体的な調整案をつくり出していくほかない、ということになる。この意味で、主体間の公式、非公式の場面における関係形成のあり方、そのための手続としてのフォーラムのつくり方が重要である。結果的な実体的平等から、プロセスに重点を置いた公正衡平へ、というのが、本稿の基本的なモチーフであり、主張である。どのような関係形成がもたらされれば公正衡平の要請に合致するかは、個別事件は多様な様相を呈するので、一般的には論じにくいが、とりあえずつぎのような観点が重要であろう。

(1)　関係形成の主体は債権者にほかならないので、それぞれの債権者の利害や意向を十分に出して原案づくりを行い、それを公正で透明な、また実質的に意見交換ができる場で相互の批判にさらすこと。

(2)　セレモニーになりがちな公式の期日や裁判所内手続を、実質的なフォーラムに改変していく必要があるとともに、私的整理のみならず法制上の整理においても、期日外、裁判外のインフォーマルな交渉や折衝が重要な機能を果たしている場面が多いので、そこにも法の実現としての正当な位置づけを与えて理論の光をあてること。

(3)　ある時点における関係形成は、とりあえずのものであり、問題が生じればまた争いなおすことができるような「開かれた」ものであること。関係形成のフォーラムは、終局のものでなく、紛争交渉は続いていく以上、それは一つのフォーラムであり展開点であって、必要があればまた別のフォーラムの設定がなされることを正面から認めていくべきである。

二　更生計画、再生計画について

まず、企業再建手続の代表とされる会社更生手続における更生計画に例をとって、管財人と債権者の関係形成の手続および場のあり方を考えてみよう。会社更生は、現実の利用度はともかく、手続がもっとも慎重で厳格であるだけに、再建型の関係形成のあり方の指導的モデルを提供すると思われるからである。

更生計画の決定は、つぎのようなプロセスを経る。更生計画案の作成・提出は、管財人の最も重要な任務であるが、計画案をより完全なものとして集会における可決を容易にするために、提出者による修正または変更のほか、裁判所による修正命令および排除が認められている（会社更生法一九六条、二〇二条）。提出された更生計画案については、提出者からの説明を受け利害関係人が意見を述べるための期日（いわゆる第二回関係人集会）が開かれ、つづいて最終的に計画案を受け入れるかどうかを利害関係人が各組に分かれて決議するための集会（いわゆる第三回集会）が開かれる（同二〇〇条一項、二〇四条、二〇五条。実務上は、第二回集会と第三回集会とは併合されることが多い）。可決された更生計画案は、一定の利害関係人に意見陳述の機会が与えられたうえで、裁判所による認可決定というスクリーンにかけられる（同二三二条一項）。計画内容の「公正・衡平」や「平等」は、計画の「遂行可能性」とともに、認可要件の一つである。

ところが、このような周到な手続が用意されているはずなのに、関係人集会はセレモニー化し、「おしらす的」なムードの中でいいたいこともいえないまま終わるケースも多いといわれる。それは、関係人集会が裁判所構内で裁判長の指揮の下に開かれるという雰囲気の特殊性によるところもあろうが、より大きな問題は、管財人・裁判所と利害関係人とのコミュニケーションが十分になされないことからくる関係者の情報不足にある、と指摘される。(19)

実務に詳しい清水直弁護士は、その実態についてつぎのように述べる。

「更生債権者は更生手続の開始決定と第一回関係人集会、調査報告を受けたのみで、債権調査も何回かにわかれて調査結果が棒読みにされるだけで全体像がわからず、一～二年たっていきなり債権の七～八割をカットしてその残額を一〇年で払うという更生計画を手にして何が何だかわからずにあきらめの気持ちで第二回第三回関係人集会の委任状を送付するという例が非常に多い」と。(20)

このような中で多数決で決められても、関係者はあきらめることはあっても、その結果を公正で納得できるものとは受け止めないであろう。公式の場での議論の機会の保障、多数決による決議方式、裁判所の認可手続だけでは、公正衡平な関係形成の手続枠組としては不十分である。そこで、計画の案づくりの過程を含めて、期日外、手続外の管財人と利害関係人との事前折衝の充実と公正化が不可欠の課題となる。

この点について、いみじくも、清水直弁護士は、ひきつづいて、「更生計画案の作成過程を開かれたものにし、衆人監視の中において更生計画案が作成されるようにすることによって真に更生会社・更生債権者等の全利害関係人の総合和解としての更生計画が生まれてくるように努めるべきである」(21)として、月間報告書のような書面のみでなく、管財人が親しく利害関係人と話をする機会を制度として設け、管財人が「更生計画案の成案に近いものを作成して、いきなり『これで了承願いたい』と交渉する形式でなく、きわめて大まかな見通しとラフな条項による更生計画案の骨子のようなもので第一回の更生債権者・更生担保権者との懇談をし、その後、二回、三回と全体懇談会を開き、あるいは大口債権者と個別折衝する等して、できるだけ利害関係人が参加して管財人の更生計画案が作成されるように民主的に運ぶ必要がある。」と述べる。(22)まことにもっともな提案であり、筆者としても、これにつけくわえることはない。このようなプロセスを経て案づくりが行われ、それをさらに公式の討論の場にさらすという手続を経て決定された計画案であれば、その内容が余程大きく法の枠組を逸脱したものでないかぎり、公正衡平なものとして裁判所によって認可され、みずから案づくりとその討論に参加した債権者も受容すべきものである(23)。

同様の思考は、再生計画にも妥当する。再生計画は、債務者（中立人代理人）が作成提案して、債権者が法定多数でこれに同意するという形がとられるが、そこに債権者のイニシャティヴをどう組み込むかが重要な課題となる。ここでも、期日（手続）内のみでなく、期日外の事前折衝――債務者・代理人と債権者たちの――の充実化、公正透明化がはかられなければならないが、現状では、このインフォーマルな部分が不透明で、理論のメスが届いていないのは残念である。

三　否認要件の視点――公正衡平の事後審査

1　主体間のかかわりのあり方を事後的に問題にしなければならない場合もある。

詐害行為取消権と並んで、倒産法上の否認権が、それである。この否認制度の趣旨と指導理念は、債権者が否認の相手方である場合に、一定の時間的な幅の中で総債権者を結果として平等に扱うという結果的平等の思想に根ざすものではなく、ここでも、債権者（または取引の相手方）と債務者とのかかわり方のフェアーネスを事後的に問題にして、それがアンフェアーであるときには、その関係形成は白紙に戻すという思想に基づくものである、と考える。つまり、否認制度も、主体間のかかわり方の公正衡平というプロセスに重点があり、詐害の認識や支払停止であることを知っていたかどうかの主観的要件も、この公正衡平をはかるための徴表とみられる。

たとえば、特定の債権者への弁済や担保の供与が否認できるかどうかについては、危機否認、故意否認を問わず、いかなる状況での何のための弁済、担保設定であったのか、その債権者と債務者との取引の意図はどのようなものであり、弁済や担保の供与を受けた債権者はその後債務者にどのような協力、援助をなしたのかの、その行為の前後における一連の動態的なかかわりが、否認できるかどうかの重要な指標になる。(24)したがって、複数の債権者への弁済が問題になるときには、いずれも債権者の実質的担保力を減損させる行為ではあるが、ある債権者への弁済は否認できても、他の債権者への弁済は否認できない、という場合も当然ありうる。

2　このような観点からは、代物弁済の否認に関する最判昭和四一年四月一四日民集二〇巻四号六一一頁は、検討に値いする問題点を提供する。

事案は、Ａ会社に対して多額の売掛金債権を有するＹ会社が、Ａが手形の不渡を出して支払いを停止したのち、代表者不在のＡ会社の事務所からＹ社製品や他社製品を搬出し、ＹからＡの破産申立てがなされ、その後、ＡＹ間で右製品の所有権の帰属について争いとなったが、Ｙ社製品と他社製品を合わせて三〇万円と評価し、これでもってＹの売掛債権七二四万余円の中三〇万円に対する代物弁済とする旨の示談が成立した。その後、Ａに対して破産宣告がなされ、破産管財人ＸがＹに対して右代物弁済行為を破産法七二条一号により否認する旨主張して、右物件の価額八五万余円の支払いを請求したのが、本件である。原審では、右製品中Ｙの動産売買の先取特権が認められる部分について否認が否定されたので、Ｘから上告がなされたが、上告審も、動産売買の右物件を売買代金額（被担保債権）と同額に評価して代物弁済とする契約は、もともと右物件が破産債権者の共同担保ではなかったのであるから、破産債権者の共同担保を減損させる行為とはいえない、として否認できないと判示した。

たしかに、動産売買の先取特権の対象となる物件による代物弁済については、否認を否定するのが、判例理論ではある。けれども、この立場は、債権者の共同担保を計算上減損させるかどうかという、結果志向に偏していないだろうか。占有を有しない動産売買の売主が、先取特権を実行して優先弁済を受けることはきわめて困難な状況にあることにくわえて、売掛債権者が債務者の承諾も得ずに一方的に洗いざらい製品を搬出し、自己の占有下に置いたうえで債務者に代物弁済の契約書にサインさせるという債権者の行動は、やむにやまれぬ行為とはいえ、債権者と債務者とのかかわり方としてはフェアーとはいえない。事実経過の詳細は不明であるので、断定的な言い方はできないが、行動の概要からみるかぎり、法制度としてはとうてい是認しがたいものではなかろうか(25)。否認できるかどうかにとっては、債権者の債務者とのかかわり方の公正さをまずもって問題とすべきであろう。被担保債権が目的物の評価額を上回るかどうかは、否認できるかどうかの一つの指標にすぎない。

四　債権者ごとの免責――一部免責と債権者平等

1　いわゆる破産免責についても、これまでの考えにあっては、破産者の債務を免れさせるという点が中心に置かれ、「債務」として一括してとらえられる傾向にある。けれども、債務といっても、それぞれの債権者の債権の集積したものにほかならず、それぞれの債権者は固有の顔を持ち、債務者（破産者）との間に固有の経過と関係づけがあるのであるから、免責もつきつめれば、個々の債権者との間でそれぞれの残債務をどうするかという考慮にならざるをえないのではなかろうか。個々の債権者と債務者との過去のかかわりをふり返りながら、これから先その債権者と債務者との関係形成をどうするかを考えるのが、免責の問題である、と思われるのである。その結果、債権者G_2との関係では免責されるが、他の債権者G_2との関係では免責されず、その債務の支払義務は残るとしても、必ずしも債権者平等、衡平の原則に反することにならないばかりか、免責制度の趣旨にも反しないと考える。

2　名古屋地決平成元年九月一二日金法一二三六号三四頁は、特定の債権者の債権を免責の対象から除外したはじめての裁判例として注目される。事案は、資金繰りに窮して重複リースを行った会社とともにその代表取締役が破産し、代表取締役の免責が問題となったケースであるが、「重複リース及びこれに関連する契約についてなした破産者の所為は、その重大性、悪質性に照し、破産者の免責は許されない」としつつ、重複リースと関係のない破産者の保証債務その他については、不誠実性が認められないとして免責を許可した。その際、つぎのように理由づけている。

「破産者について、通例は免責を認めるか、これを許さないか、のいずれかの決定がなされるものであるが……、破産者の不誠実性が明白となった部分が存する場合において、本件の如く、明らかに不誠実には関しない部分があるときは、そのすべてを一律に免責不許可とすることは酷であって不当である。これらについては免責を認めることがむしろ法の精神に副う。」

一部免責については、栗田隆教授によっていち早く稀極論が提唱され[26]、本決定を契機に、福永有利教授、宗田親彦弁護士、井上薫裁判官によって、実定法の解釈論を超えた理論ではないかという問題を含めて、批判も出されているところである[27]。本件の重複リースが代表取締役個人について非免責事由になるかどうかは、議論の余地もあろう[28]。この点はともかく、本決定の判旨からもうかがわれるように、これまでの議論の前提には、免責は破産者の債務を一括したところで考える、という思想がゆるぎないものとしてあるように思われる。しかし、筆者は、前述のように、免責は本来個々の債権者ごとに考えるのが筋であって、法定の非免責債権（破産法三六六条ノ一二）は、その例示であると解する。免責の審理手続において、債権者は自分の債権について異議を述べれば足り、異議を述べない債権者の債権については免責するのは当然のこととして、異議を述べた債権者については、破産者の反論と主張をまって、それぞれの証拠資料の提出を促し、個別的に免責の可否を判定していくことになる。多数の債権者が異議を述べれば、それだけ免責の審理手続は複雑になるが、免責の可否が、債務者と個々の債権者との債務の支払いをめぐる将来に向けた関係形成の問題であってみれば、それはやむをえないことと言わなければならない。要は、債権者と債務者との対等、公正は議論のフォーラムをどうつくっていくか、である。

五　リターンマッチの開放

すでに述べたように、公正な関係形成のためには、その手続から出た後に問題が生じれば、改めて争い直すことができるような途を広く開いておく必要がある。いわば、敗者復活の機会が十分に与えられていて、当面の関係形成は「とりあえず」のものであり、紛争は続いていくものである、という見方がとられなければならない。

たとえば、配当手続で異議の機会が与えられたのにそれを行使しなかったのだから、配当を受領した債権者に対してもはや不当利得の返還などのリターンマッチはできない、というような考え方は、右の趣旨に反する。(29) 人間は、他人の債権について、十分に準備、調査して、その期日の場でただちに対応できるほど、完全周到でない者も多い。あるいは、債権者AがBを相手どって債権者取消訴訟を提起してBから金銭の支払いを受けたとしても、後日債権者Cが出てくれば、またCA間でAの受けた支払いをめぐって争う途が用意されてよい。紛争と交渉が続くことによって、関係形成がつぎつぎに展開され、社会の活性化がもたらされるのである。

(1)　その中にあって、鈴木禄弥『債権者平等の原則』論序説」法曹時報三〇巻八号一頁は、示唆に富む視点を提示している。同内容の講演録として、同『債権者平等の原則』について」受験新報昭和六三年一月号三六頁。

竹内俊雄「わが民法下における債権者平等に関する問題点」亜細亜法学一六巻一・二合併号二一一頁以下は、私債権と国税債権、差押えと相殺、債権者取消権、先取特権などを概括的に考察しているが、従来の実体法上での枠組の中での叙述にとどまる。

動産売買先取権については、枚挙にいとまがないが、とくに債権者平等の観点からあらためてその優先権の根拠に疑問を呈したものとして、富田哲「動産売買先取特権に対する一疑問——債権者平等という観点から」法政論集(名古屋大学)一一五号四二九頁を挙げておく。

なお、債権者取消権(民法四二四条)の制度が、実際上取消債権者に優先弁済を与える結果となり、いわば「遅い者勝ち」を認める事になる点についての疑問は、民法学でもかなり共通のものとなっている。星野英一『民法概Ⅲ』(良書普及会、一九八三年)一二一頁—一二三頁、鈴木録弥・前掲受験新報四六頁—四九頁、など。

(2)　たとえば、最近の体系書として、奥田昌道『債権理論(増補版)』(悠々社、一九九二年)二一頁。後者の、債権額に按分して配分することが「平等」であるという思考は、民法学のみならず、手続法の理論および実践においても、かなり一般的に共有されている。

(3)　ドイツにおいても、執行および倒産における優先債権の問題をとりあげたモノグラフィーがあるが (Jurgen Frisinger, Privilegierte Forderungen in der Zwangsvollstreckung und bei der Aufrechnung, 1967 (Schriften des Europa-Kollegs Hamburg, Bd. 3))、従来の静止的な実体権レベルの議論にとどまり、主体間の関係形成の動態的側面への配慮はみられない。

(4)　たとえば高木新二郎「更生計画の内容」『新版会社更生法』(金融・商事判例七一九号) 二〇八頁—二一〇頁、青山善充「会社更正の性格と構造㈣」法学協会雑誌八六巻四号四二四頁以下、田村諄之輔「会社更生計画の『公正衡平と遂行可能』についての一考察」『裁判と法㊦』(菊井献呈) 七五五頁以下、上野久徳『会社更生計画作成の実務』二八頁以下、三ケ月章ほか著『条解会社更生法㊦』五三三頁以下、など。

(5)　会社更生法二二八条にいう「公正衡平」については、とくに実務家には、法律手続である限り当然の抽象的精神的規定であって、それほどの積極的意義は認められないとする立場 (長谷部「会社更生法の問題点」法律時報一七巻八号一三頁) や、債権者が怪しまなければ公正衡平とみてよいとの論調 (座談会「会社更生法をめぐる諸問題(五)」判タ四三号一四頁における位野木発言) もあった。そこには、利害関係人が納得するような手続が踏まれればよいとの実践感覚が読みとれる。

(6)　古代ローマを足掛かりにして現代の問題に鋭い問いかけを行う作家塩野七生は、ＡＢそれぞれのパンを平等に分けあう例を引き合いに出して、ＡＢがそれぞれ頭脳と感情を持った人間であるという当り前のことを直視すれば、利益分配の場面では結果としての「平等」はありえず、リターンマッチの機会を平等に保障するという意味での「公正」しかありえない、と説く (塩野七生「昔も今も (18)〈平等〉」日本経済新聞一九八九年九月一七日朝刊)。

たしかに、これまでの債権者平等をめぐる法律学の議論には、人間性までとり込んで議論をたてるという姿勢が欠けていたように思われる。

(7)　井上治典＝佐上善和＝佐藤彰一＝中島弘雅編『民事救済手続法』(法律文化社、二〇〇二年) 一七頁—一八頁

〔井上治典〕。
（8）　先取特権相互の関係について、混迷の状況にあることは、林良平編『注釈民法（旧版）』三巻一七七頁以下〔西原道雄〕が、整理して提示している。
（9）　もっとも、実務では、実際には債権者間で自主的協議が調うことはあまり期待できないので、執行官が配当協議の日時・場所を指定し、あらかじめ送付している配当計算書について異議があるかどうかをたしかめ、異議がなければ配当計算書のとおり協議が調ったものと取り扱っている。鈴木忠一＝三ケ月章編『注釈民事執行法(4)』三三〇頁—三三二頁〔南新吾〕。
（10）　鈴木禄弥・前掲法曹時報三〇巻八号一三頁。
（11）　清水直『読会社更生手続の実務』六頁—八頁。
（12）　大決昭和九年七月九日民集一三巻一三二七頁。その解説およびその他の裁判例の状況、参考文献については、三谷忠之「和議条件の平等」『新倒産判例百選』一九六頁。
（13）　篠原幾馬＝道下徹＝佐藤歳二＝鬼頭季郎『破産事件の処理に関する実務上の問題点』（法曹会、一九八六年）二二五頁。
（14）　その実情については、吉村徳重ほか「ミニ・シンポジウム、民事裁判における制度の論理と現実の運用——架橋の途はあるか——」民事訴訟雑誌三五号一一三頁以下における谷口安平教授の基調報告および升田純判事のコメントを参照。
（15）　前掲・注（14）の谷口報告一一五頁。
（16）　山本博「企業倒産と労働問題」自由と正義一九七五年四号二九頁、三四頁。
（17）　取消債権者の取立てを禁じ、債権執行の方法を提唱する近時の議論として、長井秀典「詐害行為取消権の構造」司法研修所論集八六号七三頁、一一七頁がある。
（18）　星野英一『民法概論Ⅲ』一二二頁、同・法学協会雑誌九一巻一号二七九頁。下森定『注釈民法⑽』八六六頁も同旨。ただし、最判昭和四六年一一月一九日民集二五巻八号一三二一頁は、この立場を否定した。

(19)　清水直・前掲書一九頁、二九二頁。
(20)　清水直・前掲書一九頁。
(21)　清水直・前掲書二九四頁。
(22)　清水直・前掲書二九二頁。
(23)　最(大)決昭和四五年一二月一六日民集二四巻一三号二〇九九頁は、有名義債権の届出に執行文の付記がなかったために無名義債権として扱われ、異議に対し債権確定訴訟を起こさなかったとして失権させられたケースであるが、この事件からも、更生手続の運用の実態の一端をうかがい知ることができる。その評釈において、霜島甲一教授は、更生手続の運用のあり方に根本的な疑問を呈し（判時六三四号一三六頁）、谷口安平教授も、執行文を催促してやるくらいの親切があってこそデュー・プロセスの精神をみたす、として批判的である（民商法雑誌六六巻二号三五六頁）。
(24)　否認制度をこのような視角からとらえるものとして、井上治典「本旨弁済と故意否認」、井上正三「借入れのための担保権の設定と否認」（それぞれ、『新倒産判例百選』七二頁、八〇頁）。
(25)　本判決の立場を支持する多くの評釈・解説がある中で、霜島甲一・法学協会雑誌八四巻三号四一七頁以下が、みずから競売する可能性のない動産売買の先取特権者を抵当権者などと同等に取り扱うことへの疑問のほか、「実際的にも私力救済的な持ち出しを助長し混乱と偏頗な弁済を惹起し、一部に行われている不当な通念を結果的に支持することは賢明でない、と批判しているのが、注目される。
　本件の詳細については、山本和彦「代物弁済と否認」『新倒産判例百選』七八頁の解説およびそこに掲げられている参考文献を参照されたい。
(26)　栗田隆「破産者の免責制度について」民事訴訟雑誌三二号八七頁以下、同「一部免責の可否」ジュリスト一〇一四号四五頁以下。この立場に好意的評価を示すものとして、中野貞一郎・判タ六八四号三五頁注(12)、青山善充・私法判例リマークス二号一五一頁。
(27)　福永有利・私法判例リマークス一号二六一頁、宗田親彦・慶大法学研究六四巻六号一五五頁、井上薫『破産免責概説』五〇四頁以下。

(28)　山内八郎「破産免責に関する判例法理（中）」判タ八〇二号三六頁。

(29)　それぞれ事案は異るが、配当異議の申出をしなかった債権者からの不当利得返還を許容した裁判例として、最判昭和三二年四月一六日民集一一巻四号六三八頁、最判昭和四三年六月二七日民集二二巻六号一四一三頁、最判平成三年三月二二日民集四五巻三号三二二頁。

この観点からは、配当期日に欠席したため配当異議の申出をしなかった一般債権着からの根抵当権者に対する不当利得返還を否定した東京高判平成二年五月三〇日判時一三五三号三〇頁には、疑問が残る。

第二章　特定の金融機関への優越的地位の付与と否認

——ある破産事件の分析——

第一節　はじめに

平成九年一一月一七日、北海道に本店をもつT銀行が、コール市場からの短期決裁資金の調達が不可能となり、破綻した。母体行であるT銀行の破綻により、その系列の金融関連会社もまたたく間に支払不能となり、破産した。本章で取り扱うのは、T銀行の系列会社の一つである「A抵当証券株式会社」の破産事件における否認の問題である。現在札幌地方裁判所には、破産会社Aから破産直前に定期預金について質権設定を受けて全額債権を回収した七社の金融機関に対する破産管財人からの否認訴訟がそれぞれ別件として係属中である。本件破産事件は、破産債権者として抵当証券購入者が含まれるので、債権者の数の点のみならず、否認の対象となる総額も約二四〇億円に達し、空前の規模である。また、以下に見るとおり、否認が認められるかどうかについても、他に類例をみない問題点があり、とくに、債権者・債務者間の、あるいは債権者相互間のかかわり方の公正さ——フェアーネス——の観点から、理論的にも注目されるケースである。本章では、Aの預金債権に質権設定を受けて優先的に債権を回収した七つの金融機関の中、大手都市銀行であるYを被告とする否認訴訟をとりあげる。

事件が係属中であるので、意見を公表することについては異論もあり得ようが、あえて破産管財人側に鑑定意見を提出した者の考えをオープンにして、広く批判を仰ぐとともに、本件への関心を喚起する一助としたい。

一　事案の概要

破産会社Aは、抵当証券会社であり、借入の形で資金を仕入れ、これを加工して貸付の形で販売するとともに貸付債権を抵当証券として更に販売するという業を営んでいた株式会社である。

Aは、昭和五九年三月一日にT銀行の関連会社として、T銀行が抵当証券業務に進出するために設立された。昭和五九年八月に東京支店を開設し、不動産関連融資の業務を拡大していった。昭和六三年三月一二日に抵当証券業者登録を行い、抵当証券業務にも進出した。

Aは、平成五年三月期決算以降破産宣告に至るまで、バブル経済崩壊の中で、営業利益および経常利益ともに赤字計上を継続したが、期間欠損を解消するために、親会社たるT銀行から平成五年決算期から破産時まで累計で約七二二億円の収益支援（債務免除）を受けながら、バランスシート上は債務超過の状態をかろうじて回避してきた（即ち、決算期前の時点では、毎年債務超過が継続していた）。

破産会社Aは、本件事件の被告以外の金融機関からも多額の借入をしており、平成四年度からは約定どおりの弁済が不可能となり、基本的には各金融機関の貸出額残高を維持しつつ、毎年一定の割合で各金融機関の貸出額に応じた返済（プロラタ返済）を行うことを余儀なくされていた（一種の支払猶予）。

破産会社の親会社たるT銀行本体も、不良債権処理がままならず、経営悪化信用不安の噂が広まる中、平成九年九月にはH銀行との合併交渉も暗礁に乗り上げた。T銀行系列会社全体の中で、最大の懸案事項は、破産会社を含む系列ノンバンクが不良債権の掃き溜めと化していることであった。T銀行としては、グループ全体の問題としてA会社のデフォルトを防止する必要があった。その当面の対策として、A会社に対して、金融機関二四社からの借入総額に見合う約七三四億を貸付け、各金融機関毎の借入金額に見合う金額でT銀行に定期預金を増設し、これに対してT銀行が質権を設定した。その金融機関のうち七社に対しては、T銀行の質権を解除し、同日金融機関がT銀行定期預金について質権を取得した。質権の設定を受けた金融機関は、表のとおりである。

金融機関名	設定日	実行日	金額
A生命保険相互会社	平９・10・９	平９・11・19	1,834,200,000円
B信用金庫	平９・10・10	平10・３・10	92,000,000円
C組合中央金庫	平９・10・23	平９・12・25	1,705,000,000円
D信託銀行	平９・10・31	平９・12・12	4,368,000,000円
E生命保険相互会社	平９・10・31	平９・11・20	760,000,000円
Y銀行	平９・10・21	平10・１・20	9,067,000,000円
F信託銀行	平９・12・12	平９・12・17	6,154,000,000円
合　計			23,980,200,000円

ところが、金融機関全社との契約が終わる前に、T銀行本体がコール市場からの短期決裁資金調達が不可能となり、平成九年一一月一七日に破綻し（J銀行への営業譲渡公表）、翌日の平成九年一一月一八日にはA会社が破産申立てをするに至った。平成九年一一月一九日、札幌地方裁判所はA会社に破産宣告を行った。

二　本件経過

本件について経過の要点を整理すれば、つぎのとおりである。

1　破産者は、遅くとも平成五年三月決算以降、債務超過に陥っていた。

2　破産者は、平成四年以降、金融機関に対する借入金を約定どおりに返済できず、金融機関の了解を得ていわゆるプロラタ返済を行ってきた。

3　平成九年七月一一日の時点におけるY銀行の破産者への貸出残高は、一〇〇億七、五〇〇万円となっていたが、破産会社のプロラタ返済の結果、同年九月末日には、貸出残高は九〇億六、七〇〇万円となった。

4　平成九年一〇月一五日、破産会社は、T銀行から九〇億六、七〇〇万円の融資を受け、同日、破産会社は右融資金全額につきT銀行に平成一〇年三月三一日を満期とする定期預金を造成した。同日、その定期預金につき、破産会社はT銀行の貸付債権を被担保債権とする質権をT銀行に対して設定した。

5　平成九年一一月一一日、Ｔ銀行と破産会社は右質権設定契約を合意解除し、破産会社がＴ銀行に対して有している右定期預金九〇億六、七〇〇万円に対して、破産会社は被告Ｙ銀行の貸付金に対する担保として質権を設定した。

6　平成九年一一月一八日、破産会社はＴ銀行の破綻を契機として自己破産の申立てをなし、翌一一月一九日、札幌地方裁判所は破産宣告を行った。

7　平成九年一一月一九日、被告Ｙ銀行は破産会社の被告に対する預金を受働債権として相殺をなし、金四億一、七五二万円を回収した。

8　平成一〇年一月二一日、被告は質権を実行し、Ｔ銀行から八六億五、〇〇〇万円を回収した。

9　平成一〇年七月二九日、本件否認訴訟が提起され、平成一〇年一〇月二〇日の口頭弁論期日において、破産法七二条四号の規定に基づき、原告破産管財人から、本件質権設定契約を否認する旨の意思表示がなされ、金八六億五、一〇四万円余の金員の支払いが申し立てられた。

10　被告は、本件質権設定契約には、有害性、不当性がないとして争ってきている。

三　いくつかの前提の確認

1　本件で否認の対象とされているのは、平成九年一一月一一日、破産者のＴ銀行に対する定期預金（以下「本件預金」という）について被告に対する債務を担保するために債権質権を設定した契約（以下、「本件質権設定契約」という）である。否認の対象は、直接的には弁済でもなければ、被告の債権回収行為でもない。

2　否認の対象となる破産者の行為は、七二条四号の規定に基づく、破産者の義務なき担保供与であり、いわゆる非本旨行為の否認である。

3　本件質権設定契約がなされた時期は、破産申立てから七日前のことであり、被告の側に破産者の経済状態および本件質権設定契約の詐害性につきどのような認識・意図があったかは議論の余地がありうるとしても、少なくとも客観的状況としては、破産者が危機的状態にあったことは否定できない明白な事実である。

4　危機時期における非本旨行為に対する七二条四号の否認にあっては、受益者（本件被告）の側で支払停止または破産債権者を害すべき事実を知らなかったことを立証しなければ否認を免れることはできない。否認の成立について、主観的要素は緩和されているし、立証責任も被告側に転換されている（通説）。

5　被告が本件質権設定契約と共に解除した従前の担保である「譲渡予約債権一一億二、七八二万六、四六六円」の価値は、被告銀行において、Ｋファイナンスサービス株式会社の分を含めて約六億円と評価されていたのに対し、現実に被告は預金の額面全額を回収した。

6　破産管財人は、明示的には本件質権設定契約だけを否認しているように見られるが、その本意は、破産者と被告との間の、本件質権設定契約の締結とそれにともなう従前の右５の担保の解約を一体として否認していると解すべきである（本件申立ての解釈）。そうでなければ、本件質権設定契約について否認が認められた場合、被告は従前の担保までも失うことになってリスク負担として公平でないし、理論上も、不可分一体的になされた行為のうち、破産財団に有利な効果をもたらす行為部分だけを否認して不利な部分は引き受けないというのは、破産管財人の否認対象の選択のあり方として疑問であるからである。

四　検討課題と考察の順序

右の事件経過と諸前提を踏まえて、本章では、以下の課題を検討する。

まず、本件では否認の対象となる法律行為は本件質権設定契約の締結であるが、実質的な事象としては、破産者がＴ銀行から融資を受けた資金で以って、特定の債権者（被告）の債務の返済（債権回収）にあてたという第三者からの借入れ弁済に類似しているので、これについての判例理論を点検し、対比を試みる（第二節）。

つぎに、危始時期における担保供与が否認できるかどうかについての理論状況を判例を中心に概観したうえで、本件の位置づけと問題点を定める（第三節）。

つづいて、本件質権設定行為が債権者の共同担保を減損させる行為であることは否めないとの前提に立って、他の債権者が被告の優越的独占的な債権回収について受忍すべき理由（正当性。不当性と同義であるが、否認阻却事由であるので、正当性と呼ぶ）があるかどうかを見定めるために、本件質権設定がいかなる事情経緯で何のために行われたのかを具体的に検討する（第四節）。

最後に、総合的にみて否認を認めるべきかどうかを、主として債権者間の公平と公正（フェアーネス）の観点から、再整理して総括したうえで、本件では一部認容判決をなすことが妥当であるとの結論を提示する（第五節）。

第二節　最高裁（二小）平成五年一月二五日判決の射程と本件との関係

一　第三者から融資を受けて特定の債権者に弁済した行為が否認の対象となるかどうかにつき、近時の注目すべき裁判例として最（二小）判平成五年一月二五日民集四七巻一号三四四頁がある（以下、単に「平成五年最判」と呼ぶ）。

この平成五年最判の位置と射程を探り、本件との関連を検討しておくことは、不可欠の作業である。

平成五年最判の事案はこうである。Ｌ証券会社が債務超過にある段階で日本証券業協会（Ｍ）及び証券取引所（Ｎ）からそれぞれ二億五、〇〇〇万円を借り入れ、これに自己資金一、〇四〇万円を加えた五億一、〇四〇万円を、Ｌと現先取引契約を締結していた顧客Ｐに弁済したものである。右弁済は、ＬとＰの各代表取締役及びＭ、Ｎから委任を受けた者（Ｑ）が、Ｒ銀行Ｓ支店に集合して、Ｌの代表取締役がＱから交付を受けた額面五億円の小切手をその場で直ちに同支店のＰの普通預金口座に振り込むという方法で行われた。Ｌが破産宣告を受けた後、破産管財人Ｘが否認権を行使してＰにその返還を求めたという事案である。一審、二審とも融資による弁済については否認を否定した（履行期が来ていない部分および自己資金による部分は否認を認めた）。Ｘが上告したところ、上告審も上告を棄却した。上告審判決が否認を否定した理由は、大要、Ｌが借り入れの際、本件貸主とＰに対する特定の債務の弁済にあてることを約し、貸主とＰの立会いの下に借入後その場で直ちに弁済をしており、この借入金は他の債権者が差し押さえる可能性もなく、Ｐへの返済以外に用いられる余地もなかったので、Ｌがこのような借入金により弁済の予定された特定債務を弁済しても、破産債権者の共同担保を減損するものではなく、破産債権者を害するものではない、というものである。つまり、本件のような特殊事情の下では、借入れ前と弁済後とでは、実質的にＬの積極財産の減少も、積極財産の増加も生じていない、との立場をとったのである。

二　右平成五年最判は、これまでの判例理論の中でどのように位置づけるべきか。

第三者からの借入金による弁済が否認され得るかどうかについては、最初の判例である大判昭和八年四月二六日民集一二巻七五三頁は否認を否定した。この事案では、特定の債権者（被告）に弁済しないと債務者（破産会社）はその債権者との契約を解除され、債務者は営業を続けることが不可能になるという事情があった。いわば、弁済が債務者にとっては必然であるとともに、他の債権者からみてもやむをえないものとして受け止められるケースであった。

つづく大判昭和一〇年九月三日民集一四巻一四一二頁、大判昭和一五年五月一五日法律新聞四五八〇号一二頁は、いずれも否認を認めた。この立場については、兼子一博士の強い支持があった（兼子『判例民事法（15）』昭和一〇年度八八事件）。

戦後の判例は、右の二つの大審院判例及び兼子説の影響と流れを受けて、否認を肯定するものが、昭和期では主流を占める。大阪高判昭和三七年五月二八日判時三一一号一七頁、横浜地判昭和三八年一二月二五日金法三六五号七頁、大阪高判昭和六一年二月二〇日判時一二〇二号五五頁などがこれである。このうち、昭和六一年大阪高判が、「借入金を特定の債務の弁済にあてることにつき当該債権者、破産者、貸主間に合意があり、しかも新規の借入債務が従前の債務よりその態様において重くないという事情がある場合においても、その弁済は不当性を有するものとして否認すべきものと解するのが相当である」として、近時の有力説である山木戸克己博士の考え方にも与しないことを明らかにしていたのが注目される（本件の解説として、上野泰男「借入金の弁済と否認」『新倒産判例百選』（一九九〇年）七六頁）。

否認を肯定する考え方を支えていたのは、それぞれのケースにおける債権者間の実質的平等と公平の理念であると読みとれる。つまり、債務者の経営が実質的に破綻している状況において、特定の債権者に弁済することが、弁済の必然性の観点との相関において、他の債権者の犠牲において特定の債権者を利することになり、実質的不平等、不公正を事後的に是正することを理念とする否認の制度趣旨からみて、否認されるべきであり、否認されてもやむをえないという衡平感覚である。

そこで、昭和期に形成されてきた判例理論の中で平成五年最判をどのように位置づけるべきか。

平成五年最判によって従前の判例理論が変更されたと見ることはできないし、否認が認められない場合が飛躍的に拡大したと見るのも早計である。平成五年最判は、あくまで借入金による弁済も否認の対象となるという判例理論の原則論は維持しつつも、事案の特殊事情から、きわめて限られた例外ケースを認めたものと受け止められる。

このケースは、破産証券会社に五億円の国債貸付代金を払い込んだその顧客の資金を、破産会社が国債を買わずに自己の運転資金に流用してしまったという事案において、同証券会社からの融資の求めに対して融資者である日本証券業協会が理事会を開いたうえで融資を決定し（融資決定の背景には、善良な投資家保護の大蔵省の要請をくんで、証券業界の信用を維持するという目的があった）、使途目的についての三者間の明白な了解のもとに融資者、債務者（証券会社）、特定債権者（顧客）が一堂に会して融資者から渡された小切手を瞬時に特定債権者の預金口座に振り込んだ、というものであった。

ここでは、①特定債権者への弁済の必然性についてそれなりに納得できるものがあること、②融資者が破産者の求めを受けて限定された特定債権者へ弁済のためという融資目的を定め、十分な議論・検討を経て、融資を決定し、実行された融資金も三者間の合意に即して過不足なくその目的のために使われたこと、③三者が一堂に会して小切手により瞬時に決済が行われ、時間的にもその融資金が債務者の財産に組み入れられたと評価しにくい要因があること、などの特殊事情がある。

かくして、この平成五年最判をもって、第三者からの借入弁済は、債務者の財産（将来の破産財団）に増減をきたさないので否認できないという一般的な考え方に踏み切ったと評価するのは正しくない。むしろ、破産財団が計算上増えたか減ったかというバランスシート要因よりも、①②③の三者間のかかわりの中での特定債権者への弁済の事情と公正さ（いかなる債務へのなんのための弁済であったか）およびこれを踏まえて他の債権者との間の公平・平等の視点が重要である。

三　それでは、平成五年最判と本件との関係はどうか。

実質的には融資者（T銀行）の資金により、被告銀行が優先弁済を受け、融資者・破産会社・債権者（被告銀行）間にその旨の合意があったという点は、大枠において、また現象的には共通する部分もある。しかしながら、本件においては、つぎの諸点で平成五年最判の事案とは異なったものがある。

1　本件で否認の対象となっている破産者の行為は、弁済ではなく質権設定という担保供与であり、しかもそれは本旨弁済のような本旨義務の履行ではなく、危機的状況が迫った時点における義務なき非本旨行為である。因に、平成五年最判は非本旨弁済の部分については、否認を認めている。

2　右平成五年最判は、弁済を受けたのは、金融機関の顧客である一般投資家であり、その債権は国債貸付のために破産者に交付されたものの返還請求権である。証券会社が国債や株を買付けた後に破産すれば、委託者はそれを取り戻すことができる（最判昭和四三年七月一一日民集二二巻七号一四六二頁）。だとすれば、買付け前の交付金（五億円）も、実質的には破産会社のものというよりも委託者のものといってよい。問屋は、委託者の取次ぎをなすだけであるからである。

これに反し、本件で質権設定を受けて優先的に債権を回収したのは、破産会社の取引関係者であるとはいえ、金融機関であり、その債権は、金融機関相互の通常の貸付金にすぎない。しかも、その優先的債権回収は、破産会社の顧客である一般投資家などの犠牲（最終的には、国民）の上に成り立っている、という構図になる。

3　融資者（T銀行）の貸付金は、破産会社の定期預金として現実に破産会社の積極財産になった。一たんは、融資者が質にとっていたものをそれを解消して破産会社が被告銀行に対して質権を設定したのである。瞬時に融資者から小切手が渡されて決済された右最判とは、その過程に法律効果の変動をきたす行為が介在している点でも、融資金の破産財団性の濃淡という観点でも、事案が異なる。

4　右平成五年最判では、特定の債権者への弁済という融資目的がそのまま過不足なく実行されている。然るに本件では、金融機関二四社からの借入総額に見合う約七三四億円の銀行からの融資のうち、約二四〇億円についてしか金融機関に対する質権設定がなされず、融資目的が特定債権者（金融機関）への優先的地位の付与であるとしても、その恩恵を受けたのは質権設定が予定されていた二四社の金融機関のうち七社にとどまり、質権設定が予定されていた金融機関どうしの間でもすでに不公平、不平等を生じている。つまり、融資者と破産者間の合意・了解は完全には達成されておらず、債権者である金融機関相互間でもかえって偏頗な結果をきたすこととなっているのである。

5　破産会社の被告銀行への質権設定の目的が何であったのか。被告銀行は破産者へのいかなる救済、寄与を目的に質権を設定を受け、現実にそれがどのように実行されたのか。なんのための質権設定であったのかが否認との関係では重要になるが、本件ではこの点もすっきりしない。これについては、後述する（第四節および第五節）。

かくして、否認の成否をめぐって本件が抱えている問題点は、平成五年最判とは相当に異なったものがあり、拓銀による新規融資前と本件質権設定後とではトータルな経済状態としては破産財団に増減がないので否認できないという結論を導くために同最判を援用するのは、妥当でないと言わなければならない。同最判を一つの参考指針にしながらも、質権設定がなされるに至った本件固有の経緯を具体的に点検吟味したうえで、被告のために破産会社が定期預金に質権を設定して被告が自己の債権を回収したことが否認を免れるだけの相当性を有すると評価できるかどうかが多角的かつ総合的に判断されなければならない。

なお、否認を免れるための相当性に該当する事由の主張立証責任は、七二条四号の非本旨行為の危機否認については否認を容易にするために善意悪意の立証責任が受益者に転換されていることに顧ても、受益者である被告銀行の側にある。

第三節　担保供与の否認をめぐる理論状況

危機時期に債務者が特定の債権者に担保を供与することあるいは担保を差し替えることが否認の対象になるかどうかについては、すでにいくつかの判例があり、かつ学説による議論もかなり深められている。

一　担保の供与と否認

抵当権や質権などの担保権は、破産法上は別除権としてその優先弁済権が認められるから、破産者が破産宣告前にその財産に担保権を設定すると、その財産の価値は被担保債権の限度で一般の破産債権者の満足に供されないことになり、共同担保の減少をきたすとともに、これを受けた特定の債権者だけに独占的満足を与えることになる。そこで担保の供与は弁済など「債務ノ消滅ニ関スル行為」とともに債権者間の公平を害する偏頗な行為として、これを理由に否認（危機否認）しうることとされるのである（七二条二号ないし四号）。

このように危機否認は債権者間の平等な弁済を確保するための否認であるから、その対象とされる「担保ノ供与」も既存の債務についてなされることを前提としており、特段の事情が認められないかぎり、問題なく否認が認められる。このことは破産法七二条二号ないし四号の解釈上も明らかであって、二号、三号は四号との関係から、破産者が既存の債務について担保供与の義務を負う場合、四号は既存の債務について義務なくして担保を供与する場合を定めたものである。

否認できるかどうか議論があるのは、債務者が金銭を借り入れるために担保を供与するいわゆる「救済融資」のための担保供与である。担保物が特定債権者の被担保債権への弁済にあてられるとしても、債務者は新規融資を受けて金銭を得ているので、経済的にバランスがとれており、否認できないのではないか、とも考えられるからである。

適正価格による不動産の売却について、大審院は古くから、不動産は共同担保として最も確実なものであるから、これを売却して消費隠匿しやすい金銭にかえることは原則として詐害行為になるとしていたが（債権者取消権に関し、大判明治四四年一〇月三日民録一七輯五三八頁、大判大正六年六月七日民録二三輯九三二頁等、故意否認に関し、大判昭和八年四月一五日民集一二巻六三七頁等）、金銭を借り入れるためにした抵当権の設定についても、これを不動産の適正価格での売却と同視して故意否認による否認権行使を認め（前掲大判昭和六年七月一一日新聞三三一〇号七頁）、ただ借用金を一般の債権者の「損害トナラス又ハ巳ムヲ得サル必要ノ使途ノ為メニ」使用する場合には、否認権行使が認められないことを示唆していた（大判昭和七年六月二日新聞三四四五号一三頁）。

ではいかなる場合に詐害性が否定されるのか。故意否認の可否が争われた事例で、この点の参考となる大審院判例は見あたらないが、故意否認と沿革的・本質的に共通の債権者取消権（民四二四条）に関しては、若干の例がある。すなわち弁済資力を得る唯一の手段として漁船を売渡担保に供して出漁資金を調達した場合（大判昭和五年三月三日新聞三一二三号九頁）や、弁済資金を借り入れるために抵当権を設定した場合（大判昭和六年四月一八日評論二〇巻民七七八頁）にはいずれも詐害行為の成立を否定した。最高裁も、他の資力のない債務者が生計費および子女の教育費にあてるために金銭を借り受け、家財等を譲渡担保に供した場合に、同様に詐害行為の成立を否定した（最（一小）判昭和四二年一一月九日民集二一巻九号二三二三頁）。

この点で注目すべき判例として最（二小）判昭和四三年二月二日民集二二巻二号八五頁がある。破産会社が危殆時期に遅滞していた従業員の給料の支払資金を借り入れるために、唯一の不動産を譲渡担保に供した事件で、原審は、従業員の給料債権は先取特権によって保護される優先債権であること、また従業員の延滞賃金の支払いは会社の運営上欠くべからざる人的資源を確保するため最も緊要な支出であることなどの事情から、詐害意思がなかったとして故意否認を否定したのであるが（大阪高判昭和四〇年四月六日下民集一六巻四号六一三頁）、最高裁は、「破産法七二条一号に基づく否認権の行使を否定するためには、特別の事情のない限り、譲渡担保の目的物件の価額とその被担保債権学との間に合理的均衡の存することを要するものと解すべき」ところ、原審がこの点を確定せずに否認権行使を否定したのは審理不尽の違法があるとして、破棄差戻したものである。

これらの判例を通観して明らかなことは、判例は金銭の借入れのための担保の供与を、適正価格による不動産売却と同様、原則として詐害行為になるとしたうえで、破産者が借入金を後にどのように使用したかとか（前掲大判昭和七年六月二日）、いかなる目的や動機で担保を供与したか（その他の判例）を重視し、やむをえない必要の使途にあてられたときは詐害行為の成立を否定しているのである。

二　担保の差替え

つぎに、金融機関による担保の差替えはどうか。通常の場合は、もちろん問題はない。しかし、債務者の財産状態が悪化し、もはやその責任財産が一般債権者に対する債務の完全弁済をなすことができない状況に立ち至ったならば、金融機関も、もはや担保差替えの要求を当然になすことはできない。このことは、金融機関と融資先との間で、金融機関の求めに応じて融資先が担保の追加や差替えをなす義務を一般取引約款の条項で課している場合も同様である。(1) 当初の担保設定契約の中で、代替の被担保物件が具体的に特定されている場合に初めて、これに従ってなされた担保提供が本旨行為になると解されているのである。

その理由は、担保権が保障する優先的な地位は、担保として差し入れられた物件の現実の価格以上ではあり得ないし、また担保権者に保障された優先権はこの具体的な被担保物件から離れて抽象的に存在するものではないからである。また、従前の担保物件に代わって差し入れられた物件は一般債権者のための責任財産を構成しているはずなのに、これが特定債権者のための被担保物件とされることになるからである。ただ、担保の差替えとして両者が外形的に密接な形で一体として行われた場合に限って、総合的に評価して両者の価値が対応する部分については他の債権者の損害が発生しなかったものとみることが許されるにすぎない。

本件の場合は、従前の担保の解消と新たな質権設定は、不可分一体的になされてはいるが、両担保は性質においても実質的価値（額）の点でも全く異なり大きなひらきがある以上、一体的な等価値の担保の差替えということで正当化されることはない。もっとも、後述のごとく、解消した従前の担保の実価分だけは、否認によって返還されるべき額から差し引くことができれば、それが調整のあり方としては望ましいであろう。

三　担保供与の目的と必然性

むしろ、本件については、既述の救済融資のための担保提供についての理論状況との対比からは、破産会社は被告からいかなる救済（見返り）を受けるために定期預金に質権を設定したのか、その救済または質権設定目的はどのように実行、達成されたのか、という要素が重要であろう。そこで、つぎにこの点を検討する。

第四節　質権設定の正当性についての要因の検討

一　正当化事由の必要

いわゆる債務の本旨に従った弁済も、救済融資のための担保供与も、債務者の財産状態が危機に瀕した状態でなされた場合には、債権者の引当て財産を減損させ、特定の債権者を利することによる債権者間の公平を破る偏頗行為として原則として否認されるとする現下の理論状況では、本件の預金の質権設定については、被告が否認を免れるためには、他の債権者からみて被告が質権設定を受けて破産手続においても別除権者として優越的地位を取得してもやむをえないものがある、納得できるとするだけの相当な理由が要求される、と考えられる。(2)そうして、被告の抗弁事由としての相当性、正当性を導く理由は、本件質権設定が破産者の危機時期における非本旨行為と見るほかないので、本旨弁済や救済融資における担保供与の場合に比して、より説得力のある厳格な正当化事由の主張立証が求められることになろう。

二　増資の引受け

本件質権設定に至った事情としては、支払猶予の一種であるプロラタ返済への将来への協力と資金提供者であるＴ銀行に対する増資引受けが当事者間の弁論で顕出されている。このうち、Ｔ銀行への増資引受けについては、融資者（T銀行）・破産会社と被告銀行との間にその認識の点でかなりズレがある。

それでは、この増資引受けをめぐる議論は、当面の本件質権設定の否認の可否の問題にとって、どのような意味を有するか。

T銀行の融資がT銀行のみならず破産会社の事業継続・再建にも直結するという連動関係のなかで、もし増資を引き受けるという被告の負担の見返りとして本件質権設定がなされたのであれば、それなりに本件質権設定行為の正当化要因の一部を構成する。しかし、現実の融資の見返りに担保を供与した場合でも、担保供与の否認を認める既述の判例を中心とした理論状況の下では、もし増資引受けという見返り条件が存在したのであれば、質権設定を受けた債権者（被告）は、確実に増資を引き受けなければならない。ところが、本件では直後のT銀行の破綻により、増資は実行される余地がなくなったのである。

また、もし増資引受けが単なるT銀行・破産会社側の期待にとどまり、被告側にはその心づもりがなかったとすれば、被告が質権設定を受けて優越的地位を取得することを正当化する事情がそれだけ減殺される。のみならず、第三者からの借入金による弁済との関係でも、本件で質権設定の目的と動機に認識の齟齬があるということ自体、なんのための融資でなんのための質権設定かについての第三者・債務者（破産者）・債権者間の合意（協定）が完全には形成されていなかったことを物語るものであり、平成五年最判の判旨の理論に照しても、否認を免れにくい要因になる。

かくして、増資引受けの問題は、いずれにしても、否認の成立を阻却する事由にはなり得ず、かえって本件質権設定の不当性を増幅する要因であると解される。

三　プロラタ返済への協力

そこで、本件質権設定を正当化するための事情として残るのは、プロラタ返済への協力である。

破産者のプロラタ返済への協力は、被告を含めた金融機関が平成九年一一月以前においても行ってきた。本件質権設定は、過去の支援・協力に対する返礼的恩恵という意味をも持つかもしれないが、当面の否認との関係では、過去ではなくあくまでも将来への支援・協力のみが考慮要因となる。過去の協力に対する返礼は、既存の債務に対する義務なき担保供与そのものにほかならないからである。そこで、将来へのプロラタ返済への支援・協力のみが本件質権設定行為の正当性の考慮要因とされるのであるが、問題点は二点ある。

一つは、将来へのプロラタ返済への協力は、過去にもそのような返済方法がなされてきたといういきさつや貸出しをした金融機関みずからのリスク負担の観点からも、被告が受けた九〇億六、七〇〇〇万円の質権設定に見合うだけの破産会社への支援・協力であると言えるかどうかは問題である、ということである。破産者が受けるべき利益に比して、あまりにも破産者の出損（犠牲）が大きすぎて、バランスを失するのではないか、との疑念が強い。

第二に、より重要で明白なことは、質権設定から七日後の破産会社の自己破産申立てと翌日の破産決定により、プロラタ返済そのものも実行されないままに終っており、結局、被告の破産会社への将来への支援、協力はなんら実現されないまま今日に至っているということである。

四　本件預金の実質的帰属性との関係

つぎに、本件質権設定の対象となった預金債権が、実質的に破産会社のものではなく融資者（T銀行）のものであり、融資者が被告に質権設定をすることがはじめから予定されていたとすれば、その事情はどのように評価されるべきか。

結論を先に言えば、この事情は、否認を免れるための正当化事由の間接的な一つの要因にはなり得るとしても、理論的にも実質的にも決定的理由にはなり得ない。その理由は、つぎの三点に要約できる。

1　本件質権設定の目的となった預金債権の資金提供者がT銀行であり、T銀行が母体行として破産会社の面倒を見てきて一体性が強いといっても、財産の帰属性や債権債務関係はそれぞれの主体法人を単位として観念せざるをえない以上、法の世界では本件質権設定の対象となった預金債権は破産会社の積極財産を構成すると言わざるを得ない。現に、もし被告が質権の設定をしなかったならば、あるいはその実行を放棄すれば、その預金債権は破産手続における一般債権者への配当財団を構成するはずであるし、本件で否認が認められれば、当然に破産債権者への配当財源になる。

2　右**1**との関連で、もし預金債権の処分権を実質的に融資者（T銀行）が有していたとしても、だからといって被告が他の債権者を差しおいて独占的満足を受けてよいということにはならない。債権者平等・公平をはかるという破産法上の否認制度の観点からは、被告が他の債権者に優越して自己の債権を回収することを正当化するだけの積極的な理由が必要になる。

3　本件預金債権の質権がT銀行から被告に移転しただけで、債権者の共同担保としての破産者の財産には減損が生じていない、という議論は成り立つか。これも否であろう。なんとなれば、A会社に対する債権（被担保債権）を離れた質権のみの譲渡（処分）は、附従性の原則に牴触して許されないことにくわえて、「T銀行の質権の解除」によって預金債権は一たんはA会社の固有財産にとり込まれ、それを被告のために質権を設定したという法的構成にならざるをえないからである。

第五節　債権者間のかかわりのあり方から見た否認の可否

一　否認の本質と責任財産増減論の限界

否認の本質は、債務者が危殆時期に債権者のための実質的担保力（引当て財産）を減損させる行為をなし、それを債権者において受忍できないとみなされる場合に、行為前の状態に復元させることにある。

受益者が特定の債権者である場合には、債権者間の公平の観点から、他の債権者において是認できない場合という要素が特にとりこまれることになる。この債権者平等・公平の要請については、同一順位の債権者は債権額に応じて平等に分配されるというような静的な債権者間の実体的平等の観点よりも、債務者と特定の債権者（受益者）とのかかわり方がフェアーなものであるかどうかの「公平、公正」という動的観点が重要であろう。(3)

ところで、この債権者間平等・公正の観点から本件にアプロウチするに先立って、もっぱら債務者の責任財産が増えたか減ったかという観点に議論を集約する立場に言及しておかなければならない。もちろん、債権者の共同担保としての債務者の財産が減損されなければ、否認の余地も必要もないのであるが、本件でも被告側から第三者の資金提供前と被告の質権設定後とではトータルにみれば債務者の責任財産に増減はなく、本件質権設定は有害性はないという主張がなされているように、第三者の資金提供が絡む事案では、常にこのような議論がなされる可能性がある。(4)

本件質権設定との関係で責任財産の増減を論ずる場合、質権設定前と質権設定後を比べるべきである（現に、質権設定がなければ、本件預金は当然に破産財団を構成し、破産債権者の配当資源となることから見ても、このことは明らかである）Ｔ銀行のＡ会社への融資の前と被告銀行への質権設定の後とを比較して、共同担保の増減はないとするのは、理論的にも実質的にも正しくない。また、被告側は仮に被告への本件質件が設定されなかったならば、Ｔ銀行は自己のＡ会社に対する貸付金を自働債権とし、Ａ会社の定期預金債権を受働債権として、Ｔ銀行によって相殺されていた筈であると主張しているが、しかし、Ｔ銀行のＡ会社に対する貸付金の弁済期は平成一〇年三月三一日であって、相殺適状にはなかったし、そもそもＴ銀行がどのような対応をするかまで権利関係者以外の者が云々して実害がなかった筈であると論じるのは、少しばかり筋がちがうと言わざるをえない。Ｔ銀行が質権を実行していた筈だという立論も、同様である。

より重要なことは、右のような立論は、第三者の資金提供から特定債権者への優先的地位の付与に至るまでの過程における関係者（当該債権者、債務者、第三者、他の債権者などの）間のかかわり方の当為ないし公正さ（フェアーネス）の観点を全く捨象してしまうことになりがちである。債権者の共同担保が減っていないという計算論だけで事が済むのであれば、有害性のない行為として否認の余地がなくなり、債務者・特定債権者・第三者相互間のかかわりなり具体的行動は、否認との関係ではすべて考慮の外に置かれてしまうことになるからである。

したがって、本件質権設定についても、それが債権者の共同担保をその分だけ減損する行為であることを率直に認めたうえで、なお具体的事情下では特定の債権者が優先的地位を付与されることが許される場合がありうるという前提に立って、本件でそれが許容されるかどうかを具体的に検証していくことが正道であり、有用である。

二　債権者間の公正（フェアーネス）・衡平の観点から

１　被告とＴ銀・破産者とのかかわりの公正さ

(1)　すでに見たように、質権設定による被告の破産者への寄与はなかった。そればかりでなく、被告が質権を実行した九〇億六、七〇〇万円は、他の質権設定を受けた金融機関の質権実行とともに、融資者であるＴ銀行の債務超過を加算させた。しかも、被告が実行した質権は、究極において預金保険機構の負担となり、公的資金の導入額の増大を招いた。

(2)　また、そもそも債権質の元となった預金債権については、Ｔ銀行に質権を設定するかぎりでは普通銀行に課された、同一人に対する信用供与は自己資本額二〇パーセントを超えてはならないとの銀行法一三条および大蔵省令の規制をクリアーしていたが、Ｔ銀行の質権の解除と被告への質権設定は、あえて銀行法違反を覚悟で行われたものであり、資金提供者であるＴ銀行（および破産者）はもちろんその認識はあったはずであるし、そのようなＴ銀行・破産者と通じて質権設定を受けた被告のかかわり方は、公正なものとは言い難い。

(3)　さらに、T銀行の破産会社に対する融資そのものが、そもそも銀行法による規制に違反するおそれの強いものであった。当時、破産会社には、平成一〇年三月末に、借入金七三三億円を返済し得る能力が全くなかった。したがって、この破産会社のT銀行からの借入金は、銀行法に定める大口貸出規制に違反するものであり、各金融機関とも、この新たな貸出と質権設定は、右規制に違反することを承知していたものである。毎年、T銀行は、破産会社の経営改善計画書を右の金融機関に差し入れており、被告を含めて各金融機関とも、大口規制の枠一杯にT銀行から破産会社に貸出が行われていたことを承知していたのであり、新たな融資は大口規制に触れることになることは、明らかだったからである。

(4)　以上、T銀行から破産者への融資についてのT銀行と破産会社とのかかわりの不公正さ、被告への質権設定についての不公正さとそのもたらした効果、さらには、本件質権設定の目的についての被告とT銀行・破産者間の了解のあいまいさと直後の破綻による目的達成不能の事態を考慮するとき、三者間のかかわりそのものにすでにフェアーネスとの観点から問題がある、と言わざるをえない。

2　他の債権者との関係での本件質権設定の公正さ

右**1**を踏まえて、より重要なことは、他の破産債権者からみて、本件質権設定契約をめぐる破産者・T銀行・被告のかかわりが公正で受忍すべきものとみなされるかどうかである。

本件破産会社に対する債権者には、大別して破産会社に信用を与えてきた金融機関と抵当証券購入者とがある。この中、金融機関については、U（二八億八、〇〇〇万円）とW（六〇億円）は、はじめから質権による担保提供から除かれていて、すでに不公正を生じていたばかりでなく、質権の設定が予定されていた金融機関の間でも、T銀行が破綻したことによって、質権の設定を受けたのは二五機関中七機関のみであり、この債権者群の中でも不平等、不公平は著しい。

金融機関相互間でも不公平を生じているのに加えて、破産会社にとって最も重要な顧客ともいうべき抵当証券の購入者には、なんらの手当ても構じられていない。本件質権設定目的に相当な理由があり、かつ、それによって破産者の事業の継続再建がはかられたという実績があるのであれば、一般投資家としての抵当証券購入者も受忍すべきかもしれないが、それが認められない本件では、被告を含めて七社だけへの質権設定による債権全額回収の手当ては、他の一般債権者を納得させ得るものがない。

3　開かれた共生社会の下での金融機関のふるまい方

本件は、母体行であるT銀行の破綻と連動したその系列会社の破産事件であり、債権者数、債権額の点でも、否認の総額の点でも、空前の規模を示しており、司法の対応が社会からも注目されている。なぜ本件が注目されるかといえば、否認をめぐる理論上の問題もさることながら、本件における被告銀行の質権設定を否認できるかどうかが、ひろく現代社会における金融機関の他者との関係でのふるまい、行動のあり方の問題に深くかかわるからである。

厳しい競争社会の中で債権者が自分だけが有利な債権回収に動くということ自体は、金融機関として理解できないわけではないが、その行動の相手方が破綻して他の債権者との調整が必要になった場合には、「早い者勝ち」「とりどく」というわけにはいかない。とりわけ金融機関には他の一般の債権者に比してより強い倫理規範が求められる。誤解のないように付言しておくが、この場合の倫理規範の対象となる行為の中心は、A会社が破産した後に質権を実行して独占的満足を得てしまい、破産管財人からの返過請求にも応じない、という被告ら銀行の対応である。

とくに本件では、破産配当率が一〇パーセント前後と見込まれる破産財団の現状において、被告および質権設定を受けた七社の金融機関だけが自己の債権を全額回収したという行為を、それがなされた時期や目的にも照して、是正修復する必要がないかどうかが問われている。また、抵当証券の購入債権者について、T銀行の清算法人との間で買い取りの準備が進んでいて、一般購入者に対する配当も清算法人を通して預金保険機構に戻される結果、破産財団の配当金の大部分がＲＣＣまたは預金保険機構に戻っていくという構図の中で、被告が質権を実行した本件預金の財源が預金保険機構の負担を通して、結局公的資金であったという現実に照して、それを破産財団に取り込んで拠出元である預金保険機構に還元しないことが、アンフェアーな取扱いにならないかどうかも問題になる。

現代における開かれた共生社会における金融機関の作法が問われているのである。(5)

三　否認の効果

かくして、本件にあっては、平成一一年八月での弁論経過からみるかぎり、本件質権設定を正当化する事由について被告の主張立証が足りているとは言い難く、否認が認められてもやむを得ないと考える。否認が認められても、被告は他の債権者と同列の立場で破産手続において権利を行使する地位に戻るだけであるから、他の債権者に比して格別の不利益を甘受することになるわけではなく、破産による平等分配の理念からは、かえってそのほうが公平であるとみなされる。

しかしながら、否認を認めるとしても、原告が支払いを求めている八六億五、一〇四万余円全額について認容すべきかどうかは、疑問が残る。すでに見たように、本件質権設定は従前の被告の「譲渡予約債権」の担保の解消と一体としてなされているので、本件質権設定の効力を取り消して事後的に無効とする場合には、当然に従前の担保の解消行為も無効として、旧担保についての被告の権利を復活させるのが公平であるからである。

この取扱いは、申し立てられた事項外のことを審判対象にとり込むことになるとの疑問を生じるかもしれないが、そうではない。否認の効果としての金銭の給付額の問題として調整すれば足りる。つまり、原告が支払いを求めている金額から旧担保の実価分を差し引いた額の給付を命じればよい。否認の対象とその効果としての支払額は必ずしも直結しない。現に、本件でも、本件質権設定契約が否認の対象となっていても、九〇億六、七〇〇万円から被告が平成九年一一月九日破産会社の預金と相殺した四億一、七五二万円を除いた残額の支払いが求められているのである。

被告が掴手していた旧担保の価値は、和解にあっては当然に考慮される。それは、実質的に妥当であるからというだけでなく、法規範にも適合するからである。和解では確実に考慮されるものが、判決ではとり込めないというのは、理に合わない(6)。

第六節　おわりに

一　本件の破産会社（A）は、T銀行の系列会社であり、その経営資金はかなりの部分でT銀行に依存し、T銀行もまた、A会社の経営維持に努めなければ、事実上自身の存続が危ぶまれるという関係にあった。したがって、A会社の債務についてのプロラタ返済への協力・支援は破産会社の問題、T銀行の増資に対する引受問題は訴外T銀行の問題、というように割り切ることはできず、プロラタ返済の維持が母体行であるT銀行の経営維持戦略につながり、T銀行の増資が母体行の経営基盤の安定・強化を通じてA会社の経営維持につながる、という緊密な連動関係があったのである。T銀行の増資問題を含めて、被告銀行とT銀行とのかかわりが、A会社の破産事件における否認の問題にとって考慮要素にならざるをえない特殊事情が本件には存するのである。被告銀行のかかわりを、対A会社と対T銀行とに区分して、別々の問題として論じることはできないのである。被告が質権を実行して回収した分が、最終的に誰の負担になるのかも、単なる事情ではなく、否認の成否にとっての法的要件そのものの一要因をなすのである。もちろん、本件質権設定の対象となった預金債権は、T銀行による融資資金であっても、A会社に帰属するという前提は、法的には、動かすことができない。

二　Ａ会社の預金債権について質権が設定されたことを対象とする一連の否認事件は、現在、各事件が分散されて札幌地方裁判所に係属し、各当事者からの主張もほぼ出揃って審理が大詰めを迎えようとしているところである。

事実関係と法的問題を共通にする関連事件が官庁としての同一裁判所に同時に併行して係属する場合に、担当裁判所（狭義）間でいかなる調整がなされるのかも、手続運営のあり方との関連で興味のある問題である。とくに、質権設定を受けた時期との関係で破産法七二条一号の故意否認の枠組で追加提起されている事件もあり、故意否認と危機否認とでちがいがあるのかどうか、もしあるとすればどのようなちがいがあるのかも、裁判所の判断が注目されるところである。もし、事件が和解で終了したとしても、破産管財人および被告金融機関はその和解内容をぜひとも公表してほしいものである。本件は、金融機関（銀行）の融資先に対するかかわりのあり方が問われるケースであり、広く議論の材料を提供すべきであると考えられるからである。

（1）　ドイツ通常連邦裁判所の判例であるが、銀行との間で交わされた一般取引約款に基づいて行われた担保の強化が非本旨行為に該当するとしたものとして、一九六〇年一一月一五日判決、BGHZ, 33, 389. 河野正憲「金融機関による担保差替えと否認」金融商事判例一〇六〇号一一九頁。

（2）　借入れのための担保の供与につき、担保供与の時期・方法・事前事後の関係者の行動を、危殆状態における関係者の行動の公正さという観点から点検調整すべしとする立場として、井上正三「借入れのための担保権の設定と否認」『新倒産判例百選』八〇頁以下、借入れ弁済につき、弁済の必然性を重視する立場として、井上治典「第三者からの借入金による弁済と否認」金融・商事判例一〇六〇号一一二頁（本書第二部第六章三五五頁以下所収）、新規融資者の側の特定債権者への弁済の必要性・必然性を重視するものとして、伊藤尚「本旨弁済と故意否認」ＮＢＬ四五四号三六頁。

（3）　債権者平等の意味については、すでに一つの方向を示した。井上「債権者平等について」本書第二部第一章二六一頁以下。
(4) 第三者が融資してその資金で弁済された場合は、実質的には債権譲渡と同じで債務者の財産に変動がないので有害性、不当性もないという立場を表明する最近の考え方として、座談会「企業の自立再建を支援する銀行と否認権(中)」NBL六七一号二六頁—三〇頁における伊藤眞教授の発言および伊藤眞「債務免除要請行為と支払停止概念」NBL六七〇号一八頁以下。
(5) 貸主の責任として、金融機関と与信を受ける者との間で展開される取引の過程において、金融機関には権利を濫用することなく、信義誠実上の諸義務を尽くすことが求められるとの視点を明確にするものとして、長尾治助「貸主責任の法概念と根拠」長尾編『レンダー・ライラビリティ』(悠々社、一九九六年)二頁以下。
(6) 和解的判決の可能性を説くものとして、井上治典「弁論の条件」『民事手続論』(有斐閣、一九九三年)一一六頁。

第三章　リース契約と会社更生法――未履行リース債権の処理
――最高裁平成七年四月一四日判決――

第一節　最高裁平成七年四月一四日判決の事案と判旨

目的物件引渡しずみのファイナンス・リース契約において、ユーザーが倒産した場合、リース業者のリース債権はどのような取扱いを受けるか。ユーザーについて会社更生手続が開始された事案において、このたびリース会社のリース料債権は更生手続によってのみ行使しうる更生債権にとどまるとする最高裁の判断が示された（最判平成七年四月一四日金融・商事判例九七三号三頁、金融法務事情一四二五号六頁）。この事件は、未払リース料を管財人から更生手続によらずに随時弁済を受ける共益債権ではなく、更生担保権（更生債権）としてきた東京地裁などの取扱いにかねてから不満を抱いていたリース業界が、実務の改変を企図してモデル・ケースとして提起した訴訟である。

第一審（東京地判昭和六三年六月二八日金融・商事判例八一二号二一頁、判時一三一〇号一四三頁）、控訴審（東京高判平成二年一〇月二五日金融・商事判例八六六号二八頁、判時一三七〇号一四〇頁）を通じて、実務界、学界の多大の関心を呼んでいたが、ここに上告審が原審の判断を維持し、同様の立場をとることを明らかにした。

事案の概要および原審までの経緯は、つぎのとおりであった。

X会社は昭和五六年一一月、A会社との間で事務計器についてフルペイアウト方式のファイナンス・リース契約を締結し、同物件をA会社に引き渡した。A会社は昭和五八年八月、会社更生法手続の申立てをし、保全管理人による保全命令が発せられた。ついで、A会社について昭和五八年一二月、会社更生法手続が開始された。A会社は昭和五八年一〇月分以降のリース料を支払わなかったので、Xは支払催告を経て、昭和五九年五月右リース契約を解除し、管財人Yに対して、リース物件の引渡しと未払リース料の支払いを求めて訴訟を提起したのが本件である。第一審は、本件リース契約ではリース物件を使用させるXの義務と更生会社の残リース料支払義務との間には対価関係がないから、会社更生法一〇三条の適用はなく、Xのリース債権は更生債権となるとした。リース物件の引渡しについても、弁済禁止の保全処分後に履行期の来るリース料の不払いを理由に契約を解除することはできないとして、これを棄却した。

控訴審においても、同様の判断がなされたが、Xが予備的請求として、新たなリース契約が締結されることなく期間が満了したとして、期間満了による物件引渡しと原審で請求した以降の未払リース料の支払いを求める請求を追加した部分については、物件の返還（および遅延損害金請求）を認容した。

これを不服としてXが上告したが、最高裁は、つぎのように述べて原判決を支持し、上告を棄却した。

「しかしながら、いわゆるフルペイアウト方式によるファイナンス・リース契約において、リース物件の引渡しを受けたユーザーにつき会社更生手続の開始決定があったときは、未払いのリース料債権はその全額が更生債権となり、リース業者はこれを更生手続によらないで請求することはできないものと解するのが相当である。その理由は、次のとおりである。

右の方式によるファイナンス・リース契約は、リース期間満了時にリース物件に残存価値はないものとみて、リース業者がリース物件の取得費その他の投下資本の全額を回収できるようにリース料が算定されているものであって、その実質はユーザーに対して金融上の便宜を付与するものであるから、右リース契約においては、リース料債務は契約の成立と同時にその全額について発生し、リース料の支払が毎月一定額によることと約定されていても、それはユーザーに対して期限の利益を与えるものにすぎず、各月のリース物件の使用と各月のリース料の支払とは対価関係に立つものではない。したがって、会社更生手続開始決定の時点において、未払のリース料債権は、期限未到来のものも含めてその全額が会社更生法一〇二条にいう会社更生手続開始前の原因に基づいて生じた財産上の請求権に当たるというべきである。そして、同法一〇三条一項の規定は、双務契約の当事者間で相互にけん連関係に立つ双方の債務の履行がいずれも完了していない場合に関するものであって、いわゆるフルペイアウト方式によるファイナンス・リース契約において、リース物件の引渡しをしたリース業者は、ユーザーに対してリース料の支払債務とけん連関係に立つ未履行債務を負担していないというべきであるから、右規定は適用されず、結局、未払のリース料債権が同法二〇八条七号に規定する共益債権であるということはできないし、他に右債権を共益債権とすべき事由もない」。

第二節　本判決の位置と評価

未払リース料が、更生担保権となるかどうかは本判決では言及されていないが（控訴審もその点については留保している）、最高裁が本件のようなリース契約につき、会社更生法一〇三条が適用される未履行双務契約であるという立場は採らないであろうということは、これまでの実務の動向からも、最高裁判決（最判平成五年一一月二五日金融法務事情一三九五号四九頁は、ユーザーはリース物件を使用できなくてもリース料支払義務を負うとした）の流れからも、ほぼ予想されていたところであった。学説も、伊藤眞教授により繰り返しの反論はなされていたが（伊藤眞「ファイナンス・リースと破産・会社更生㈠～㈢」判時一〇四五号三頁、一〇四七号一六頁、一〇四八号一二頁（同『債務者更生手続の研究』に再録）、同「倒産法と非典型担保」米倉明他編『金融担保法講座Ⅲ』二三七頁、同「会社更生手続におけるリース料債権の取扱い」金融法務事情一二一一号六頁）、リース物件を引き渡してしまった以上は、リース業者の義務とユーザーのリース料支払義務とは対価関係があるとはいえないとして、判旨と同様に未履行双務契約の倒産法理は適用されず、更生担保権にとどまるとする考え方が近時有力になってきている（竹下守夫「判批」金融・商事判例八一三号四一頁以下、同『新種・特殊契約と倒産法』二頁以下、高木新二郎「更生手続開始とリース取引」青山＝金築＝山内編『会社更生・会社整理・特別清算の実務と理論』（判例タイムズ八六六号）一四二頁以下、同「ユーザーの更生開始がリース契約に及ぼす影響」『新倒産判例百選』一七二頁以下、など）。

実務も、実際の取扱いは和解による処理を含めると多様であるが、少なくとも建前としては、所有権留保売買等の他の非典型担保とのバランス上、管財人から更生手続によらないで随時弁済を受ける共益債権とは取り扱わないという処理が一般的であった。したがって、今回の最高裁判決は、実務の大勢および学説の有力説に追随したことになり（学説では竹下教授の影響が大きかったと憶測される）、未払リース料債権をめぐる会社更生法上の問題は、少なくとも個別問題としては、理論および運用の面でひとまず決着をみたといえる。

たしかに、リース料債権者は、基本的にはやはり更生手続のなかで他の債権者とともに利害調整を求められる立場にあるというべきであり、更生手続によらずに随時弁済を受けうる地位にあるとするのは、リース契約の特性を考慮に入れても、いささか無理がある。その理由は、リース会社の債務とユーザーの債務とが互いに担保しあうような対価関係にないからというよりも（それは、他の理由で結論を得た後の説明のための道具立てである）、もっぱら金融の性格をもつファイナンス・リースの特性を加味しての当事者間の公平およびリース会社と他の（担保）債権者との実質的公平の観点にもとづく。それでは、一般の債権者と同じく更生債権にとどまるかといえば、金融による担保の性格を生かして、更生担保権者と扱うべきである。担保権として扱う実定法上の（あるいは契約上の）根拠がないというのは、ファイナンス・リースがすでに非典型担保の一種として一般に承認されている現実からしても、あまりにも形式にこだわりすぎている。

更生担保権となるとすれば、リース料債権のうち更生担保権として処遇すべき額は、更生手続開始時において目的物利用権を継続企業価値によって評価した額である（会社更生法一二三条一項、一二四条の二）。

第三節　リース物件継続使用との調整の必要

しかしながら、問題は、今回の判決で終息を迎えたわけではない。ユーザー倒産の場合のリース契約をめぐるリース業者と倒産者（更生会社）との紛争処理が、リース料債権を更生債権（更生担保権）とするだけでスムーズに促進されることになるのかどうかが、より重要な関心事である。リース契約をめぐる利害調整は、リース料債権の処遇だけではない。とくに、会社更生手続では、更生会社が業務を継続して収益をあげていくために、リース物件の使用を続けていく必要に迫られる場合が多い。ところが、本判決では、リース業者が控訴審で予備的に追加した期間満了による返還（取戻権）が認められている。リース業者は、リース料では一本とられたが、リース物件をこれ以上使わせないという点では一本とったのであるから、紛争の全体的処理としては高木判事が指摘されるように一勝一敗の「両すくみ」であり、これでは両者のトータルな契約関係の真の利害調整にはなりえていないのである。問題の解決というよりも、解決のための対等交渉の出発点が築かれたということであり、問題が先送りされただけだ、という見方もありえよう。問題処理を和解、交渉に委ねることを正面から認めた判決、これが今回の事件の結末であったと評するのは、うがちすぎであろうか。

本件のリース対象物件は、印紙税納付計器と郵便料金計器であり、更生会社の営業にとっては必須の機器とはいえない。リース業者Xは、モデルケースとして、意図的に更生会社の事業継続に影響が少なく、少額の案件を選んだものと推測され、裁判所としても物件の返還請求を認めやすい事案であったと思われる。しかし、もしリース物件が更生会社の営業の根幹をなすようなもので、更生会社としてはリース契約を継続・更新して引き続きリース物件を使用する必要がきわめて大きい場合に、更生会社側が相当額の再リース料の支払いを申し出ているにもかかわらず、リース会社が期間満了により物件の返還を求めることができるとすることは、果たして常に妥当といえるだろうか。

リースの態様やリース物件の残存価値にもよるが、フルペイアウト方式のファイナンス・リースについては、リース会社は対象物件に対してもはや実質的な利害を有しないので、妥当とはいえないであろう。

妥当とはいえないにもかかわらず、法の建前ではリース会社に期間満了後は取戻権があるとすると、管財人としてはその危険を回避するためには、期間満了前にリース会社との間に話合い・和解に持ち込むほかはない。その際、未払リース料は更生債権（更生担保権）であるといっても、再リース契約締結条件との兼合いで、未払リース料を加味して、新リース料が決められることになりかねない（普通は、期間満了後の再リースは、原リース料の一二分の一の額を新リース料として、契約が締結されることが多いといわれる）。更生債権（更生担保権）という建前は、このような和解交渉のなかで崩れていく可能性をもつのである。

第四節　実務の知恵と理論のギャップ

更生開始から計画認可までかなりの日時を要する会社更生手続の現状にあっては、更生管財人が裁判所の許可を得て、既存のリース契約を合意解除したうえで減額した月払リース料を支払う旨のリース契約を新たに締結し直すことを内容とする和解（会社更生法五四条六号）をしているのが、実務の知恵としての実情である、と報告されている（氣賀澤耕一「大阪地裁における再建型倒産処理の概況」金融法務事情一三五九号五八頁、高木・前掲論文一四四頁）。

要するに、すでに実務は、会社更生法一〇三条を適用するかしないか、リース会社に物件の取戻権があるかないかという二律背反的な法の建前では動いていないのであり、実質的にかつ個別具体的に両者の利害を調整する方法とそのノウ・ハウを蓄積しつつあるのである。

上述のように、本判決は、リース会社、更生会社それぞれに武器（リース会社に対してはやや建前に偏した）を与えることによって、舞台裏での調整を加速させる効果をつくり出したといえようが、問題は、表の倒産法理論と舞台裏の理論（真に倒産の場面における問題処理を動かす理論といってもよい）とのギャップが、なぜ生じてしまったのか、従来の議論（本判決の理論を含めて）が真の実践の理論にはなりえないのは、どこに欠陥があったのかである。和解は「合意」であるから、表の理論と異なって当然である、と片付けてしまうには、あまりに表の論理が非日常的にすぎる。

たとえば、表と裏の矛盾はつぎの点に典型的に現われる。

表の論理としては、会社更生法一〇三条が適用されない以上管財人には契約を解除する権限はない。しかし、和解では、管財人は裁判所の許可のもとに、既存の契約を解除して新契約を結んでいる。同じく裁判所がかかわる利害調整の手続でありながら、この二つのギャップはどう説明されるのか、また、どう埋めればよいのか。

第五節　既往の理論の限界

ユーザーが倒産して会社更生手続に入り、ユーザー（更生会社）、リース会社ともにリース物件の継続使用に前向きの利害を有している場合、更生会社の現状およびこれから先の状況・見通しを睨みながら、リース料の額や支払条件、リース期間等について新たに契約を締結し直して、双方の利害を調整するというのは、考えてみれば当り前のことである。未払リース料をどうするかも、新たな契約条件との兼合いで決まってくる性質のものであり、「これまで」と「これから」とをまったく切り離して決められるものでもあるまい。その意味では、「実務の知恵」こそが、更生手続における本来の利害調整の姿を反映している。ということは、建前としての表の理論に構造的な欠陥があるのである。

これまでの表の解釈・運用の論理は、具体的事件につき実定法がすでに解決のプログラムを用意しており、これにあてはめる（法規を適用する）ことによって結論が得られるという通念を当然の前提としてきた。リース契約について会社更生法一〇三条の適用があるかどうか、という議論のたて方も、そのような思考方法の現れである。しかし、リース会社とユーザーとの継続的関係における将来を見込んでの利害の調整の局面にあっては、管財人に契約の履行か解除かの選択肢を与えるかどうか、もしこれが肯定されて履行が選択されれば少なくとも更生手続開始後のリース料債権は、全額共益債権となり（会社更生法二〇八条七号）、そうでなければ更生債権である、というあれかこれかの二項対立的な調整方法は、実情にそぐわない場合が多い。従前の契約そのままの履行ではない、かといって解消してしまうまでもない、これから先の関係のあり方を念頭において両者間であらためてつくり直すという選択肢は、法文上は明示されていないにしてもその必要性は高いし、管財人のみならず相手方（リース会社）がそれにコミットしていくという途も用意されてしかるべきである。また、ひとくちにリース契約といっても、事案によってさまざまでありうるのに、法規による画一的処理では現実のニーズに応えられない。

要するに、既存の画一的な法規を唯一絶対の解決基準とみなして、これにあてはめて具体的な結論を得るという思考方法は、調整メディアとしてはメニューが狭すぎて、真の問題処理の実践的要請に応えられないのである。ファイナンス・リースの実質にあった解釈、運用論がたてられなければならない。法規範を状況に応じて当事者がそれぞれ利害調整のために使っていくという姿勢が、既往の理論には乏しいように思われる。

また、「所有権があれば返還請求権がある」、「契約条項に新リース契約が締結されることなく期間が満了すれば物件を返還すべきことが入っているから返還を求めることができる」というのも、リース期間満了後の実情との間の乖離がありすぎ、「所有権」「契約」（合意）という建前に価値を置きすぎている。いったい、リース業者の「所有権」の実質的中身はなんであろうか。物件の引渡しは売主（サプライヤー）から直接ユーザーに行われ、リース期間中の使用はもっぱらユーザーにあり、期間が満了すればリース業者は物件の放棄書をユーザーに交付してその物理的処分に委ねているケースが多い実情に照しても、その所有権なるものの実質は「もぬけの殻」である。権利濫用や信義則をもちだすまでもなく、「所有権」があれば返還請求権がある、という法律家の前提命題を画一的に押し及ぼすことがおかしいのである。リース業者が、契約の見直しや再リースに応じるのが常態であるという既述の実務の状況は、この面での法の建前にも反省を迫らざるをえない。そうして、もともと「所有権」という概念は実体のあるものではなく、法律家が共通のイメージで議論・調整するための、「媒体」（メディア）にすぎないのである。

第六節　調整のための具体策

かくして、会社更生法一〇三条が適用されるかどうか、未払リース料が共益債権になるか更生担保権になるか、リース会社に所有権があるかどうかといった理論上の優劣を超えた、更生手続における真の問題解決の具体策が必要とされるのであり（高木・前掲論文の指摘は鋭い）、それが更生手続の運用のあり方として表の法理論に汲み上げられ、従来の硬直で画一的理論にとって代わられなければならない。

具体的には、さしあたりつぎの三つが考えられる。

第一は、リース物件の耐用期間がかぎられていて使用とともに価値が減じていくこの種の契約問題の処理には、手続開始から更生計画認可に至るまでに相当の年月を要する会社更生手続は、テンポが合わないところがあるので、必要に応じて更生計画認可決定前の暫定的弁済を許容するなど、更生手続の弾力的運用を図る方向である。

第二は、高木判事が提唱されている方法で、計画認可までの減価相当額を定期的に預金させて、これに質権を設定する（会社更生法五四条九号の担保の変換）という方法である。法規による根拠がないことに加えて、手続が面倒なため、実際に用いられるまでには至っていないが、不動産競売で横浜ローン方式すら実施されている現在、司法による処理への信頼を取り戻すためにも、この程度の工夫と実践は試行してみる十分な価値がある。

第三は、既述の実務の知恵としての和解の実体面、手続面を含めての理論（規範）化である。その際、未払リース料についても新契約とからめて案づくりを行うことができることとし、未払リース料の下限は更生債権、上限は共益債権とするくらいのスタンダードは必要であろうが、事案に応じた多様性を承認し、和解のプロセスを可能なかぎり公正で透明なものとして、関係人の納得が得やすいように、手続面の工夫をすることが望ましい。

未払リース料が更生担保権（あるいは更生債権）であるとすれば、更生手続によらずに弁済することは許されないはずであるとの反論が当然に予想されるが、リース物件の継続使用とリース料の引上げを内容とする新リース契約が締結される以上、未払リース料をも取り込んで、トータルに契約上の利害を調整することは、必ずしも法による調整の趣旨には反しないと考える。かりにこれを禁じてみても、その分を新リース契約のリース料に上乗せしなければリース会社としては和解に応じないであろうから、実質的にはあまり変わるところはないと思われる。

もっとも、和解による処理を更生手続そのものに組み込むことを考えるのが本筋かもしれない。

第七節　おわりに

結局、ファイナンス・リースにおける未払リース料は更生手続のみによって行使できる更生債権（更生担保権）であるとする本判決の理論は、更生会社の側でリース物件の継続使用が必要でなく、新リース契約への切替えや期間満了後の再リース契約が締結されないケースにおいてのみ、額面どおりの意義が発揮されることになろう。

新リース契約、再リース契約が、管財人とリース会社との間で和解により締結される場合には、未払リース料をめぐる調整がそこにどのように盛り込まれているのかを実証的に明らかにしていく必要がある。もし、未払リース料が更生計画に盛り込まれるものとして、新リース・再リースの和解内容には取り込まれないとすれば、未払リース料を更生債権（担保権）とすることが、右の契約内容にどのような影響を与えているのかを見きわめていくことが求められる。いずれにしても、和解の実際をオープンにして、議論していくことがこれからの課題である。

第四章　民事保全への視座

――被保全権利と具体的措置――

第一節　はじめに

仮差押え、仮処分を通じて民事保全は、とりあえずの措置を講じることを求める手続であるが、被保全権利と保全の必要性との関係、あるいは「権利」と「具体的措置」との関係はいかなるものなのであろうか。もちろん、これまでの通念によれば、仮差押え、仮処分によってまもるべき目標・対象は、本案訴訟の権利であって、当面の措置ないし救済は、そのような目標としての権利を確実に達成するための手段であり道程である、と位置づけられている。ここでは、いわゆる「被保全権利」は、民事保全によって守る（達成する）べき目標・対象であると同時に、当面の措置（救済の方法）を導き出す源泉としての法的根拠である、ということになる。(1) そうして、「保全の必要性」は、いま緊急にそのような措置を講じるべき具体的な必要性があるのかどうか、どのような具体的措置を講じるのが有効・適切かを見きわめるための状況・経過としての事情要因である、ということになる。このような目的・手段思考を樹木にたとえれば、被保全権利は「幹」または「根」、保全の必要性は、被保全権利を補完する「枝葉」である、ということができようか。

本章では、民事保全の手続および措置を最終の目的（保護すべき権利または実質権）を達成するための道程・手段とみる一般的理解がはたして妥当であるのかどうかについて、あらためて点検し、被保全権利と保全の必要性が果たすそれぞれの機能と相互の関係を考究してみたい。まず、本章で考察を試みる問題が、民事保全にのみ限られる特殊なものではなく、およそ法および紛争処理手続における権利といわれるものと具体的措置（救済の方法）との関係一般に通じる普遍的な性質をもつことを認識しておくために、民事保全が紛争処理手続の原型としての特質をもつことを確認しておきたい（第二節）。

次いで、右に述べた本章の問題意識をより具体的かつ鮮明にして以後の叙述に備えるために、いくつかの具体的課題を設定する（第三節）。この課題を検討するにあたって、権利の生成過程について示唆深い見解を示し、仮処分についてもそれを敷衍した谷口安平教授、権利と救済方法との関係についての踏み込んだ議論を軸にして司法の役割を論じた竹下守夫教授、それぞれの考え方を点検したうえで（第四節）、右に設定した本章の課題についての筆者の検討と展望を試みることにする（第五節）。このような理論的検討が、保全実務の実践にどのように結びつくのかが一つの課題であるが、これについては若干の展望のみを示すにとどまることになろう。

第二節　紛争処理手続の原型としての仮処分

当事者間の不均衡な関係を将来に向けてとりあえず修復するための手続としての仮差押え、仮処分は、紛争処理の原型としての特質を有する。以下では、主として仮処分を念頭に置くことにするが、保全手続が紛争処理の原型であるというのは、次のような諸点に求められる。

1　自力救済をルール化したものが民事保全であるといわれているように[2]、裁判前あるいは裁判外の自主的紛争調整との連続性が密接であること。

2　その場で直ちに村応し疎明する、主張と証拠とを兼ねた話し合いの場ともいうべき審尋を行うという点でも、臨場即応の日常的コミュニケーションに最も近く、スピーディーで軽やかであること[3]。また、第三者審尋にみられるように、必要な関係人が手続に関与できる仕組みになっていること。

3　状況に応じて柔軟かつ多様な措置（救済方法）をとることが制度的に予定されており[4]、これから先に向けてどうすればよいのかの将来志向が正面からとり入れられていること。

4　「仮定性」、「暫定性」の特質にみられるように、「とりあえず必要な措置を講じる」ことを本旨とし、仮の関係的地位を設定して将来本格的に争いなおす余地が残されていること。リターン・マッチが制度的に組込まれていて、「うしろが開かれている」ことは、紛争処理手続の理想を具現している。

なかでも、**3**と**4**は、仮処分、仮差押えが民事紛争手続の原型であることを示す最大の特徴であるといえよう。そうして、**3**と**4**とは相互に密接に関連する。当事者間の破られた関係秩序を打開するために、「とりあえずまずはこうしよう」という仮定性・暫定性は、状況に応じた弾力的な救済方法を生み出さざるをえないからである。

それでは、仮定的で暫定的な手続がなぜ紛争処理の原型であるのか。将来に紛争の余地を残さないような確定的で終局的な解決こそが紛争処理の理念型であり、原型ではないのか、仮に究極の正しさを発見して実現するのが裁判制度の務めであるとすれば、「かりそめの正しさ（権利）の設定」は、正義の実現への道程にすぎないのではないか、との反論が予想される。

仮処分の手続こそが紛争処理の原型であり理念型であるというとき、それは、紛争とはそもそも何なのかを前提にしつつ、紛争を処理する手続を行うということがどういう意味ないし機能を持っているのかの見通しにかかわる。

いうまでもなく、紛争処理手続は双方の対立する要求・利害・主張の調整のためにある。訴訟や民事保全などの裁判所で行われる手続の役割は、当事者同士では調整不能に陥っている閉塞状態を打開するために、調整役としての第三者がかかわる公正で透明な対論の場を設定し、将来に向けて当事者が互いに対等な関係をもって自分たちの手でこれからの関係をつくっていくことができるように道筋をつけることにある。当事者の全生活空間にかかわる紛争を、法的に限定されリファインされた申立てについて結論を示したからといって、それでもって紛争が解決するとみるのは、幻想にすぎない。それが重要な節目とはなっても、裁判所を出た後も紛争と交渉は続いていくのが通常であり、裁判所での手続の役割は、「さしあたっての手当て・措置」を講じることによって、裁判所を出た後の当事者間の関係がうまく流れ出すようにすることにある。決して、自己完結的な最終項ではない。

そこで、当事者間の紛争の調整のために必要なところをとりあえずとりあげて、これから先に向けて一歩現状を打開することが裁判を含めて紛争処理手続の果たすべき役割であるとすれば、仮差押え、仮処分の民事保全手続は、まさにそれを正面から目的とした手続であり、紛争処理の原型であり理念型と呼ぶにふさわしい。もちろん、簡易な手続で相手方に相当なダメージを与える結果になるので、利点は濫用や過大インパクトの危険と常に背中合わせである。しかし、いったん決定が出されても、あるいは措置が講じられても、常にうしろが開かれていてリターン・マッチがかけられる（異議、抗告、本案訴訟、損害賠償など）という手続構造が、また、担保（保証金）を積むことによって債権者側にもリスクを分配するという制度設計が、その危険をカヴァーし、濫用的な活用に備えている。正義は、試行錯誤で何回もくり返される過程そのものである、という思想をも体現している。(6)

第三節　具体的課題の設定

以下に、議論の手がかりとして、いくつかの具体的課題を設定してみたい。

［設題一］　土地所有者（と主張する）甲とその土地上に建物（木造一階建て）を所有して居住する乙との間で、土地明渡しと地上建物撤去をめぐって紛争が生じた。乙は、同建物を二階建てに改築しようとしている。甲は乙に対して、建築工事の中止を求めて仮処分を申請した。

この工事続行禁止の仮処分は、いわゆる係争物に関する仮処分か、それとも仮の地位を定める仮処分（断行の仮処分）か。その被保全権利は何か。乙を審尋することなく仮処分命令を発することができるか。

［設題二］　Xの居住地は、いわゆる袋地であり、公道に出るには、Y地またはZ地を通らなければならない。Xは、これまでY所有のA地部分を通って公道に出ていたがYとの間に通行使用の条件をめぐって紛争が生じ、Yは自己の土地を全面的に使用するために公道との間に板塀を設置した。XがYに対し、板塀撤去を求めて仮処分を申請するとして、被保全権利として「囲繞地通行権（民二一〇条）」を提示することで足りるか（囲繞地通行権であれば、Zに対しても主張できるはずである）。Xが、Yとの間の通行地役権、賃借権、使用貸借などの契約上の通行権を持ち出したとして、これらの実体権枠組は審理および結論を導くにあたって、どのような違いをもたらすか。Xが本案訴訟で「YはXの公道への通行を妨害するな」との不作為請求を申し立てるつもりである場合、具体的妨害物を撤去することを求める仮処分は、本案請求と食い違ってもかまわないか。それは、係争物に関する仮処分でなく、仮の地位を定める仮処分か。

［設題三］　売掛代金債権者Aが債務者Bの家屋を仮差押えしたところ、Cがその家屋を解体しようとしている。AがCに対して、建物解体の禁止を求めて仮処分を申請してきた場合、それは認められるか。認められるとすれば、それはなぜであり、被保全権利は何か。また、この場合の被保全権利と保全の必要性とはどのような関係にあるか。

［設題四］　乙は、マンションの一室を事務所として使用してきている。近隣に住む甲らは、乙が右室を暴力団事務所に使用し平穏な生活がおびやかされているとして、暴力団事務所としての使用の差止めを求める仮処分を申請した。被保全権利として、「平穏に生活する権利（人格権）」を掲げた場合、このような権利概念はどのような機能をもつか。それは、保護の対象として実体のあるものか。また、当面の事務所使用差止めは、右権利をまもるための手段にとどまるか。さらに、甲らが乙に右室からの退去を求めた場合、それは認められるか。認めら

れる場合があるとして、それはなぜか。これらの場合、保全の必要性はどのような意義、機能をもつか。乙が審尋される場合、どのような場と手続が設定され、どのようなやりとりが行われるべきか。

［設題五］　Xは、Yに対する売掛代金債権一、〇〇〇万円に基づいて、Yが営業用の事務所として使用している建物について仮差押えを申請してきた。いまなぜYの営業用建物を仮差押えしなければならないかについては、Yの営業がおもわしくなくYが二カ月前に不渡手形を出したという主張および陳述書面によるその旨の疎明資料以外には格別の疎明がない。裁判所は、なおXにいま仮差押えをしなければ将来の金銭執行が著しく困難になる具体的事情の疎明を求めるべきか。

また、右債権成立後、XY間には何回か取引と決済が行われており、右債権は返済されているか相殺によって消滅している可能性がXの提出した営業帳簿からうかがわれる。裁判所は、Xに債務が消滅していないことについての主張および疎明を求めることができるか。それとも、債務消滅事由は、Y側の主張責任、立証責任に属することであるとして、仮差押え命令を発し、Y側の異議による新ラウンド持込みにゆだねるべきか。

債権の存在および保全の必要性の疎明との関連で、Xの積むべき保証金（担保）の額は、どのように決められるか。

第四節　「権利」と「具体的措置」をめぐる近時の学説――谷口理論と竹下理論――

右第三節に設定した課題には様々な問題がとり込まれているが、「被保全権利」の機能や「保全の必要性」の意味を一つの中心的問題として検討していくに際して、近時の谷口安平教授および竹下守夫教授それぞれの所説をみておくことにしたい。

一　谷口理論

谷口教授は、権利と呼ばれるものは、憲法レベルの原理的権利（例えば財産権の保障）を頂点として、次に所有権などの具体的権利、最下位に妨害排除請求権などの手段的権利という重層構造をもつとしたうえで、具体的権利は手段的権利によって守られ、さらに原理的権利を保障する、と相互の関係を構成する。そうして手段的権利のレベルでは、訴訟の場合には訴えの利益というフィルターを媒介として新しい権利が生成され、これがさらに新しい具体的権利を生み出す、とみる(7)。例えば、一定の必要に応じて日照障害による建築禁止請求権が認められると、所有権や人格権から独立した日照権という具体的権利を生み出し、この日照権がさらに差止め以外の手段的権利を生み出す、と。

教授は、類似の現象を仮処分にもみる。仮処分においては、被保全権利の内容と仮処分によって命じられる内容とは必ずしも同一である必要はなく、いかなる内容の仮処分が出されるかは、あらかじめ実体法が規定しているわけではなく、具体的状況の中で目的達成に必要な措置を命じることができ、どのような内容の仮処分を命じるかを決めるのは「保全の必要性（または理由）」であると説く。そうして、仮処分手続を通じての権利の生成メカニズムについて、月刊誌『北方ジャーナル』発刊の事前差止めを仮処分で認めたことによる損害賠償請求事件（最大判昭和六一年六月一一日民集四〇巻四号八七二頁）についての論評の中で次のように述べている(8)。

「ここでは、被保全権利が守られるべきもの、仮処分が守るための手段という関係になる。一定の必要性が頻発するためにある種の仮処分が定形的に行われることになると、人々はその仮処分の内容たるものを相手方に対して請求する権利があると認識するに至るであろう。まさに手段的権利の生成が見られるわけである。そしてその生成を媒介したのは保全の必要性である。判決手続で訴えの利益が果たす役割を保全の必要性が果たしていることになる。かくして、手段的権利が生まれる。本件に即していえば、人格権ないし名誉権はかねてから実体法のカタログの中に確立された具体的権利であった。しかし、これを守るための手段的権利としては事後的な損害賠償請求権が予定されていたにすぎなかった。本件に至る一連の差止仮処分によって、手段的権利としての差止請求権が追加されたわけである。そして、それを媒介したのはそのような仮処分を必要ならしめた状況であった。

ところが、このようにして手段的権利が生まれると、それ自体が直ちに被保全権利のランクに高められることになる。本件仮処分において被保全権利は名誉権と考えられているのか差止請求権と考えられているのか不分明なところがあるし、出版されてしまえば回復し難い著しい損害が生じることは保全の必要性と考えられているのか差止請求権の要件と考えられているのか不分明なところがある。このことはまさにこのような権利生成のメカニズムを示している。

このように動的なプロセスとして捉えると、被保全権利とくに差止請求権が従来の実体法のカタログにないからといって簡単に仮処分申請を葬り去ることは危険である。かつて、選挙に関する文書の配布差止めの一連の仮処分が認められたことがあり、被保全権利の欠如の観点から厳しく批判された。しかし被保全権利は作られるものだとすればむしろ保全の必要性に注目し、法発展の糸口としての仮処分の門戸を閉ざさないようにする心構えが必要ではないだろうか。」

右の谷口教授の所説には、さすがに鋭い洞察が込められており、本章の立場も基本的にこれに示唆されたところが多い。とりわけ、新しい権利の生成メカニズムとその場面で「保全の必要性」が果たす役割、被保全権利は作られるものであるので、既存の実体権のカタログにないからといって仮処分の門戸を閉ざすべきではない、という主張には全面的に共感する。しかし、なお、谷口教授の理論にも次のような課題が残されているように思われる。

1　たしかに、マクロの法発展のレベルにおける権利生成のダイナミズムは、谷口教授の説かれるとおりであろうが、個別の具体的事件における審理構造の中身としての被保全権利と保全の必要性とのそれぞれの意味内容と相互関係について、十分な解明と方向づけが与えられているといえるか。

2　右**1**と関連して、谷口教授は、「所有権という具体的権利は妨害排除請求権という手段的権利によって守られる」ものととらえており、民事保全についても、「被保全権利が守られるもの、仮処分が守るための手投という関係になる」と述べるが、ここでは二つの疑問が生じる。一つは、訴えの利益が媒体として作用する訴訟手続や仮処分の手続は、手段的権利を生み出したり、被保全権利を守るための「手段」にとどまるとみてよいのか、いま一つは、財産権などの原理的権利ないしは具体的権利、被保全権利は守るべき目的対象として文字どおり「実体」のあるものなのかどうか、である。

二　竹下理論

すでに一〇年以上前に、英米法上の remedies が実体法と手続法いずれにも属さない独立の領域を形づくっているとして注目していた竹下教授は、[9] 最近、民事訴訟制度の目的論との関連で、さらにこの理論を体系化し進展させた議論を提示している。[10] すなわち、「民事訴訟との関係における司法の核心的役割は、実体法規範によって認められた『権利』に、必要とされる『救済』を与えることによって、これを司法的に保障（保護）することにある」というのが訴訟制度の目的についてのその主張の骨子であるが、ここでの「権利」を実質権と呼び、「救済」は「請求権」の形式で定められるとして、実質権と請求権は法秩序における機能を異にし、実質権としての権利は保護の目的であり、請求権はその「救済」の手段にすぎない、と説く。もう少し詳しく、その主張を再現してみよう。

「実質権と請求権との機能的差異、および、訴訟における権利保障の構造から、これらの権利に対する立法と司法の関わり方について、次のような帰結が導かれる。

(a)　われわれの社会関係上のさまざまの利益・価値のうち、何を「権利」＝実質権として保護するか、それらにいかなる秩序付け（優劣関係）を与え、また誰に配分するかは、立憲民主制の下では、憲法の枠内において、国民代表＝立法府が決定すべきであり、司法府＝裁判所は、この決定に拘束され、「権利」が侵害されたときに、民事訴訟制度によって、これに「救済」を与えることを使命とする。従って、民事訴訟制度の立法的・解釈的設計にあたっては、「権利」は既存であり、その内容は確定的なものと観念される。

(b)　これに対して、「権利」の侵害に対して、いかなる「救済」＝請求権を認めるのが有効・適切かは、個々の事件の具体的状況によって異なり、立法府が予め一義的に決定しておくことは不可能である。その具体的形成は、個々の事件を扱う裁判所に委ねるのが相当である。ただ、いかなる「救済」が与えられるかが、立法府によって定められていれば、裁判所はそれに拘束される。ただ、その場合でも、現状回復や差止めでは、請求権の内容は不確定であり、裁判所の判断による形成が期待されているのが通常である。請求権については、裁判所の創造的・裁量的判断にまつ要素が含まれているのである。これは、司法を通じて「権利」の保護を確保しようとする立憲民主制の下における権力分立原理に反するものではない[11]。

この竹下理論が、本章の村象とする民事保全（とりわけ仮処分）にどのように具体化するのかは、教授の所説が民事保全には直接的に言及していないので、必ずしも詳らかではない。一般論としては、谷口理論とかなり共通するところもある反面、基本的立場のちがいもみられる。実質権と請求権とを分けて後者を救済に結びつけて状況に応じた多様性と創造性を認める点は、具体的権利と手段的権利とを分ける谷口理論と共通色が濃い。しかし、谷口理論が手続を通しての権利の創造的姿勢を広く認め司法にある種の積極的機能を付与するのに対し、竹下理論では、基本的に権利は所与のものであり既存のものであるとの考え方に立ち、司法の役割を限定する。すなわち、社会の総体的多数者の代表（立法部）があらかじめ調整規範の基本的コードを決めており、司法は、憲法を頂点とするそれらの実定法規範を個別事件に発見・適用してコントロールするのが法治国家の役目であるとする近代法の伝統的観念を維持しようとする姿勢を崩さない。

右の竹下理論が、当面の仮処分を中心とした民事保全についてどのような具体的な議論を立てられるのか、同教授の今後の議論の展開に待ちたいが、ここでは本章の課題との関連でさしあたり次の三点について問題点を指摘しておく。

第一は、権利は所与のものであり、まもるべき対象として実体のあるものかどうかである。これは、「権利」とはそもそも何か、にかかわる。

第二は、権利をまもるべき目的・対象、救済（請求権）はその方法であり手段であるとする目的・手段の二元思考の当否である。これは、本章で批判的に検討したいと考える課題そのものであるので、ここでは深入りしない。

第三は、救済（本章では具体的措置）は具体的状況に応じて多様に創造されると説く意味は大きいが、問題はどのような場でどういう関係人がかかわりあって、どのようなやりとりを通じてそれがつくり出され発動されるのか、その手続の規範的コントロールを含めて、そのプロセスのあり方である。手続法理論としては、各種の調整手続ごとに具体的な場づくり（フォーラムセッティング）のあり方とそれを規律する理論を深めていく必要がある。

第五節　民事保全への基本視点

以上を踏まえて、第三節の課題で設定した課題を手がかりにしながら、いくつかのテーマに分けて検討を試み、筆者の考えを明らかにしてみたい。

一　被保全権利と具体的措置との関係

これまでの通念によれば、仮差押えによる債務者の財産処分の自由の剥奪は、債権者の債権の履行についての将来の強制執行を保全するための措置であり、不動産についてのいわゆる係争物に関する仮処分に定型的な占有移転禁止や処分禁止の措置は、将来の明渡しや移転登記を求める権利（正確にはその執行）を保全するためである、と理解されている。ここでは、被保全権利として掲げられた本案請求が達成すべき目標であり、当面の保全措置はそのための手段である、ということになる。これは、本案訴訟が背後に予定されている民事保全手続では、一見きわめて常識的で受け容れやすい。この一般的理解によれば、被保全権利は到達すべきゴールであるとともに、いま求められている具体的措置を導き出す法的根拠をも示している、とされることになろう。

1　この目的・手段志向は、保全措置が「暫定的」であるということからも正当化されやすいが、わたくしは被保全権利と具体的措置との関係についての核心をつく理論にはなりえていないと考えるものである。以下に疑問点を述べる。

(1)　紛争の渦中にあって打開の途を模索している当事者にあっては、自己の将来の達成目標はイメージとして措きつつも、いまさしあたりどうすれば窮状を一歩でも打開できて相手方との間にあるべき関係づけがはかられるか、そのための手続と当面の実効性ある手当（措置）が重要であり、最大の関心事である。紛争の調整というのは、基本的には当事者相互の自律的なかかわりを通じて達成されるのが基本であり、そのためにどうしても必要な部分を裁判所の手続で補完するというのが、民事保全に期待される役割であろう。将来が予測しがたい混沌とした中で、手探り的に現状打開の節目をつくりながら、一歩一歩前に進んでいくしかない。仮差押え・仮処分は、かなりのインパクト効果が期待される節目としての法的措置である。仮差押えをしたことによって、対等交渉の途がうまくきりひらかれて、将来への展望が拓けたということは、よくあることである。むしろ、債権取立ての本案訴訟が提起されるまでもなく話がついたとか、訴訟が提起されても途中で取り下げられるということも、ごく普通のことである。ここでは、債務者の財産を差し押えることによって、これまでの債務者との関係を一歩打開することこそが目的であり、遠い将来の可能性としての執行財産の確保が目的であって仮差押えはそのための手段であるというような認識は、申立人側にも実はあまりない場合が少なくないのではなかろうか。金銭執行の保全は、建前として主張されるにとどまり、仮差押えの核心というにはリモートすぎる。執行困難の疎明が現実の事件でそれほどなされていないとみられること、本案の提訴率が低いこと、なども、それを裏づけている。

⑵　［設題二］や［設題四］は、仮処分で求める措置と本案訴訟で求める措置とが一致するいわゆる仮の地位を定める仮処分に属するが、このような類別にあっては、仮差押えや係争物に関する仮処分でとられる目的・手段志向は妥当しにくい。手段とされる具体的措置が、すなわち目的とされるものを達成してしまうからである。

あるいは、このような仮の地位を定める仮処分は、通常の係争物に関する仮処分からみれば特殊例外であるのでこれでもって一般論は立てられないとされるかもしれない。しかしながら、そもそも仮の地位を定める仮処分と係争物に関する仮処分とをどこまで峻別することが可能であろうか。土地明渡しを本案（被保全権利）とする債務者に使用を許す占有移転禁止の仮処分は係争物に関する仮処分の典型とされているが、債務者の占有移転を禁止するという措置レベルでみれば、債権者との間でそのような仮の地位（関係）を創設しているのであるから、仮の地位を定めているともいえないわけではない。［設題一］での工事禁止の仮処分になると、両者の隔壁は一層流動的であいまいである。もともと、係争物に関する仮処分、仮の地位を定める仮処分という類型としての特徴を表わすために人為的につけられた呼び名であって、はじめから異質の仮処分が存在するものではない。そうだとすると、両態様で異質の理論をとったり、一方を原則、他方を例外と取り扱うことがそもそも不自然ではなかろうか[12]。あえていえば、すべての仮処分は（仮差押えを含めて）仮の地位を定める「仮の処分」である。

⑶　被保全権利を「所有権に基づく明渡請求権」（設題一）や「通行地役権」（設題二）というレベルでなく、もう少し抽象的な財産権や通行権、あるいは「平穏に生活する権利」（設題四）としてとらえた場合、それはまもるべき目的とはいえないか。このレベルで権利をとらえれば、具体的手段によってそれをまもるという図式が成り立つのではと反論させるかもしれない。しかしここでも、はたして「権利」なるものが保護対象としての実体を

もつものであるのかどうかが問題である。これについては、のちに二であらためて言及する。

(4)　被保全権利が当面の具体的措置によって達成すべき目的（または保護の対象）かどうかは別として、被保全権利が具体的措置を導き出すに必要にして十分な根拠になりうるか。

債権が存在して履行期が到来していても、債務者の財産について処分の自由を奪ってよいということは当然には出てこない。［設題二］の工事禁止、［設題四］の事務所使用禁止になると、このことはより明らかであろう。当面の具体的措置を根拠づけるためには、土地所有権により明渡請求権がある、平穏に生活する権利があるとするだけでは、遠く間接的にすぎる。当面の具体的措置を求めることについて相手方からの応答を引き出すに足る根拠をこそ示すことが求められる。被保全権利の具体化と保全の必要性という枠組が相まってその機能を果たすことになるが、それは将来の本案請求権ではなく、当面の具体的措置そのものを導き出す根拠であり、理由づけでなければならないはずである。かくして、これまでの通念としての「被保全権利」は、具体的措置を導き出すには根拠として不十分である。とともに、本案の請求とその実体法的根拠をも示し、その執行不能のおそれを保全の必要性として具体的に主張し疎明しなければならないとすれば、それは当面の措置要求との関係では「過ぎたる」部分がある（後述）。つまり、当面の具体的措置要求との関係では、従来の理論には「過不足」があるといえる。実務では、この建前としての過不足を現実の運用実践によってカヴァーし、それが顕在化するには至っていない、と憶測されるのである。

2　かくして、仮差押えも仮処分も、その求める具体的措置ならびに双方の利害を調整する手続こそがそれ自体として目的であり、それに尽きるというのが本稿の立場である。もっとも、制度の使い方にはいろいろあるのであって、まずは建物明渡しや登記請求の訴訟を考えて、そのために保全措置で原状固定をするという利用の仕方ももちろん自由である。実際にも、そのような利用形態は多い。

それでは、被保全権利として掲げられる権利そのものは保護の対象・目的でもなく、具体的措置の十分な根拠づけにもなりえないとすれば、それは何のためにあるのか。不要でないことはもちろん、それなりの意味を有することは疑いない。

被保全権利としての権利概念の提示には、大別して二つの意味・機能があると考えられる。一つは、(実体)法規範に根拠を置く「通行権」や「平穏に生活する権利」という凝縮されたコトバを介して語られる申立人の生々しい生活環境の窮状による「訴えかけ」が、相手方の対応を引き出すきっかけとして必要であり、相手方に苦痛や打撃を与える具体的措置を求めるにあたっては、それを申し立てる側でまず示すのがコミュニケーションの作法である、ということである。したがって、「通行権」、「所有権」、「平穏に生活する権利」、「人格権」という概念が重要なのではなく、そのような概念の下で語られる申立人の具体的な窮状こそが大事なのである。抽象的権利概念だけであるのであれば、相手方は自分の立場からの対抗権利概念をいくらでもぶつけることができる。通行権に対しては、自己の所有地を自由に使う権利、平穏に生活する権利に対しては、営業活動を行う権利・所有権を自由に使う権利、という具合にである。権利と権利とがぶつかっただけでは手続は進まない。そういう概念を介して顕出される具体的窮状こそが、相手方に対応、調整を迫る糸口になる。この意味でも、権利はまもるべき実体を伴った目的ではなく、調整のためのメディアであり、共通語としてのコトバ(記号)にすぎないのである。権利という概念は、コミュニケーションの手段にとどまる。

相手方には相手方なりに申立人の具体的措置に対抗する権利(というコトバで語られる利害主張)がある。人間は独立したアトム的存在ではなく、他者の利害との調整が求められざるをえない。つまり、関係調整が求められているのであって、申立人だけの利害要求をまもるかどうかの視点では一面的である。

加えて、[設題二]でも、どのような実体法上の権利コードを掲げようが、はっきりした契約関係がない中で紛争が生じているのが普通であるので、具体的事実の主張のレベルではほとんど差がない場合が多いであろう。

第二の機能は、被保全権利として本案訴訟のメニューを提示することによって、申立人が当面の簡易な保全手続のあとにそのメニューによるより慎重な手続をみずからとる負担を負うことを予告・開示し、もしその義務を果たさなければ、相手方に本案不起訴による保全命令の取消しの途（民保三七条）を用意している、という点である。これは、簡易な手続で自己の要求目的を達成しようとする申立人と、それによって行動選択の自由をしばられる相手方との衡平をはかるために、申立人に課せられるリスク引受けとしての負担である。仮の地位を定める仮処分では、多くは本案訴訟のメニューは提示されるまでもないが、係争物に関する仮処分や仮差押えでは、被保全権利として示される本案の請求や実体的地位はこのような意味を有する。したがって、ここでも、被保全権利の機能は保全措置によって達成しようという目的ではない。やはり、コミュニケーションの作法としての負担（役割）分配の発現にすぎない。

二　仮差押えによって形成された関係的地位と仮処分の被保全権利――［設題三］

［設題三］を手がかりに、被保全権利というものをどのように考えればよいか、保全の必要性との関係をどうみるべきかについて検討してみたい。

AのBに対する不動産仮差押えの執行が、強制管理ではなく仮差押えの登記をする方法がとられたとして、AはCに対して差押物解体の禁止を求めることができるか。これが仮差押えでなく差押えで強制競売開始決定がなされその旨の登記がなされているときには、売却のための保全処分として、差押物の価格を著しく減少させる行為またはそのおそれがあれば、債務者Bのみならず第三者Cに対してもそのような行為を禁止する保全措置をとることができる（民執五五条。法文は債務者を対象としているが、これを第三者にまで拡げて解釈・運用するのが近時の趨勢である）。しかし、この保全処分は仮差押えには準用されていないので（民保四七条五項）、民事執行法五五条によって本例のAのCに対する保全処分を根拠づけることはできない。差押えと仮差押えとで取扱いを異にすることにはたしてどれだけ妥当性があるかは、なお議論の余地があろうし、旧法下でもいわゆる点検執行をめぐる議論の中で、少なくとも債務者の目的物毀損行為については差押え執行の効力そのものとしてその手続内での対応も考慮されていた問題でもある。(14)

しかし、仮に執行手続内での保全措置の可能性を探るとしても、なぜそのような保全措置がとれるのかの実質的な根拠づけは、ＡがＣに独立の仮処分を求めることができるかどうかと同一に帰する。そこで、以下通常の不作為を求める仮処分として考察する。

いうまでもなく、この種の仮処分で直ちにネックになるのは、被保全権利の存在である。静止的な実体法レベルでみる限り、ＡにはＣの行為を禁止するだけの実体権はない。売却による配当への期待権、債務者Ｂの妨害排除請求権の代位行使などの構成も考えられないではないが、迂遠であり、他の考慮で結論を得たあとの説明の道具だてといってよい。重要なのは、なぜこの仮処分が認められるかの実質的理由である。それでは、この仮処分は被保全権利なしとして常に排斥されるべきか。そうではあるまい。

ＡはＢに仮差押命令を得て執行したことによって、ＡはＢに対して債務の支払いをめぐる交渉関係をつくり上げている。Ｃが目的物を解体するということは、ＡからみればＢとの交渉関係の絆を断ち切られることであり、Ｃに解体するだけの正当な理由がなければ、ＡはＣに対して解体を止めさせることができて然るべきである。つまり、仮差押えとその執行という手続によって醸成された関係的地位が侵害される危険を防止することがこの仮処分を必要とするのであり、被保全権利は仮差押えを行ったという手続の中から出てくるのである。実体権のカタログの中に静止的に横たわっているものではない。もちろん、そうであるからといって、すべての場合にこの仮処分が認められるというつもりはない。ケースによって、認められる（すなわち被保全権利がある）場合もあれば、ない場合もある。

さて、そうなると「被保全権利」と「保全の必要性」とがどのような関係に立つのかが問題になる。申立ての段階での被保全権利の機能についてはすでに述べたが、審理段階、命令段階で、両者はそもそも区別できるのであろうか。裁判の段階で、〈被保全権利はあるが保全の必要性はない〉とか、〈保全の必要性はあるが被保全権利はない〉ということが、そもそも理論的にありうるのであろうか。

三　保全の必要性と被保全権利

保全手続においては、当事者間のこれから先の関係のあり方をにらみながら、当面どのような具体的措置を講じるかが肝要であり、実質的審理の中身および判断の対象はこの一点に集中される。保全申立時の被保全権利の既述の二つの機能（第五節一２）は、審理の中身に入ればその役目を終え、むしろ当事者間のこれまでの経過と保全手続から出た後の関係のあり方を考慮しつつ、申立人の求める具体的措置の当否をめぐる審理・判断にあたっての直接的な基盤枠組を構成する。つまり、この段階での被保全権利は、当初の抽象的な概念を脱ぎ捨てて、いかなる措置を講ずべきかのきわめて具体的実質的なものへと絞り込まれるのであり、それはまた保全の必要性を基礎づける要因と不可分一体の関係にある。具体的措置との関係では、これが被保全権利を構成する要因、これが保全の必要性を構成する要因というようには、明確に区別できないはずである。判例にあっても、保全の必要性はあるが被保全権利はないとしたものはまずないし、被保全権利を肯定しつつ保全の必要性を否定したものもきわめて限られている。保全の必要性は被保全権利に吸収されるといってもよいし、多様な状況要因としての保全の必要性の中に被保全権利も包摂されるということもできる。要するに、この段階ではそのようなコトバとしての概念枠組はどうでもよいのである。裁判書きをみると、決定文に被保全権利と保全の必要性とがそれぞれ項目を分けて書かれているものもあれば、「判断」として両者が総合的にとり込まれているものも見受けられる。申請書の記載様式にとらわれる必要はないのである。

かくして、実質審理の局面では両者を別個の要件枠組として区分・隔絶しないことが肝要であって、どのようなファクターを誰の負担で顕出しどのような手続運用を行うのかの具体的な手続実践とその規範化こそが実質的な課題であるというべきである。［設題五］は、この問題にかかわる。

四　審理手続への若干の提言

1　要審事件と不要審事件との類型的区分の問題点

仮差押えと係争物に関する仮処分においては、債務者の審尋は不要とされており、通常行われないのに対し、仮の地位を定める仮処分では一回は債務者審尋が行われることになっている（民保二三条四項）。審尋の要否は、債権者側の密行性の必要との絡みで微妙な問題があるが、仮の地位を定める仮処分と仮差押え・係争物に関する仮処分とで類型的に区分し、後者は審尋不要、前者は必要というふうにマニュアル化させてしまうことはできない。両態様の仮処分にそもそも本質的なちがいがあるのかどうかを疑問視し、むしろ、仮差押え・仮処分を含めてすべて仮の地位を定めるものとみる本章の立場からは、右のような類型的区分による要審、無審の区別の当否そのものが疑問であることに加えて、実質的にみても、仮の地位を定める仮処分であっても債務者を審尋せずにすみやかに命令を出してよい場合もあれば、仮差押えであっても債務者を審尋することを妥当とするケースもあると思われる。例えば、「隣接地との境界の件について債権者の職場に電話をかけるな」というような仮処分や、特に緊急性を要する差止めのケースなどでは、債権者の主張と疎明資料だけで疎明がなされたと認められれば、債権者を審尋しないで決定してもよいであろう(15)。逆に、債務者の給料債権の仮差押えで債権者側の疎明が十分といえず、債務者に与える衝撃が少なくないと予測される場合や、［設題五］で債権が消滅しているかどうかに疑問があり、かといって債権者にそれ以上の疎明を要求するわけにもいかず、直ちに申立てを棄却するのも躊躇されるというようなケースでは、密行性との絡みもあるが、むしろ債務者に来てもらって話をきき、反証を求めたほうが速いし実効的である。もちろん、仮差押えにおける債務者審尋は現行法上も可能であるが、類型区分によるマニュアル化が進むと、実際上はそのような実質判断はなされにくいし、現に仮差押えにおける債務者審尋はまず行われていないようである。

2　実質的負担分配と第二ラウンドへの持込み負担

［設題五］で、債権が消滅している可能性がある、というときに、債権の消滅事由については債務者側に主張・立証責任があるということで割り切って仮差押命令を発してよいか、それとも債権者側にある程度の主張と疎明を促したうえで、それをクリアーしたときに命令を発すべきか。相手方が意見を述べ資料を提出する機会が与えられないという片面的な手続構造のもとで、一般的な立証責任分配の法理で対応することは実質的衡平の要請に反する。立証責任分配の法理は、通常の訴訟でも手続過程の具体的行動負担の適正な分配をもたらさず、せいぜい判決時の説明の手段にとどまると許すことができるが、相手方が呼び出されない無審事件では、一層証明責任規範で手続過程を律することには疑問がある。(16) また、第一ラウンドでとりあえず結論を出して不満があれば第二ラウンドが用意されているので、そこに持ち込めばよい、したがってあまり難しく考える必要はない、という考え方もありうるかもしれないが（実際上は、現行法下でも保証金の額で調整されている、と思われる）、第二ラウンドに持ち込む負担をどちらの当事者側に負わすべきかがやはり重要であろう。特に債務者側の異議の場合は、第一ラウンドで命令を出した裁判所が審理することになるので、その判断・結論を維持したいという方向に無意識のうちに力学がはたらくことにならないかどうかも気になるところである。

そこで筆者としては、後の負担分配のあり方をにらみながら、当面の第一ラウンドの手続のつくり方というか、実質的な中身がやはり重要である、と考える。債権者に可能な範囲の主張の具体化と疎明を求めるのが本筋であると考えるが、そのほか密行性の要請とのかねあいをはかりながら、債務者を審尋する方法、そのことを明らかにできる第三者の審尋、債権者側に一定の負担を課した条件つき仮差押命令の工夫、保証金の額による調整など、事案に応じた多様な選択肢がありえよう。

3　「保全の必要性」の実質化

被保全権利と保全の必要性との間には本質的相異はないという考え方を前提にしつつも、なお、「保全の必要性」という枠組は、当事者間のこれから先の関係づけのあり方をにらみながらとりあえずいま何をなすべきかをはかるうえで重要な要因であり、この点から従来の保全の必要性の位置づけとそこに盛られる内容には「過不足」があることをもう少し掘り下げて論じてみたい。

被保全権利を仮に当面の具体的措置そのものを導き出すための根拠（の一要因）だとみるとしても、相手方にもそのような拘束を受けないことを導くそれなりの根拠と事情があるのが普通であるから、このような規範根拠の二重性の中にあって、中立人側だけの過去の事情から具体的措置を導く決め手にするのはむずかしい。そこで具体的措置を講じるにあたって重要なのは、当事者間のこれから先の関係のあり方、あるいはつくり方である。保全の必要性は、それを正面からとり込む枠組であり、保全措置の手続の要をなす。

しかしながら、従来の保全の必要性の位置づけは、保全の必要性に本来要請される事柄に十分には応えていないきらいがある。本案請求についての強制執行を困難にする事情が保全の必要であるというのは、将来志向としてはあまりに遠いし、過去のいきさつから遠い将来の強制執行の障害に結びつけるのも、厳密に考えればきわめてむずかしい。いきおい、将来の強制執行が困難になるということは、建前として主張しなければならないとされてきたので主張するだけで、実質上は形骸化してしまうということになりかねないし、裁判所としてもそこまでの疎明を要求できない、という状況に直面する（仮差押えについての［設題五］）。けれども、債務者の経営がおもわしくなさそうである、過去に資金不足で手形が落ちないことがあったというだけで足りるかとなると、いま債務者のその財産を差し押えることを正当化する理由としては不十分であろう。むしろ、債権者・債務者間のこれまでのかかわりの経過をもとにして、これから先に向けて（といっても将来の強制執行ではなくもっと手前の近未来）、どのような関係づけのあり方が望ましいかを模索する視点が保全の必要性ではなかろうか。裁判所としても、債権者の疎明資料（特に陳述書）や審尋における事情説明、相手方の意見聴取や反論資料（異議手続）などから、実はそこを見ている、と考えられる。そうだとすれば、保全の必要性は過去のいきさつを踏まえつつも、債権者が右の意味での将来展望の中から当事者間の関係づけのために当面の措置が必要であることを具体的にみせていくことであり、ウエイトは将来に置かれなければならない。係争物に関する仮処分や仮の地位を定める仮処分でも同じである。

したがって、仮差押えにあたって当該目的物が処分されてしまうおそれが具体的に疎明されなくても、あるいは、当該不動産の占有が第三者に移転されるおそれ（占有移転禁止仮処分）、また債務者の譲渡などの具体的危険（処分禁止仮処分）が疎明されなくても、その事件におけるこれまでのいきさつからこれから先に向けての関係づけのためにその措置が必要であることが明らかにされれば、保全の必要性は充たされる、といえるのである。処分そのもの、占有移転そのもののおそれという建前としての保全要件は、右の本来の保全の必要性からは少しずれており、それを疎明せよといわれても、相手方の将来の不確定な行動を疎明することはきわめて困難であるのが通常であろう。ここでも、これまでの建前は真の要件にはなっていないのである。

4　保証金（担保）の役割

もし誤って保全処分が出されて執行された場合に、相手方が受けた損害を填補するために保証金（担保）があるというのが一般に説かれるところである。たしかに、保証金がそのような機能を担っていることは間違いないが、現実に損害賠償が求められて保証金がそれにあてられる場合はきわめて稀である。保証金の機能は、むしろ、相手方の行動を制約する措置を求める側が、自らも金銭を供出することによって行動制約を受ける相手方との衡平をはかるということにあり、それによって、一方では濫用的な申立てを抑制しつつ、他方では将来への不確かな見通しの中で、あいまいさが残る場合でも担保を積むことによってとりあえずの措置を出しやすくする、という機能があると考えられる。

そうだとすれば、保証金を積むかどうか、いくら積むかは、本来その事業の特性によって様々であるはずであって、一般的に不動産仮差押えの場合は不動産評価額の何分の一というような類型的な平準化はふさわしくないと思われる。大量の事件を事務的に処理しようとすれば、どうしても類型的な相場基準を作って対応することになりがちであるが、手段がいつの間にか自己目的化してマニュアル通りに運用されてしまうというのが経験の教えるところでもあるので、運用に際しては常にこの点についての自戒の心構えを持ちつづける必要があろう。

また、民事保全法の建前は、保証金によって疎明にかえることはできないこととされているが、むしろ不確定な将来に向けて保全措置を出すべきかどうかを審理する以上、保証金に疎明を補完する機能を正面から認めるほうが、実践の感覚に合致するばかりでなく、保全審理の理論にとっても有用なのではなかろうか。

第六節　まとめ

以上を要約すれば、本章で主張したいことは次のとおりである。

1　仮差押え、仮処分の民事保全は、紛争処理の原型であり、そこでの考え方や実践は普遍性ある特質をもつ。

2　民事保全は、当面の具体的措置を通しての相手方との関係的地位の仮の設定こそが目的であり、被保全権利をまもることが目的であって保全措置はそのための手段であるというのはあたらない。あえていえば、被保全権利は具体的措置（救済の方法）を決するための手段である。

3　係争物に関する仮処分と仮の地位を定める仮処分との間に本質的な違いはなく、むしろ仮差押えを含めて、すべての保全措置は、仮の地位を定める仮の措置（処分）とみることができる。

4　「権利」は保護の対象として実体のあるものではなく、コミュニケーション媒体（記号としてのコトバ）にとどまる。民事保全を含めて、紛争処理にとっては、権利のコトバで語られるそれぞれの具体的利害をどう調整するかの関係性の視点こそが重要である。

5　「被保全権利」は、特に申立て時の段階では、相手方に申立人側の利害の提示と自らの負担メニュー（本案訴訟）を予告するという機能をもつ。それは、相手方の対応を促すための「きっかけ」としての意味をもち、これもコミュニケーションの作法（ルール）の発現である。

6　被保全権利は、個別事件のレベルにおいても、既存の実体権や憲法上の原理的権利のカタログになくても、手続を通じての相手方との関係の中から生み出される。

7　審理段階での被保全権利は、保全の必要性と融合し一体となって具体的措置を導き出す。決定書の中でも、両者を区別する必要はない。

8　「保全の必要性」に盛り込まれるべき内容は、民事保全にとっては重要な意義をもつ。ただし、将来の本案請求についての執行の保全に結びつけた従来型の「保全の必要性」の建前は、過不足があり、問題の核心には迫りえない。過去を踏まえつつ、これから一歩先の関係のあり方を判断する具体的状況要因が、保全の必要性の本来の内容である。理論の側で、実践的な保全措置の必要性に即した議論が正面からたてられなければならない（保全の必要性の実質化）。

9　保全審理にとっては、第一ラウンドがやはり重要である。疎明資料（書面）に頼りすぎ、「その場で話をする」という本来の審尋のあり方が形骸化していないか。また、保証金（担保）については、申立人側のリスク負担としての機能を重視し、画一化することなく、事案に応じた多様性（疎明の程度とのかねあいも含めた）を承認すべきである。

（1）　ライポルトは、保全訴訟が本案訴訟にとって代わる（仮処分の本案化）という事態を憂慮し、そのためには保全訴訟が本案の先取り審理を完全に行うというドグマから解放される必要があるとの問題意識から、一定の場合に実体権の存否が明確でない場合でも発令できる保全処分の類型を認める。彼によれば、この類型は実体権の審理を本案訴訟に留保または先送りするという意味で「Offen Verfugung」（「実体留保的処分」、「未決処分」と訳されている）と呼ばれ、終局判決がなされるまでの間、対立する利益を適切に規整することが目的とされ、申請人の主張する本案の権利が事実問題、法律問題両面にわたって疑いなく理由のないものとは考えられないこと、および利益衡量の結果、申請人の発令利益が相手方の損害を上回っていることを発令要件としている(D. Leipold, Grundlagen des einstweiligen Rechtsschutzes, S. 94-96, 1971)。

この提唱を受けて、わが国でも、基本的にこの立場を支持・継承する理論がまず野村秀敏『保全訴訟と本案訴訟』(千倉書房、一九八一年）によって公にされ（細部については、ライポルトとの多少の違いはあるが）、つづいて、長谷部由起子「仮の救済における審理の構造――保全訴訟における被保全権利の審理を中心として（一）（二）（三）」法協一〇一巻一〇号一四九五頁以下、一〇二巻四号六九五頁以下、九号一七二八頁以下は、本案の実体権の審理を保全訴訟にはとりこまないライポルトの立場に賛同しながらも、なお、この理論が現実の審理に変革を迫るには足りないものがあるとして、やはりライポルトの右著書に示唆されつつ、保全訴訟においてのみ審理されるべき独自の請求権規範を立てることを試みる。それは、「本案訴訟において終局的な権利の存否が明らかになるまでの間、妥当する規範」という意味で、「実体的経過規定（das materielle Zwischenrecht）」と呼ばれ、新聞・雑誌報道などの訂正記事請求権や労使間の紛争における使用者の給料支払義務、株主の帳簿閲覧請求権、患者の診療録閲覧請求権などがその規範にあたり、申請人は本案の成否とは別に、これらの中間的暫定的権利によって保全処分を得ることができると説く。

その後、一〇年近くの年月を経て、奥博司「民事手続における実体権に関する若干の考察――民事保全制度に関する一つの試論――」ジュリ一〇二一号（一九九三年）一二八頁以下は、権利既存の観念を前提としたうえで、本案訴訟では実定実体法の規範によって拘束されるが、保全訴訟においては、衡平の理念によってより内容的に正しい実体法（実定実体法にかぎられない）によって認められる権利の存否について裁判がなされるとして、もっぱら規範論の観点から本案と民事保全とを峻別する。

以上の諸学説について、個別的に論評することはさし控えるが、ここでは次の点だけを指摘しておきたい。

すなわち、これらの学説が、保全訴訟に本案訴訟とは別個のものを盛り込もうとする意図は積極的に評価すべきものがあるが、しかしながら、常に本案での「最終的な権利の存否」を念頭に置き、保全審理および保全措置をそれへの道程・手段としかみていない点には根本的に問題がある。本案の実体権を文字どおり「実体化」しすぎているし、具体的措置を講じることによって当事者間の関係が動いていく中で紛争調整がはかられるという現実に迫る実践的理論にはなりえていないと評したい。詳しくは、以下の本文に譲る。

（2）その沿革の詳細については、松浦馨「保全訴訟の沿革」『吉川還暦(上)』四七頁以下、同「保全処分の機能と保全手続の構造」『新実務民訴』三頁、一五頁以下。もっとも、仮差押えおよび係争物に関する仮処分の起源については、古代ドイツ法における自力執行的差押えに求める立場と、刑事訴訟の現行犯訴訟に求める立場との二説があるようであり、松浦教授は後説を支持している。

（3）河合弘之弁護士の次の発言を引用しておく。

「人間というのは、本当に必要になればやるのですね。たとえば、いちばんいい裁判はいま日本のどこで行われているかというと、保全部で行われているのです。

仮処分の申請書を出して、証拠も、ありったけの書証を精選して、瞬時に裁判官にわからせるように出し、証拠説明を書き、場合によっては、当事者を呼んで来て『なあ、そうだろう』とやって審尋調書をとらせる。そうすると、相手は仮処分を出されたら大変だというので必死になって、争点に合わせた反論の準備書面を書き、すぐ証拠を出し、一週間ぐらいで決定がキッチリと出る。当事者は『あっ勝った』『負けた』とすぐわかる。これが私は裁判の本来の姿だと思います。」（新堂幸司ほか〈座談会〉「弁護士ニーズの変容と職域開発」ジュリ八九九号二五頁）

（4）乳牛の引渡しを求めるにあたっての緊急の暫定措置の態様が、相手方との多様な流動的状況に応じて様々でありうることを初学者に教示する好叙述として、中野貞一郎編『民事執行・保全法概説』（第二版）（有斐閣、一九九一年）三二四頁〔谷口安平執筆〕。

（5）紛争というものが、複雑な多面性をもった人間の間の相互作用的な認知行為の連鎖であることについては、和田仁孝『民事紛争処理過程論』（信山社、一九九三年）参照。

(6)　桂木隆夫『自由社会の法哲学』(弘文堂、一九八八年) 一〇七頁以下は、「何回戦の正義」と呼んで、くり返されるなかに正義があることを説く。
(7)　谷口安平「権利概念の生成と訴えの利益」『講座民事訴訟(2)』(弘文堂、一九八三年) 一六三頁以下。
(8)　谷口安平「手続法からみた北方ジャーナル事件」ジュリ八六七号四二頁。
(9)　竹下守夫「救済の方法」『岩波講座・基本法学８〈紛争〉』(一九八三年) 一八三頁以下。
(10)　竹下守夫「民事訴訟の目的と司法の役割」民訴四〇号一頁以下。
(11)　竹下守夫・前掲注 (10) 三三頁以下。
(12)　係争物に関する仮処分と仮の地位を定める仮処分の区別が明瞭でないことは、旧法時以来多くの論者によって指摘されてきた。澤田直也『執行競合考』(酒井書店、一九六五年) 一一九頁以下、同・試釈四六五頁以下は、両仮処分の区別を否定する。野村秀敏・前掲注 (1)『保全訴訟と本案訴訟』二七九頁も、基本的に同旨の立場に立つ。
(13)　野村・前掲注 (1) 二八二頁は、ライポルトの所説に拠りつつ、これを若干修正して相手方に与える損害の大小を視点として、「回避的仮処分」と「攻撃的仮処分」との二つに分類する。しかし、何のためにそのような分類をする必要があるのかを含めて、右の分類も成功しているとはいえないように思われるが、ここでは詳論を避ける。
(14)　井上正三「仮差押の適否と効力」中田淳一＝三ケ月章編『民事訴訟法演習Ⅱ』(有斐閣、一九六四年) 二四四頁以下。
(15)　民法二三条四項但書があるので、制度的にも可能であるが、差止めは相手方に対する影響が大きいので、審尋をするのが現実の運用のようである。ただし、密行性の高い動産の仮処分は、原則として無審で行っている、との大阪地裁保全部の報告がある。
　岨野悌介＝宮城雅之「大阪地裁保全部における民事保全事件処理の実情」判タ八二〇号六頁以下、二三頁。同論文は、保全手続の実情と問題点を知るに有益である。
(16)　詳細は、竜嵜喜助『証明責任論』(有斐閣出版サービス、一九八七年) 二四三頁以下。

第五章　本旨弁済と故意否認

第一節　最高裁昭和四二年五月二日判決

すでに、本書第二部第二章でもとりあげたように、倒産手続において倒産者が過去に行った法律行為が取り消されるかどうかは、重要な意味を持つ。いかなる場合になぜ否認されるかを導く裁判例としては、ここにとりあげる最判昭和四二年五月二日第三小法廷判決（民集二一巻四号八五九頁）は、実務の指針としても、理論の流れをつくり出すうえでも、一つの節目を形成した。本章では、この裁判例をとりあげる。

事案は、つぎのとおりである。

木材の仲買、加工販売を業とするSは、昭和二八年八月二八日頃、A貿易会社からラワン材を買い受けるにあたって、Yから総計五七九万円を借り入れた。Sは営業不振のため、右Yからの借入金の返済を一度になすことができず、同年九月四日から一一月二四日までの間に十数回にわたって、計四八一万余円をYに逐次返済した。その返済資金に充てられたのは、Sが、昭和二八年一〇月二〇日、他の木材業者B、C、Dらから木材を仕入れこれを仕入価格以下の投売りに近い状態で売却して得られた金員であった。

Sは、昭和二九年一月一六日支払いを停止し、昭和三〇年三月二五日破産宣告を受けた。破産管財人Xは、SのYに対する右弁済のうち四六九万円分について、故意にB・C・Dの売掛代金の取立を不能にした行為として、否認権を行使してその返還を請求した。

第一審（大阪地裁）は、右十数回にわたるSからYへの弁済のうち、二八年一〇月二〇日以前の六回にわたる弁済は、B・C・Dから買い入れた木材を転売して得た資金による弁済ではないので、Sに詐害の意思はなく否認の対象にはならないが、それ以後の七回にわたる弁済金合計二六〇万余円は、否認されるべきだとして、Xの請求を認容した。なお、第一審は、Sの営業は昭和二八年七月以降損失続きであり、九月からは旧来の取引先のほとんどから取引を断られたことを認定している。Yの控訴に対して、控訴審（大阪高裁）も、控訴を棄却した。

Yは、Sに詐害の意思がありYもそれについて知っていたとする認定は不当であること、本旨弁済は破産法七二条一号の故意否認の対象にはならないこと、かりに故意否認が許されるとしても、B・C・Dなどの債権がすべて弁済期が到来していない本件のようなケースでは、否認されるべきではないことを理由として、上告した。

判旨は、つぎのとおりである。

「しかし、右のような本旨弁済でも、その弁済が他の債権者を害することを知ってされたものであり、これを受領した債権者が他の債権者を害する事実を知っていたときは、同条号の規定により、否認することができるものと解するのが相当である（大審院昭和七年（オ）第一二四〇号同年一二月二一日第四民事部判決、民集一一巻二二六六頁、同昭和八年（オ）第一五五一号同年一二月二八日第一民事部判決、民集一二巻三〇四三頁参照）。けだし、同条号にいう『行為』が本旨弁済を除外する趣旨とは解されないのみならず、右のような場合に本旨弁済を否認することができないとする実質的理由はなく、右のように解しても、当該弁済を受領した特定の債権者の利益を不当に害するとはいえないからである。」

なお、Sの詐害意思およびYの悪意はないとする上告理由についても、原審の認定判断は正当としてこれを排斥した。

第二節　本判決の位置づけ

一　本旨弁済、すなわち履行期の到来した債務に対して、その債務の本旨に従った弁済をすることを、破産宣告後に破産管財人が否認できるかどうか、いかなる場合に否認できるかの問題は、一方では、経済状態が悪化した場合における各債権者や債務者の社会通念上許される行動選択の自由や努力に十分な配慮を示しつつ、他方では、そのような行動によって自己への弁済資金が減らされる他の債権者との関係で、債権者間の公平を害さないかどうか、適正な倒産処理手続の理念からみて是認できるかどうかを考究することにほかならない。

破産法は、「支払いの停止」または「破産の申立て」という法的な危機状態があらわれた段階になされた本旨弁済は、否認できる旨の明文の規定をおいている（危横否認、破産法七二条二号）。問題は、支払停止より前になされた弁済、支払停止後であっても破産宣告より一年以上前になされた弁済（破産法八四条参照）は、それでは否認の余地がないのかどうかである。支払停止前の弁済、破産宣告より一年以上前になされた弁済を右の危機否認の対象とすることが法規上無理だとすれば、残る否認類型は同条一号の故意否認だけになるが、これが、本旨弁済が故意否認の対象になるかというかたちで議論されてきたのである。

二　判例は、大審院以来、一貫して本旨弁済についても故意否認を認めてきた。本判決は、それまでの判例路線を踏襲したものではあるが、支払停止前の弁済についても否認できることを明確にしたこと、否認のための主観的要件として、債務者・債権者間の共謀ないし積極的な害意までは要求せず、実質的に支払不能の状態での特定債権者への弁済が他の債権者を害することを知っていれば足りるとする立場（認識説）をとったこと、の二点で意味がある。

学説の状況は、本判決以前では、むしろ故意否認を認めない立場が有力であったが、本判決を契機に、学説はなだれ現象的に肯定説が増え、現在では否定する見解はほとんどみられない（学説の転換を象徴するものとして、故中田博士の⑦評釈参照）。学説の変転を促した最大のポイントは、弁済がなされた時点での債務者の財産状態についての認識の変化である。否認できないと解したかつての有力説は、支払停止前は「平常時」であるから債権者への弁済は許されて当然とする考え方を基調としていたのに対し、現実の倒産事件では、支払停止前でも実質的には支払不能ともいうべき危機状態にあるのがむしろ普通であり、決して机上で考えていたような「平常時」ではないということに気づいたのである。したがって、学説の転換は、当然であったといえる。債権者取消権との対比からみても、本旨弁済の否認を法定の危機時期以降の弁済または破産宣告前一年以内の弁済に限定する根拠に乏しい。

第三節　否認理論への影響

本旨弁済に故意否認を認めることは、危機否認と故意否認との否認類型相互間の関係や否認の要件について改めて再考を促すきっかけを与えた。

１　本旨弁済の故意否認は、危機否認に設けられている実定法上の時期的制約を、そのような制約のない否認類型を使って対処しようとするものにほかならないので、故意否認と危機否認との間の隔壁が流動化し、それぞれの否認の目的や要件を異質なものではなくむしろ同質のものとしてとらえる傾向を助長する。たとえば、特定の債権者への弁済は、他の債権者への引当て財産を減少させ（債権額と債権の実価との差額だけ）、債権者間の公平を破るものであるので、そのような弁済を故意否認で否認できるということは、故意否認にも債権者間の公平・平等をいかにして確保するかの考慮を入れてこざるをえず、故意否認＝総債権者のための引当て財産の減少をもたらす行為、危機否認＝特定の債権者を利する行為（偏頗行為）という対比では、もはや対応できない。

2　主観的要件についても、故意否認は債務者および相手方（受益者）の詐害意思を重視する類型として、危機否認と対比されがちであるが、既述のように、他の債権者を害することを知っていたことで足りるとすれば、財産状態が悪化した場合に弁済がなされれば他の債権者への弁済資金がそれだけ減少することを債務者が知らないというような事態はまず考えられないし、債務者がそれと知りつつ弁済を受けた債権者は知らなかったという事態も実際上はほとんどないとみられるので、故意否認に詐害意思という主観的要件を強調してみても実質的意義は乏しい。故意否認にあっても、主観的要件よりも債務者と特定債権者とのかかわりの公正さをはかる要因の一つとして、客観的要件に比重が移ってきているとみてよい。

3　そこで、近時の学説は、従来の客観的要件、主観的要件とならんで、行為が不当性をおびることによって否認できるとする考え方（山木戸⑤）や、「正当な行為」であるときには否認できないとする見解（谷口⑥）など、「第三の要件」を提唱する立場があらわれている（前者は、否認の成立要件、後者は、否認の阻却要件。立証責任の観点から、後説を支持するものとして、鈴木（正）④）。筆者は、従来の主観的・客観的要件とこの第三の要件との関係にはなお疑問があり（同旨の指摘として、林屋＝上田＝福永『改訂破産法』一七一頁〔福永執筆〕）、むしろ従来の主観的・客観的要件を吸収包摂するものとして「一般債権者としてこれによる財産の実質的減少や不公平を是認すべきかどうか」の不当性の枠組を唯一の指標にすべきではないか、と考える。それによれば、否認の対象の原型は、(a)債務者が実質的に支払不能になった状態で、債権者のための実質的担保力（引当て財産）を減損させる行為がなされ、一般債権者において受忍できないとみなされる場合、ということになり、受益者が特定の債権者である場合には、これにくわえて、(b)債権者間の公平の観点から、他の債権者において是認できない場合という要素が特にとりこまれることになる。そうして、後者(b)のファクターについては、債権者間の実体的平等の観点よりも、債務者と特定の債権者（受益者）とのかかわり方がフェアーなものであるかどうかの「公平、適正」という手続的観点が重要であろう（実定法上の序列順位に即して債権額によって機械的に按分比例分配をすることが、「平等」であるとは言い切れない。なにが平等であるかについての画一的基準は、たてることができないと思われる。本書第二部第一章参照。）。いずれにしても、故意否認、危機否認それぞれについて固有の実定法的な要件基準をたてて、否認の成否についての効果を導くという概念演繹的な「規範説的手法」はもはやとることはできず、否認一般に通じるトータルな実質的視点が必要になってきていることはまちがいない。

4　どのような場合に「不当性」をおび是認できないかの具体化の作業が重要な課題になるが、本件では、Yへの弁済がなされた時点での債務者Sの財産状態、弁済の目的とその資金調達の方法、Yと他の債権者（とくに、B・C・D）との公平などの点からみて、否認されることになってもやむをえまい。とくに、B、C、Dから買い入れた木材を仕入価格以下で売って得た資金でYへの弁済がなされている点が、債権者間の公平および弁済の公正さの観点からきわめて問題であり、否認を正当化する要因として大きいといえる。弁済が不当性をおびる場合の典型例といってよい。なお、債権者間の公平および債務者・特定債権者間のかかわりの公正さからの「不当性」の分析については、本書第二部第二章および第六章を参照されたい。

〔**参考文献**〕

① 鈴木禄弥「『債権者平等の原則』について」受験新報昭和六三年一月号三六頁
② 同「『債権者平等の原則』論序説」法曹時報三〇巻八号一頁
③ 鈴木正裕「本旨弁済の否認」宮脇幸彦＝竹下守夫編『破産・和議法の基礎』二二四頁
④ 同「否認権をめぐる諸問題」『新・実務民事訴訟講座13』九五頁
⑤ 山木戸克己『破産法』
⑥ 谷口安平『倒産処理法』〔第二版〕本件解説・評釈
⑦ 中田淳一・民商法雑誌五七巻六号九〇八頁（のちに『民事訴訟判例研究』三七三頁に所収）

⑧　新堂幸司・法学協会雑誌八五巻五号七五九頁
⑨　千種秀夫・法曹時報一九巻八号一七二頁
⑩　山木戸克己・銀行取引判例百選（新版）二一八頁
⑪　伊東乾・倒産判例百選七四頁

第六章　第三者からの借入金による弁済と否認

債務者の財産状態が悪化した状態で、債務者が第三者から資金の提供を受け、それを特定債権者に弁済した場合、その弁済は否認されることになるか。従来から学説・判例とも議論の分かれる問題であるが、平成に入って、事案の特性を考慮に入れて否認を否定した最高裁判例が現れて（最（二小）判平成五月一月二五日民集四七巻一号三四四頁、金商九一六号三頁）、この問題が再び注目を浴び、さらなる議論の展開をみている（右最判の結論に賛成するものとして、井上薫「借入金による弁済の否認」判タ八一四号（一九九三年）三八頁以下、反対するものとして、井上治典「借入金による弁済の否認」『破産・和議の実務と理論』（判タ八三〇号）一〇〇頁。ほかにも、西尾信一「特定債務の弁済のため借り入れた金員による弁済の否認」判タ八一五号（一九九三年）九〇頁以下）。

この問題が否認の対象となるかどうか議論が分かれるほどに微妙な問題であるのは、次の理由による。すなわち、実質的に危機的状態にある債務者が特定の債権者に弁済をなすのは、他の債権者に配当すべき引当財産を減少させ（正確には、名目上の債権額と債権の実価との差額だけ）、債権者間の平等と公平を損なう行為として、原則として否認の対象となるとしても、第三者から借り入れて弁済をなす場合には、少なくとも、借入れの目的が特定の債権者への弁済のためであることがはっきりしていて、借り入れて直ちにその金をその債権者に弁済する場合には、借入れ前と弁済後とで実質的に債務者の財産（他の債権者への引当財産）に変動を生ぜず、他の債権者としても文句が言える筋合いのものではないのではないか、というある種の常識的な公平感覚がはたらくのである。

第一節　判例・学説の状況

一　最初の判例である⑴大判昭和八年四月二六日民集一二巻七五三頁は、否認を否定した。事案は訴外A会社（破産者）が、破産申立てがなされた後に、このことを知っている債権者Yに金一万円の債務の弁済をなしたが、その資金は、特にYに弁済することを了解した上で、訴外B・C・D三名の者から借り入れたものであったというものであった。大審院は、実質的には債権者が交替するのと同じであり、また、新債務の態様が旧債務のそれよりも重いという証拠はないから、本件弁済は「破産法第七二条第二項ニ該当セズ」と判示した（なお、このケースでは、AがYに弁済をしないと、Aの営業にとって死活の意味を持つA・Y間の契約をYから解除され、それによってAは営業を停止せざるを得なくなるという事情があった。加藤正治『判例民事法⒀』昭和八年度五七事件（一九三四年）、同『破産法研究』九巻（一九三六年）一五〇頁は判旨賛成）。ところが、続く⑵大判昭和一〇年九月三日民集一四巻一四一二頁では、今度は一転して借入資金による弁済も破産法七二条二項（三号）により否認することができるとした。（事案は、A（破産者）が支払停止後その事実を知っているYに、債務八五〇円のうち七〇〇円を、Yが訴外Bから連帯保証をした上で借り入れた資金によって弁済したというものである。なお、本件においては、AのYに対する債務は無利息であったのに対して、AのBに対する債務は利息付（利率月一分・期間四カ月と一〇日）であったので、債務の態様に軽重があった）。弁済が固有資金・融通資金のいずれによりなされても、特定の債権者への弁済により債権者間の平等公平な弁済は阻害されるから、この弁済を否認して「弁済資金ヲ破産財団ニ復帰セシメテ平等公平ナル弁済ヲ期スルノ必要アレバナリ」というのがその理由であった。この判決につき、加藤『破産法研究』一〇巻（一九四三年）五一頁は、判旨に強く反対し（AのBに対する債務が利息付であったという点については、元利合計七八二円五〇銭をYに対する弁済額とすればよいとする、五五頁）、片山通夫・民商三巻二号（一九三六年）一一六頁も、破産法七二条二号による否認は、破産財団に属する財産に損害を与える行為に限って可能であるとする立場から、実質的に判旨に反対している。これに対し、兼子一『判例民事法⒂』昭和一〇年度八八事件（一九三六年）は、「破産者が他より弁済資金として借入れた場合も、其瞬間にその財産は当然一般担保中に組入れられ」、「苟も破産財団たるべき財産に依って優先的に弁済を為す限り、其の財産が如何なる原因で之に帰属したかを問わず平等弁済を妨げ他の債権者を害することとなる」から（三六一頁―三六二頁）、判旨を正当として支持した。

その後の大審院判例、⑶大判昭和一五年五月一五日新聞四五八〇号一二頁も、判例⑵の立場によることを明らかにした（事案は、A（破産者）が、支払停止後Bから融資を受けて、Yに対する六万三、〇五一円の債務中八、二五〇円を弁済し、担保として差し入れてあった東京株式取引所発行の身元保証金預証（金一五万円）の返還を受け、この預証を利用してCから一四万五、〇〇〇円の新たな資金供与を受けたというものであった。加藤『破産法研究』一一巻（一九五三年）三一頁は判旨に反対）。

二　戦後の下級審判例は、右の大審院判例⑵、⑶及び兼子説の影響と流れを受けて、否認を肯定するものが、昭和期では主流を占めていた。大阪高判昭和三七年五月二八日判時三一一号一七頁、横浜地判昭和三八年一二月二五日金法三六五号七頁、⑷大阪高判昭和六一年二月二〇日判時一二〇二号五五頁などがそれである。このうち、⑷の昭和六一年大阪高判が、「借入金を特定の債務の弁済にあてることにつき当該債権者、破産者、貸主間に合意があり、しかも新規の借入債務が従前の債務よりその態様において重くないという事情がある場合においても、その弁済は不当性を有するものとして否認すべきものと解するのが相当である」として、近時の有力説である山木戸克己博士の考え方（後掲）にも与しないことを明らかにしていたのが注目される（本件の解説として、上野泰男「借入金の弁済と否認」『新倒産判例百選』（一九九〇年）七六頁）。ちなみに、右⑷の事案は、借入先が債務者会社の代表者の妹や妻など、債務者に近い関係者であった。

一方、近時の学説は、それぞれニュアンスはあるが、一定の場合には否認を認めない考え方がむしろ主流を形成しつつある（年代順に挙げれば、井上治典「第三者からの借入金による弁済と否認」斎藤秀夫＝伊東乾編『演習破産法』（一九七三年）四五二頁、山木戸克己『破産法』（一九七四年）二〇一頁、林屋礼二ほか編『改訂破産法』（一九八〇年）一七〇頁〔福永有利〕、鈴木正裕「否認権をめぐる諸問題」鈴木忠一＝三ケ月章監修『新・実務民事訴訟講座⒀』（一九八一年）九五頁、斎藤秀夫ほか編『注釈破産法（改）』三一七頁〔宗田親彦〕、石川明『ＢＵＬ双書破産法』（一九八七年）二三二頁、伊藤眞『破産法』（二〇〇一年）三三九頁、中野貞一郎＝道下徹編『基本法コンメンタール破産法』（一九八九年）一〇五頁〔池田辰夫〕、鈴木正和・判タ七〇二号（一九八九年）八二頁、上野・前掲七六頁、西尾・前掲など）。なかでも、山木戸克己博士は、「借入金を特定の債務の弁済にあてることが貸主・債務者および当該債権者の間で協定されており、かつ借入による新債務の態様において従前の債務に比して重くないというような特別の事情がある場合には」、破産債権者の利害には影響はないのでその弁済は不当性を欠き否認の対象にはならないとして、右の学説の流れに指導的役割を果たした。

三　平成に入り、近時の学説の影響もあってか、借入金による弁済も一般的には否認の対象となるという前提をとりつつも、例外的に否認の対象とならない場合があり得るという立場を示したのが、既述の⑸平成五年最判である。

事案は、Ａ証券会社が債務超過にある段階で、日本証券業協会（Ｂ）及び証券取引所（Ｃ）からそれぞれ二億五、〇〇〇万円を借り入れ、これに自己資金一、〇四〇万円を加えた五億一、〇四〇万円を、Ａと現先取引契約を締結していた顧客Ｙに弁済したものである。右弁済は、ＡとＹの各代表取締役及びＢ、Ｃから委任を受けた者（Ｆ）が、Ｄ銀行Ｋ支店に集合して、Ａの代表取締役がＦから交付を受けた額面五億円の小切手をその場で直ちに同支店のＹの普通預金口座に振り込むという方法で行われた。Ａが破産宣告を受けた後、破産管財人Ｘが否認権を行使してYにその返還を求めたが、一審・二審とも否認を否定したので、Xが上告したところ、上告審も上告を棄却した。上告審判決は、大要、Aが借入れの際、本件貸主とYに対する特定の債務の弁済にあてることを約し、貸主とYの立会いの下に借入後その場で直ちに弁済しており、この借入金は他の債権者が差し押さえる可能性もなく、Yへの返済以外に用いられる余地もなかったので、Aがこのような借入金により弁済の予定された特定債務を弁済しても、破産債権者の共同担保を減損するものではなく、破産債権者を害するものではない、とするのがその理由である。つまり、本件のような特殊事情の下では、借入れ前と弁済後とでは、実質的にAの積極財産の減少も、積極財産の増加も生じていない、との立場をとったのである。

右最判の位置づけと評価に際しては、次の二点に注意される必要がある。一つは、この判例によって、否認が認められない場合が飛躍的に拡大したとみるのは早計である、ということである。融資者、債務者、特定債権者が一堂に会して融資者から渡された小切手を瞬時に特定債権者の預金口座に振り込むというケースは、そう多くはないであろうから、条件付き否認否定論といっても、否認を否定する条件はかなり厳格である。

いま一点は、はたしてこの事案が否認を否定するにふさわしいかどうかの実質的評価は、意見の分かれるところであるという点である。これについては、後述する。

第二節　分析視点

以上の理論状況を踏まえて、それではこの問題につきどのように考えればよいか。以下に分析のための視点とファクターを示す。

一　責任財産の増減のみからアプローチすることの限界

借入弁済については、トータルにみれば借入れ前と弁済後とで債務者の引当財産（責任財産）に増減はないという見方もできるし、借り入れた瞬間に責任財産に組み入れられたそれが特定債権者に弁済されるのであるから、かりに借入れと弁済が時間的に接続してなされようとも、責任財産の増減があるというのも、理論的には否定しがたい正論である。したがって、責任財産の減少をもたらす行為かどうかという、経済的配当期待利益の観点からは、いずれの立場も立論可能であり否認の成否を決めることはできない。

のみならず、責任財産の増減という視点からのみ立論するのは、ピンチに直面して事業や生活の建て直しや更正を求めてさまざまな試みをなす債務者の葛藤を考慮の外に置くものであり、また、そのような債務者との具体的状況下におけるそれぞれの債権者のかかわりが多様であり得るという現実をかえりみない点で、根本的に欠陥をもつ。従業員の士気を高めるために借金して遅滞した給料を支払ったことによってムードが一変し、顧客の信頼もつなぎとめてピンチを脱したとか、仕入先の債権者に借金の一部を借り入れてでも払うことによって材料が調達され、事業の継続が図られる、などということは、現実の生活空間、取引空間では、ごくありふれた普通のことである。たまたま、債務者が破産したからといって、これらの弁済が後になってすべて効力を否定されるというのであれば、法はギリギリの状況に置かれた事業主や生活者の努力の価値も、そのような事業主や生活者に手を貸そうとする第三者（資金提供者）のかかわりのもつ意味も考慮しない、氷のような冷たい存在として、社会から遊離してしまうであろう。要するに、責任財産の増減という観点を前面に押し出す立場は、否認を認めるか認めないかの結論は別として、具体的状況における具体的な顔をもった人間（債務者、融資者、弁済を受けた債務者、受けなかった債務者）の行動やかかわりのあり様への配慮が欠けているのである。

二　類型的否認要件論の限界

山木戸博士が、否認の要件をさまざまな実質的要因を総合した「不当性」の概念で提示した意義は大きい。また、当面の借入弁済について、①「借入金を特定の債務の弁済にあてることが貸主・債務者および当該債権者の間で協定されており」かつ、②「借入による新債務が態様において従前の債務に比して重くない」という特別の事情がある場合には、「不当性を欠き否認の対象とならない」とする考え方は、近時の学説・判例の展開に大きな影響を与えた。

しかし、それぞれに個性をもつ現実の事件を、右の類型的要件論に当てはめて結論を導くのも、過不足がある。②の要件は、責任財産の増減にこだわりすぎているし、①の要件も、三者間の合意だけで他の債権者との不公平感を考慮に入れなくてよいかの問題がある。また、融資者と債務者との合意だけで弁済を受けた債権者との合意がない場合に、常に否認を肯定してよいかの問題もある。

さらに、右の要件には、どのような状況下で何のために特定の債権者に弁済したのか、その債権者から弁済後債務者はどのような見返りを受け、それが他の債権者との公平にどのような意味をもつのかの要素も抜けている。やはり、類型的で静止的な要件論では、具体的動態的状況の中での関係者間の公平で公正なかかわりのあり方についての規律の論理としては、本質的に限界をかかえているのである。

三　否認の成否をめぐる基本的視座

否認対象の原型は、(a)債務者が実質的に支払不能になった状態で、引当て財産を減少させる行為がなされ、その行為が一般債権者において受忍できない場合である、と要約できる。特定債権者への弁済については、右の受忍すべきかどうかの要素として、(b)債権者間の平等・公平の観点が重要である。そうして、当面の第三者からの借入弁済については、これにさらに、(c)融資者（第三者）の意向や期待をどの程度考慮し、右(b)の債権者平等・公平の要素と調整すべきかの課題が加わる。

多様な関係者の幾層他面にわたる利害関係を調整する法理の探求は、きわめて難しい課題であり、それゆえにこそ学説・判例も未だに混沌とした状態から抜け出せないのであるが、問題の核心は特定債権者への弁済である以上、債権者間の公平であることには間違いない。ただ、債権者平等・公平といっても、債権者の平等・公平感は、各債権者の債権額に応じた按分配当という結果としての機械的平等にあるというよりも、債務者が置かれた具体的状況下で第三者から借り入れて特定債権者に弁済するという行為が、他の債権者からみて抜けがけ的な不公正なかかわりであるとみなされないかどうかの、「かかわり方の当為と公正さ」をめぐる公平の観点が重要であると考える（井上治典「債権者平等について」本書第二部第一章）。

そこで、当面の問題について否認を免れるためには、(ア)債務者が特定の債権者に弁済する意図を明らかにして第三者から借り入れて、その趣旨に沿って弁済がなされたことは当然として、(イ)特定の債権者への弁済が、債務者の窮状を打開するための策として理由がある（またはやむを得ないもの）と他の債権者から評価されるような行動選択である。もちろん、右(イ)の要件は、あくまで指標であって、具体的事案がそのスタンダードを充足するかどうかは、多分に評価の要素を含む。しかし、具体的事件において、債務者がどのような経営状態、生活状況の中で、また、いかなる負債状態下で、何のために第三者から借り入れて特定債権者に弁済したのかが明らかにされれば（場合によっては、弁済を受けた債権者がその後債務者の経営等にどのような寄与をなしたかが重要な手がかりになり得る）、否認の成否を見定めることはそれほど困難な作業ではない。借入弁済が正当であることの主張・立証の負担は、債務者及び弁済を受けた債権者の側にある（この点は、不当性を否認の要件とする山木戸説よりも、正当な行為であるときは否認できないとする谷口安平『倒産処理法〔第二版〕』（一九八〇年）二五四頁及び鈴木正裕・前掲九五頁の立場が妥当である）。

このようにみてくると、否認を免れるためには、融資者・債務者・債権者間の三者協定（合意）は必ずしも必要ないし、かりに合意があったとしても、他の債権者からみてその合意内容及び合意形成過程にフェアーネスの要請が充たされているかどうかが問われなければならない。また、新債務が旧債務より多少重くなったとしても、それは一つの考慮ファクターであって、それだけで否認が認められるものでもない。

四　平成五年最判の評価

以上に述べた観点から平成五年最判をみると、本件は、むしろ判旨とは反対に、否認を認めるべき事案ではなかったかと考えられる。弁済を受けた債権者Ｙは債務者Ａ証券会社にとっては大口の顧客であって、いきがかり上多額の損害を被らせるわけにはいかないということはうかがえるが、他の取引債権者（顧客）を差し置いてなぜＹだけに弁済しなければならないのか、また、Ｙに弁済することがいかなる意味でＡの営業継続のための「救済」になるのか、否認を免れるためのＹ側の主張・立証には出ていないのである。融資者である日本証券業協会及び証券取引所は、投資者保護、証券業界の信用維持をいってるようであるが、特定の大口債権者への弁済のための融資は、はたして一般の投資家としての債権者からの支持が得られ、真の意味での証券界の信用維持に資するであろうか。このような構造と体質は、世間的に避難を浴びた大口債権者への損失補填とどこが違うのであろうか。

かくして、本件事案については、Ｙへの借入弁済は債務者救済融資の目的にそぐわず、弁済の理由も他の債権者を納得させるものではないと考えるので、他の債権者との公平を損なう偏頗行為に当たるというべきである。融資者としても、自己の意図に反して、否認されることになっても、やむを得ないと考える。

五　借入弁済をトータルに否認する可能性

弁済行為は否認されるべきであるが、融資者（第三者）の期待は保護されるべきであると考えられる事案もあり得る。その場合には、弁済行為だけではなく、借入行為もあわせて否認すべきであり、かりに管財人が弁済だけを否認対象としているときでも、第三者には「価値取戻権」を認めるという可能性もある。

〈著者紹介〉

井 上 治 典（いのうえ・はるのり）

現　在　立教大学教授

〈主要著作〉

実践民事訴訟法（2002年，有斐閣）

新民事の訴訟（共著，2001年，悠々社）

多数当事者の訴訟（1993年，信山社）

民事手続論（1992年，有斐閣）

多数当事者訴訟の法理（1981年，弘文堂）

民事手続の実践と理論

2003年（平成15年）3月20日　第1版第1刷発行

著　者　井　上　治　典

発行者　今　井　　貴
　　　　渡　辺　左　近

発行所　信山社出版株式会社

〒113-0033 東京都文京区本郷6-2-9-102
TEL　03（3818）1019
FAX　03（3818）0344

Printed in Japan

©井上治典，2003.

印刷・製本／松澤印刷・大三製本

ISBN 4-7972-2254-9 C3332